KB250157

朝鮮前期 性理學 硏究

李 愛 熙

景仁文化社

머리말

이 『朝鮮前期 性理學 硏究』는 筆者가 20여년 동안 연구해온 조선조의 성리학에 관한 일련의 논문들 중에서 조선전기에 해당되는 논문을 뽑아서 한 책으로 엮은 것이다.

원래 필자가 그 동안 朝鮮의 性理學에 관한 쓴 글은 조선전기와 후기에 걸쳐 근 30여편이 된다. 그러나 그 중에서 조선후기에 속하는 10편은 주로 18세기의 「人生과 物性에 대한 논쟁」과 관련된 논문들로서 이는 「朝鮮後期 人性과 物性에 대한 論爭의 硏究」라는 필자의 박사학위논문과 함께 다른 책 한 권의 책으로 출판할 계획이며, 여타의 논문들은 또 다른 별도의 서적으로 출간할 계획이다.

이 책에 수록되는 11편의 논문과 서론에 해당하는 논문들은 필자가 어떤 체계를 세우고 그 체계에 따라 집필한 것이 아니다. 따라서 그 내용에는 부분적으로 중복되는 부분이 있다. 그러나 이들 글들은 조선 전기 성리학에 대한 필자 나름의 시각으로 정리할 수 있는 내용들이기에 「統治 理念化의 길」, 「人性論的 土臺」, 「規範的 世界觀」으로 분류해서 수록해 보았다.

조선조의 성리학에 대한 필자의 시각은 그것이 조선조의 통치이념이라는 우리학계의 인식과 규범적인 질서(禮論)의 근거를 우주론과 인성론에서 찾으려는 시각이었다는 점에 동의하면서 주로 인성론의 토대를 밝히고자 노력했다. 그러한 인성론의 토대는 조선 성리학에서 「四端七情論」과 「人性과 物性論」의 두 축으로 대표될 수 있음이 우리학계에 의해서 밝혀졌다. 그리고 조선전기의 성리학은 그 관심의 초점이 전자에 주로 돌려지고 있음도 사실이다. 그러한 전기 성리학을 발판으로 조선후기로 접어들면 규범적인 질서 곧 禮에 대한 논쟁인 禮訟이 격화된다. 이러한 조선조 사상사에 대한 인식을 검증해보려는 것이 이 책의 목표라고 할 수 있다. 보다 치밀한 검증은 앞으로 「한국철학사」에 대한 총체적인 연구의 과제로 남겨둘 수밖에 없다.

시대구분의 시각에서 볼 때 조선후기에 속하는 논문인 「人性 物性同論者의 四端七情論」도 이 책에 포함 시켰다. 그 이유는 조선전기의 시각에서 조선후기로 연결되는 고리를 사단칠정론이라는 시각에서 파악될 수 있다고 생각했기 때문이다.

필자가 처음 저술로서 내놓게 되는 이 『朝鮮前期 性理學 硏究』에서 감사를 드려야 할 분들이 많다. 우선 遺腹子나 다름없는 필자를 靑孀으로 키워주시고 1966년에 68歲로 세상에 떠나신 어머님의 영전에 이 책을 바치고자 한다. 그리고 학자로서 일생을 갈 수 있게 지도해 주신 恩師 天原 尹絲淳 선생님께 큰 감사를 드린다.

끝으로 이 책이 나올 수 있도록 출판을 맡아준 경인문화사 한정희 사장님과 편집부 여러분께 감사를 드린다.

2002년 5월 20일

춘천에서

<목 차>

서 론

朝鮮 性理學의 性格

Ⅰ.

모든 思想은 시대 정신의 표현이다. 개인이 시대의 아들이듯이 사상도 시대를 초월하여 존립할 수 없다. 그런 까닭에 모든 사상은 시대인의 숨결로서 역사 속에 면면히 이어져 오게 된다.

그 내용이 어떻든지 인류가 思惟한 결과인 사상(철학)은 그것이 처한 문화의 저변에서 인간생활에 대한 모체의 구실을 하게 된다. 그런 까닭에 사상들 중에는 위대한 것일수록 시대를 초월하는 본질적인 것을 지니고 있고, 그로 인하여 언제나 새로운 의미로 해석되고 다시금 새로운 문제를 제기해 주기까지 한다.

우리 민족문화의 저류 속을 흐르면서 우리의 생활과 관습을 결정해주는 한국의 전통사상은 무엇이며, 그 특징은 어떤 것일까? 이 물음에 대한 명확한 해답을 찾기란 결코 용이한 일이 아니다.

開港을 전후하여 본격적으로 도입되기 시작했던 서양의 사상이 서서히 우리의 전통사상 속에 뿌리를 내리고 있으나 그것이 아직 확고한 전통사상으로까지 그 기반을 조성하고 있지는 못한 실정이다.

그러므로 우리의 전통사상은 한국적인 무속적 원시신앙을 토양으로 형성된 儒·佛·道의 三敎사상으로 한정될 수 있다. 三敎사상은 그것이 비록 외래사상에서 유래했을 망정 우리 나름의 실용성에 따라 變容과 발전을 거듭해왔다. 그러면 그것이 우리 한국의 전통사상으로 변화되는 과정에서 어떤 특징들을 드러내고 있는가?

첫째, 우리의 전통사상은 그 토양이 되는 무속적 원시신앙의 특징인 現世置重의 성격을 띠고 있다. 둘째, 우리 나름의 實用性에 따라 수용되고 운용된다는 점에서 뛰어난 實用性志向의 성격을 지니고 있다. 셋째, 무속적 신앙을 기반으로 하여 三敎를 유기적이고 조화롭게 수용하고 이용한 점에서 훌륭한 종합 및 조화의 성격을 띠고 있다. 넷째, 建國神話에 나타난 弘益人間의 정신과 통하는 人間愛·人類愛에 입각한 人本·人尊 精神의 성격을 띠고 있다.

이상과 같은 우리의 전통사상에 대한 식견을 가지고 이 글에서는 전통사상으로서의 유교사상에 대한 인식을 새롭게 하기 위해서 조선조 性理學에 대한 일반적이고 개괄적인 서술을 시도해 보고자 한다.

Ⅱ.

性理學은 불교의 出家的인 세계관이나 道家의 無爲自然적인 가치관을 反國家的·反文化的이라고 배격하고 儒家의 人倫主義를 표방하고 나타난 사상이다. 불교와 도가의 사상을 배격하면서도 그 사상들의 영향하에서 자라난 성리학은 선진시대 이래의 유학사상에다 불교나 도가사상에서 찾아볼 수 있는 形而上學的인 깊이와 아울러 새로운 실천력을 불어넣게 되었다. 그러므로 성리학은 유가의 倫理가 내적으로 깊이 반성되고 탐구된 나머지 우주론적인 차원으로까지 이론화되고 체계화된 사상이다. 無極인 太極(超越的인 普遍理法)에서 陰과 陽이라는 二氣가 생성되고 二氣에서 다시 水·火·木·金·土라는 五行(5가지 元素)이 생겨나며 그것이 다시 남성적인 것과 여성적인 것으로 갈리고 이것들이 서로 화합함으로써 모든 사물(萬物)이 생겨난다고 생각하는 것이 (특히 周敦頤, 朱熹, 退溪, 栗谷 系統의) 理氣說(宇宙論)이다. 이와 같은 이기설이 인간의 본질에 적용될 때, 心性說이 된다. 인간도 다른 사물처럼 理氣의 화합으로 태어난다.

그러나 인간은 陰陽과 五行 중에서 가장 빼어난 것을 그의 氣質로 하여 태어나는 까닭에 다른 사물과 구별되는 점이 있게 된다. 인간은 그의 기질이 뛰어난 까닭에 그 속에 분화된 本性(太極 : 理)까지도 만물의 그것보다 훨씬 뛰어나게 된다. 이러한 인간의 本性을 仁義禮智信의 五常이라 부른다.

이러한 사고를 바탕으로 하여 성리학에서는 인간행위의 준칙으로서 도덕의 원리를 우주의 理法과 인간의 본성에서 찾으려고 한다. 우주의 리법은 만물이 각각 그 本分을 다하는 것이며, 그것은 인간의 본성인 五常과도 통하는 것이다. 그러므로 성리학의 도덕적 원리는 우주의 리법(天)과 인간의 본성(人)간의 조화를 志向하게 되는 것이다. 이를 일러서 '天人合一'의 사상이라고 부른다.

Ⅲ.

中國의 程朱系統의 理學과 陸王系統의 心學을 동시에 연구발전시칸 데 반하여 조선조의 성리학은 정주계통의 성리학 중에서도 특히 心性論의 분야에 대한 집중적인 연구를 기울여 왔다.

초기의 陽村 權近(1352～1409)과 三峯 鄭道傳(?～1390)을 중심으로 한 排佛論的인 수용기를 거쳐서 退溪 李滉(1501～1570)과 高峯 奇大升(1527～1572)간의 8년여에 걸친 四端七情論이 시작되면서 心性論的인 특색은 더욱 뚜렷해졌다.

그후 논변이 점차 심화됨에 따라서 심성론적인 논변의 양상도 다양해져서 사단칠정론・人心道心說・人物性同異論・聖心凡心同異說 및 未發心體本善有善惡論 등으로 분화되었다.

뿐만 아니라 理氣에 대한 각자의 입장에 따라서 主理派와 主氣派로 나뉘어졌고 급기야는 退溪學派・栗谷學派・嶺南學派・畿湖學派・湖學・洛學 등의 학파로 까지 발전하게 되었다. 그러나 학파의 분화가 아무리 복잡해졌다고 해도 조선조 성리학자들의 한결같은 관심은 인간으로 하여금 善한 자기 본성을 자각케 함으로써 자율적으로 도덕적 행위를 수행할 수 있는 주체적인 인격을 갖춘 인간의 탐구에 두고 있다. 그러므로 조선조의 어느 성리학자의 어떤 理論을 막론하고 存心養性(그 순선한 본래의 마음을 保存하게 하고 타고난 本性을 保養하는)에 대한 학설이 아닌 것이 없을 정도이다.

이러한 점을 고려하지 않고서는 조선조 성리학에 대한 올 바른 이해는 기대할 수 없을 것이다.

그러므로 유학의 한국적 특색을 연구함으로써 전통사상에 대한 새로운 이해를 모색하려고 한다면 무엇보다 먼저 각 사상체계(論辨)

에 대한 시대성과 아울러 그 사상의 심층구조에 대한 철학적인 해명이 이루어질 때 비로소 참다운 이해가 가능할 수 있는 것이다.

Ⅳ.

위에서 지적한 四端七情論은 李退溪와 奇高峯간에 1558년(戊午)부터 1566년(丙寅)까지 행해진 논변으로서 한국성리학의 빼놓을 수 없는 중요한 논쟁점이었다. 일찍이 鄭之雲은 "무릇 四七·理氣의 論은 학자의 참된 관건인 동시에 성리학의 학통이 의지하여 이어가게 되는 것"이라고 했다.

그러면 사단칠정론이란 어떤 내용의 것인가? 그것은 仁義禮智의 四端과 喜怒哀懼愛惡欲이라는 七情에 대한 理氣論的인 해석과 그 해석에 대한 可否論을 말한다. 退溪는 처음에 '四端은 理가 발현된 것'이고, '七情은 氣가 발현된 것'이라는 주장을 했으나 高峯으로부터 사단과 칠정을 별개의 情이라고 할 수 없지 않은가? 라는 반론을 받게 된다. 그러자 그는 사단은 '理가 발현할 때 氣가 따르는 것(理發而氣隨之)'이고, 七情은 '氣가 발현될 때 理가(그 氣를) 타는 것(氣發而理乘之)'이라고 이전의 자기 주장을 수정한다. 그러나 고봉은 또 다시 작용이 없는 理가 發現된다는 것은 理는 형체도 없고, 작용도 없다(理無形而無造作)는 理氣說의 대전제를 어긴 주장임을 지적하여 반박하게 된다. 이에 대해 퇴계는 리에도(體用說의 입장으로 보면) 用으로서의 發出(發現)이 없을 수 없다고 주장한다.

이렇게 퇴계가 성리학자들 간에 일반적으로 통용되고 있는 기본적인 전제까지를 위배해 가면서 理의 발출을 주장하는 의도는 무엇인가?

사단이 仁義禮智이라는 本性과 관련된 心情이고 리와 性이 같다(性卽理)고 주장함은 곧 '本性의 自發的인 發現'을 역설하려는 뜻이 된다. 여기서 윤리 도덕적 행위가 우주의 理法과 인간의 본성이 조화되는 본성의 자연적인 발현에서 이루어진다고 생각되었음을 상기할 때 이는 곧 본성의 자발적인 자각을 통해 주체적인 인격을 함양하려는 의도로 해석되어질 수 있다.

뿐만 아니라 퇴계는 사단칠정을 논할 때 '情에 氣만 있을 뿐 理가 없다면 그것은 禽獸이지 人間이 아니다'라는 말을 하고 있다.

이 말은 退溪가 심성의 탐구를 통해 인간의 動物化를 방지하고 그렇게 함으로써 인간다운 인간이 될 수 있는 길을 제시해 주려는 것이다. 이와 같은 퇴계의 四七說의 배후에는 도덕적인 자율능력을 갖춘 주체적의 인간상에 대한 염원이 깃들여 있고, 그를 통한 인간권위를 확립하려는 유학본래의 人本·人尊 사상에 대한 강한 신뢰가 뒷받침되어 있는 것이다. 이렇게 한국의 성리학은 四端七情論을 통해서 心性論에 대한 깊은 이해를 시도했고, 그 점이 바로 중국성리학의 수준을 크게 능가했던 점으로 지적될 수 있다.

V.

조선조의 성리학은 18세기 초반에 이르러 湖西(忠淸道)의 학자인 遂菴 權尙夏(1641~1721)의 門下에서 南塘 韓元震(1682~1751)과 巍巖 李柬(1677~1737) 두 사람을 중심으로 人物性同異論이라는 새로운 형태에로 전개되고 있다. 그 내용인즉 인간의 本性과 事物(動物)의 본성이 같은가? 다른가? 라는 문제를 가지고 열띤 논쟁을 전개한다. 南塘을 중심으로 하는 人物性異論者들은 인간의 본성은 사물의 본성과 다르다고 주장하고, 巍巖을 중심으로 한 人物性同論者들은 인간의 본성과 사물의 본성이 같다고 주장한다. 그런데 人物性同異論이 일어나게 된 동기를 살펴보면 이 논쟁에 있어서 '人物性同'을 주장하는 측이든 '人物性異'를 주장하는 측이든 쌍방의 궁극적인 관심은 모두 人間의 심성에 대한 탐구를 통해서 인간의 動物化(禽獸化)를 방지하려는 관심에서 출발하고 있다. 즉 그들은 孟子의 性善說 이래로 내려오는 인간의 본성에 대한 이해의 측면에서 人性에 대한 옹호함을 그 목적으로 하고 있다.

人物性異論者들의 견해에 따르면 인간의 본성은 동물의 그것과는 달리 五常이라는 仁義禮智信의 性을 갖추고 있다(이는 인간의 본성을 특수화시키는 것이다). 그런 까닭에 인간은 자신의 本性을 잘 보양하기만 하면 누구나 이상적인 인간(聖人)이 될 수 있다는 것이다.

한편 人物性同論者들은 五倫之理로서의 인간의 本性이 만물에까지 편재해 있는 것이라고 생각한다. 이는 인간의 본성을 절대화시키는 것이고 그렇게 함으로써 인간성을 옹호하려는 것이다. 이렇게 볼 때 양자의 견해는 일치하고 있다.

한편 이러한 인물성동이론은 그와 관련된 未發心體(心이 활동하지 않는 狀態)의 純善 및 兼有善惡의 문제와도 결부되어 논의된다. 未發心體本善을 주장하는 同論의 선봉인 李柬의 경우 未發心體를 모든 사람들이 공통적으로 稟受한 湛然虛明한 明德만으로 보기 때문에 純善한 것으로 본다. 그러나 未發心體有善惡을 주장하는 異論의 선봉인 南塘의 경우 未發心體를 모든 사람들이 공통적으로 품수한 湛然虛明한 明德과 氣質(氣稟)의 不齊함까지를 결부시켜 보기 때문에 善惡의 가능성이 공존하는 것으로 파악한다. 그런데 이 양자의 관심은 한결같이 인간의 후천적인 惡의 문제를 적절히 설명하려는 의도를 내포하고 있다.

즉 李柬의 주장은 인간의 惡은 心의 本體로부터 기원하는 것이 아니라고 생각함으로서 인간의 본성은 순선한 리와 일치하는 것이라는 자신의 人物性同論과 일치시키려 하고 있다. 그러나 韓元震은 인간의 악은 心의 전체를 떠나서 생각할 수 없기 때문에 악惡은 비록 심의 본체는 아니라 해도 그것(심心)의 기질에 연유해서 생겨난다고 봄으로써 인간의 本性을 氣稟이후의 것으로 파악하는 자신의 人物性異論과도 일치시키려는 의도가 내포되어 있다.

결국 人物性同異論과 未發心體本善兼有善惡說은 근원적으로 人間本性의 선천적 本具를 주장함으로써 그것을 動物性으로부터 분별하려는 의도에서 주장되는 人尊思想으로 해석되어 질 수 있는 것이다.

Ⅵ.

사단칠정론 · 인물성동이론 · 미발심체본선겸유선악설 등과 함께 조선조 성리학의 열띤 논쟁으로 등장한 논변 중에서 人心道心說을 빠뜨릴 수 없다. 그리고 인심도심설은 인물성동이론과 미발심체본선겸유선악설보다 시대적으로 훨씬 앞선 제기된 논변이다.

서경의 「大禹謨」 篇에서 순임금은 '인심은 언제나 위태롭고 도심은 미묘한 것이다'라고 하였다. 그런데 정주계통의 성리학에서는 도심을 순수한 도덕적인 마음으로서 자기자신을 버리고 의리에로만 지향하는 순선한 마음으로 보고 인심을 자기자신의 생리적인 욕구를 추구하는 有善惡한 心으로 보아 왔다. 물론 이때의 道心과 人心은 우리 마음의 本體(性命)로부터 우러난 마음인 것이다. 그리고 그것들은 우리 마음이 외부의 사물로부터 자극을 받기 전에는

發現·發出되지 않은 것이다. 그러므로 이러한 人心과 道心은 궁극적으로 마음의 본체로부터 우러난 정情으로 이해되는 것이다.

그런데 주희는 이 人心과 道心에 대한 견해를 밝힘에 있어서 후일의 학자들의 오해를 불러일으킬 수 있는 해석을 하고 있다. 즉 그는 『中庸』서문에서 '人心은 形氣에서 생기고 道心은 性命에서 根源한다'라고 했고, 『書經』의 「大禹謨」의 註解를 낼 때는 '形氣의 私에서 生한 것을 人心이라하고, 義理(道義)의 公에서 發한 것을 道心이라 한다'라고 하였다. 이러한 朱熹의 解釋으로 말미암아 人心과 道心의 發現(發動)하는 곳(發處)을 달리 보게 되는 결과를 가져왔다.

조선중기의 퇴계 이황은 그의 리기호발설의 입장과 리기이분의 기준에 따라 사단칠정과 인심도심을 동일한 점이 있는 것으로 보게 된다. 그리하여 그는 도심을 사단과 같은 理發로 人心을 七情과 같은 氣發로 본다. 그런데 성리학에서는 氣發 곧 기의 작용으로 말미암는 인간의 心情은 대체로 惡의 경향을 갖는 것으로 이해된다. 그러므로 退溪는 人心을 人欲 즉 物慾과 같은 天道(道義)에 위배되는 惡의 결과를 가져오는 사특한 감정으로 생각하게 되었다. 그 결과 인간의 도의적인 양심을 제외한 모든 欲求的인 감정을 배격하는 '遏人欲 存天理(인욕을 버리고 천리에 따름)'라는 이론을 전개하게 된다.

한편 퇴계의 理氣互發說을 승인하지 않는 栗谷 李珥(1536~1584)는 그의 氣發理乘一途說과 氣包理說의 입장에서 人心과 道心은 모두 우리 마음의 동일한 근원(性命)에서 우러나오는 것으로 이해하고, 인심과 도심은 상호 전환될 수 있는 것으로 본다.

그는 "人心과 道心은 서로 시작과 끝이 될 수 있다. … 처음에는 道心으로 發하였다가도 人心으로 끝날 수가 있고, 人心으로 發하였다가도 道心으로 끝날 수도 있다"라고 한다. 이와 같은 생각을 갖기 때문에 율곡은 人心곧 인간의 욕구적인 心情을 단지 惡하기만 한 것으로 보지 않는다. 이러한 율곡의 학설을 이어 받는 南塘 韓元震과 같은 학자는 人心을 인간의 현실적인 감정으로 이해하여 善할 수도 있는 긍정적인 것으로 생각하게 된다.

두말할 나위 없이 위에서 살펴 본 퇴계적인 인심도심설과 율곡적인 인심도심설은 모두 각 시대의 특수한 상황에 따라 그 나름의 기능을 발휘하였다.

퇴계학의 인심도심설은 본성의 자발적인 발현을 통해서 인간의 행위를 理(禮)와 일치시킬 수 있다고 믿었던 조선조 전기 성리학의 禮治主義的 이념을 확립시킬 수 있었고, 栗谷類의 人心道心說은 退溪的인 人心道心說에서 초래될 수 있는 인간의 구체적인 감정의 세계가 去勢된 형식적 예식주의의 사고를 전환시킬 수 있는 요소를 내포하고 있었다.

인간의 존엄성과 인간성에 대한 신뢰가 흔들리고 있는 현대에서 이와 같은 성리학에 대한 재음미가 필요하지 않을까 생각된다.

Ⅶ.

전통사상에 대한 연구와 계승은 언제나 시대성에 입각한 평가의 식하에서 이루어져야 하는 것이다. 왜냐하면 전통사상에 대한 연구와 계승을 의도함에 있어서 무비판적이고 맹목적인 태도는 결코 바람직하지 못할 뿐만 아니라 전통사상에 대한 근거 없는 배척과 마찬가지의 오류를 범할 수 있기 때문이다. 조선조 성리학은 그 가치가 비록 위에서 지적한 바와 같이 높이 평가될 수 있다해도 그것이 '근대의 여명을 열었다'고 평가되는 후기실학보다는 낡은 사상임에 틀림없다. 철학적인 측면에서 볼 때 인성의 옹호라는 인존 사상까지도 그것이 주리설을 바탕으로 하여 理 그 자체와의 합일을 기도한 점에서 현실 속의 실질적인 인간을 망각하는 결과를 초래하기도 했다. 이는 조선조 성리학이 지닌 하나의 약점으로 지적될 수 있다.

또한 성리학적인 가치관이 역사적으로 예의 본질적인 이념이 탈각된 예식본위에도 흘렀고 그 결과 명분론적 형식주의로 흘러가게 되었다는 점도 새로운 사상(실학 및 현대사상)에 의한 보강을 기다리게 된다. 여기서 우리가 조선조 성리학을 어떻게 재인식 해야 할 것인가 하는 문제는 자명하여 진다.

장단점이 병존하고 있는 성리학을 우리의 전통사상이 지닌 특성에 따라 새롭게 계승 발전시켜야 나가는 것이 우리의 사명이기도 하겠다.

제1장

統治 理念化의 길

Ⅰ. 陽村 權近의 思想

양촌 권근은 고려 공민왕 원년(1325)11월 6일 안동 권씨 집안의 넷째아들로 태어나서 조선의 3대 태종 9(1409)년 2월 14일에 세상을 떠났다. 아버지는 檢校政丞 權僖이고, 어머니는 한양부원군 韓宗愈의 딸이다. 고려말 성리학의 수용과 보급에 크게 공헌한 菊齋 權溥는 그의 증조부이다.

그가 태어난 14세기 전반의 고려사회는 대외적으로는 동양문화의 중심지였던 중국대륙의 권력구조가 교체되는 과정에서 몽고족의 元제국이 쇠퇴하고 漢族이 세운 명나라가 등장함에 따라 초래된 힘의 공백기를 맞이했고, 대내적으로는 12세기이래 고려국의 경제적 기반이었던 토지제도가 붕괴됨에 따라 신・구귀족간의 대립이 첨예화되고 있었다. 이러한 대내외적인 혼란기를 당하여 고려사회의 地方佃戶 출신인 신진사류들은 새 학풍의 유학(성리학)을 수용하여 당면한 여러 현실문제를 해결하고 사회를 새롭게 개조하려고 노력했다. 이들은 무엇보다도 附元的인 권벌귀족을 몰아내고 중원의 신흥세력인 명과 관계를 맺음으로써, 백여 년간에 걸친 몽고족의 지배에서 벗어나 中華族과의 문화적 동질성을 회복하고자 했다. 이러한 목적을 달성시키기엔 訓詁・詞章學으로 전락한 종래의 유학이나 폐습을 드러내기 시작한 불교는 적합치 못한 것이었다. 따라서 신진사류들은 정주계통의 성리학을 수용하여 재래의 몽고풍의 예속과 복식 및 법제 등을 혁파하고『朱子家禮』에 의거한 예법을 시행하려 했다.

이와 같은 사회적 격동기에서 몰락한 집안에 태어난 양촌은 신진사대부로서 공민왕 18년 7월에 춘추관 검열의 직책으로 관직에 첫발을 내딛어 고려말까지 여러 대소 관직을 역임하나 누차에 걸친 탄핵과 유배로 점철된 관직생활을 하게 된다. 특히 공양왕 2년(1390)에 明軍을 끌어들여 이성계 일파를 제거하려는 음모를 꾸몄다는 尹彝·李初의 옥사에 연좌되어 李穡·李崇仁 등과 함께 체포되어 청주 옥에 구금된다. 그후 뜻밖에 수해로 인해 일시 석방되었다가 다시 益州(전북 익산군)에 유배된다. 그 이듬해(1392) 2월에 유배에서 풀려나 충주에 우거하고 있던 중 조선왕조의 개국을 맞이한다.

새로 개국한 조선조의 관리로서의 출발은 태조 이성계의 명에 따라 계룡산 행재소에서「桓王定陵墓碑文幷序」를 지은 것으로 성균관 대사성이 되면서부터였다. 그러나 이때부터의 관직생활도 왕자의 난으로 일부 개국공신들이 몰락할 때까지 평탄치 못하였다. 왕자란 후 비로소 중용되어 政堂文學·參贊門下府使· 司憲府大司憲. 禮文館大提學 兼 成均館大司成, 의정부 贊成使 등을 역임하게 된다. 정종 즉위 후에는 사병제도의 혁파에 앞장서서 일했고, 태종이 즉위한 뒤는 좌영공신 吉昌君에 봉해진다. 태종2년(1402)에는 문과의 智貢擧 동 7년(1407)에는 文科重試 讀卷官이 되어 과거를 관장하였다. 이후에도, 조선왕조 최초의 文衡으로서 당시 관계와 학계에서 유생의 교육, 관에서 찬술한 각종 저술과 문물제도의 정비에 많은 업적을 남긴다. 태종 9년(1409), 2월 14일 일생을 마치니, 그의 나이 58세였다. 그의 관직을 상고해 보면 檢閱로부터 宰

相에 이르기까지 항상 館閣·文翰의 직책에만 재직하고 외직에 나간 적이 없다. 그러나 양촌의 일생은 관인의 직책에 있으면서도 학자의 길인 학문연구와 후생의 교육에 잠시도 소홀하지 않았다. 태종 4년(1404), 그의 나이 53세 때 禮經 절차에 대한 고증을 끝마치기 위해 사직을 처하기까지 했고, 당시 모든 經世文章과 外交表箋을 맡아 찬술했던 것도 바로 그였다.

고려말 安裕·白頤正·禹倬 등에 의해 도입된 성리학은 양촌의 증조부인 權溥를 전승자로 하여 李齊賢·李穀·李穡의 순서로 전승된다. 이색의 문하에서는 여말 향리출신인 정몽주. 정도전. 권근 등의 학자들이 성리학을 익히고 그것을 통치술의 배경으로까지 삼게 된다. 吉再·金泮·金從理 등은 이러한 여말의 성리학을 조선조로 계승해 준다. 이들 중 길재는 不事二君의 절의를 지켜 관계에 진출하지 않고, 향리에 묻혀 제자들을 양성했고, 卞季良·金泮·金從里등은 양촌의 문하에서 그를 도와『禮記淺見錄』·『性理大全』·『理學提綱』·『易象圖說』·『四書章圖』등을 편찬하게 된다. 그런데 후일 길재의 문하에서 연원한 사림파의 학자들은 그들의 학통을 정몽주－길재－김숙자－김종직－김굉필－조광조라고 주장하며 이를 정통으로 본다. 그 결과에 따라 이들에 의하여 조선초 여러 성리학적인 서적을 편찬함으로써 실질적인 성리학의 보급에 힘썼던 양촌 계통의 학통은 정당하게 평가받지 못하게 된다. 이러한 그들의 평가는 양촌이 성리학에서 가장 중요시하는 절의를 저버리고 두 왕조를 섬겼다는 이유에서 내려진 것이다. 그러나 성리학을 학문적으로 연구하여 그 발전의 기틀을 마련한 업적에 있어서는 포은 정몽주는 양촌 권근을 따를 수 없다고 하겠다.

양촌의 성리학에 대한 연구는 그의 방대한 저술에서 나타난다. 그의 저서목록을 보면『入學圖說』·『五經淺見錄』·『四書五經口

訣』 등과 같은 儒家類의 전적과 『東國史略』·『東賢史略』등의 史書類가 있고, 40권에 달하는 방대한 양의 『陽村集』(『東國史略』과 『東賢史略』포함)이 전해지고 있다. 그 내용을 간략히 소개하면 아래와 같다.

『입학도설』은 양촌의 저서들 중에서 그의 성리학자로서의 면모를 가장 잘 보여주는 저술이다. 그 내용은 「天人心性合一之圖」를 비롯해서 전후집에 모두 40개의 圖說이 수록되어 있고, 학자와 의문답형식으로 된 해설이 몇 편씩 첨부되어 있다. 양촌은 『입학도설』의 서문에서 周敦頤 『太極圖』를 근본으로 하고 주희의 『中庸章句』를 참고하여 작도했으며, 선현들의 格言·正說을 취해서 의미를 밝혔다고 한다. 양촌은 이 도설에서 '천인합일'의 이념을 제시하고, 사단·칠정·심성·이기 등을 도해하여, '사단은 이의 원 곧 성의 발이니 순선한 것이요, 칠정은 기의 원 곧 심의 발이므로 선악이 겸유한 것'이라고 밝히고 있다. 그의 이 도설은 후일 퇴계의 이기호발설의 근거가 되었고 또한 사. 칠논쟁을 불러일으킴으로써 조선 전기 성리하그이 탐구방향을 잡아 주게 된다.

다음으로 『오경천견록』은 『시경』·『서경』·『주역·『예기』·『춘추』에 대한 주석서로서 『예기천견록』·『주역천견록』은 이미 공개되었으나 『상서천견록』·『시경천결고』은 공개되지 않았고, 『춘추천견록』은 아직 발견되지 않고 있는 형편이다. 그런데 이 『오경천견록』을 아마도 원나라 때 학자인 吳澄의 『五經纂言』을 참고하여 저술되었을 것으로 생각되며, 그 성격은 오경에 대한 성리학적인 해설서로 간주되기도 한다.

『양촌집』은 잡저·묘지·행장·시·서·기 등의 내용을 수록한 양촌의 문집으로서 그 가운데는 삼봉의 『佛氏雜辨』·『心氣理篇』·『心問天答』 등에 대한 서문이 실려 있는데, 그 내용은 양촌

자신이 '闢異端說'이기도 한 것이다.

양촌은 삼봉을 이어 유교 이념에 바탕을 둔 이상국가를 수립하기 위해 전왕조 말기에 드러났던 불교적 폐습의 극복에 애쓴다. 예컨대 '沙門不敬王者論'(출가한 승려는 국왕에 대한 예의를 갖출 필요가 없다는 이론)에 입각한 불교의 윤리관과 현실긍정과 현실부정의 사상적 이중성을 비판하는 것이 그들의 급선무였다. 삼봉은 『불씨잡변』·『심기이편』·『심문천답』 등의 저술을 통해 성리학설에 입각한 배불 척도의 이론을 전개시켜 나간다. 특히 그는 『불씨잡변』에서 불교의 윤회 인과론 등의 주요 사상을 19개 항목에 걸쳐 변박하고 있다. 그는 성리학에서 말하는 氣의 聚散說과 음양오행설로 인과응보설을 비판한다. 그리고 『심기리편』에서는 심은 불, 기는 도, 이는 儒라고 설정하고 불교는 심에 입각하여 마음의 부동을 종지로 삼으며 노장사상은 기에 입각하여 양생을 도법으로 삼는데 불과하지만 유교는 이에 입각하여 심과 기를 다스리는 사상임을 밝힘으로써 노·불에 비해 우월한 유학의 장점을 상대적으로 과시하려 했다. 양촌도 삼봉의 의도를 좇아 『心氣理三篇序』와 『心氣理篇後附集序』 및 『佛氏雜辨序』를 지어 삼봉의 '배불 척도'의 이념을 계승하였다. 그는 『심기이삼편서』에서 '유학은 理에 근본하여 心과 氣를 다스리니 근본은 하나이며, 理 하나로서 두 가지를 수양한다. 노자의 도는 氣를 근본으로 하여 양생에 힘쓰고, 불교는 心을 근본으로 하여 부동으로서 근본을 삼으니 각각 하나만 알고 둘은 모른다'라고 주장한다. 또한 노자는 허무에 빠졌고, 불교는 공(空寂)에 빠져 인의와 윤리를 해친다고 비판한다. 아울러 그는 이러한 불교와 도교사상의 폐해를 막고 유술을 밝히기 위해서는 이단의 학설을 힘써 배척해야 한다는 「벽이단론」을 역설한다. 그러나 엄밀히 따져볼 때 양촌과 삼봉이 의거하고 있는 성리학도 궁극적으로는 불교와 도교의 영향 아래서 성장했고 '內佛外儒'라고까지 주장되고 있는 사실을 감안할 때 그들이 내세우는 '벽이단설'의 타당성은 회의적일 수 밖에 없다. 뿐만 아니라 그들 양인이 심과 기에 대한 이의 우위성을 인정하면서 심은 불, 기는 도, 리는 유라고 설정한 가설은 처음부터 불교와 도교를 배척하고 유학의 우월성을 내세우려는 의도적인 이론의 틀이었던 것이다. 문제는 과연 유학은 이로보아야 하며 불교는 심으로, 도가는 기로 볼 수 있느냐에 달려 있다. 그러나 그와 같은 도식적인 적용이 불가능하다는 것은 불교와 도가사상에 대한 상식적인 지식을 갖는 경우에도 쉽게 알 수 있다.

아무튼 양촌과 삼봉은 위와 같은 '벽이단설'을 주장함으로써 성리학을 조선조의 건국 이념화하는데는 성공했다고 볼 수 있다. 그러나 그러한 '벽이단'의 전통은 급기야는 '도통론'으로 굳어져 다른 학문(사상)을 지나치게 배척한 나머지, 이후의 유학자들이 양명학까지도 배척하는 결과를 초래하게 되었던 것이다.

양촌의 이단에 대한 배척은 불교와 도가사상이 효제충신과 수기치인의 내용을 담고 있지 않다는 데서 연유한다. 그런 까닭에 그의 이단비판은 불교와 도교에만 국한되지 않고 '양주·묵?'의 사상 및 '수신지본을 망각한 훈고·사장의 학(한당유학)'에까지 미치고 있다. 그는 성리학 이외의 학문을 이단사설로 비판하는 한편 인륜도덕을 밝혀 주는 성리학이야말로 유학자가 힘써 탐구해야 할 실학이라고 주장한다. 성리학을 실학이라고 주장하는 양촌의 생각은 불교의 '공적'과 도교의 '허무'에 대한 비판의식에서 비롯된다. 성리학은 구체적인 목표와 방법을 갖추고 있기 때문에 허무. 공적한 학문이 아니라는 것이다. 성리학이 추구하는 목표는 의리 의 당연함(人倫)과 사리의 분명함(사물지리)을 밝히는 것이고, 그 방법은 경외심을 갖고 성찰하는 것이다. 양촌은 성리학의 목표를 인륜과 사리를 밝히는 데 두는 까닭겡 성찰의 효과도 두 측면에서 거두려 한다.

그는 인간의 본성은 자연의 질서(천명)와 일치하는 것으로 파악한다. 자연의 질서는 성이며 그것이 인간에게 부여될 때 오상(인의예지신)이 된다는 것이다. 인간에게 부여된 오사으이 본성은 실심으로 나타난다. 인간은 이러한 실심을 발휘하여 인륜과 사리를 밝혀가면 자기의 인격수양과 경세(치지요)의 목적을 달성할 수 있다는 것이다. 인륜을 밝히고 인격을 수양하는 것은 인간이 자기 본성의 선함을 깨닫아 그것을 실천하는 것이다. 이는 양초느이 학문이 추구하는 궁경수련의 목표인 것이다. 양촌은 이를 위해 송대 성리학을 종합하여 『입학도설』을 편찬하고 오경을 주석했다.

사리를 밝혀 경세의 목적을 당성하는 것은 당면한 국가적 현실을 직시하며 민생의 안정을 도모하는 것이다. 양촌은 「送咸觀察使霖詩」에서 이러한 민생의 안정(惠化息民)이 자기의 뜻임을 밝히고 있다. 양촌은 조선왕조의 건국 이후 왕자란과 같은 정치적 혼란을 거쳐 왕권이 안정되는 시기를 당하여 자신의 학문적 소야을 발휘하여 국가체제를 정비하고 민생의 안정을 도모하려고 노력했다. 그는 먼저 신생국 조선이 처한 국제적 현실에 눈을 돌려 대외적인 차원에서 중국(명나라)과의 사대관계를 유지함으로써 양국간의 평화를 정착시키고자 했다. 그는 명 제국과 조선이 다같이 신생국으로서 조선의 노력 여하에 따라 대외적인 안정을 도모할 수 있다고 보앗다. 이러한 정세의 파악을 통해 그는 '우리나라의 군신상하가 전심하여 명에 대한 사대의 성의를 다하면 명의 천자는 우리의 사대의 성의를 알게 될 것이고, 우리나라도 그 영향을 입을 것이니, 이것이 실학의 효과가 만사에 미치는 실마리가 될 것이다.'라고 주장한다. 양촌은 이처럼 사대를 통해서 도모할 수 있는 대외적 안정을 실학의 효과로 간주한다. 그러나 그의 이러한 사대관이 결코 중국에 대한 종속적인 사대가 아니라 국제정세에 대처하기 위한 한 방편으로서 제시된 것임을 알아야 한다. 그와 같은 사실은 그가 '중국과 우리가 위기를 만나면 우리는 권도로서 대처할 것이고, 그렇게 되면 저들도 그럴 것입니다. 그러나 지금은 위기가 아니고 우리도 위급한 처지가 아니니 마땅히 정도(事大)로서 관계맺기를 천하여 그들로 하여금 정도로서 대처해 오게 해야 할 것입니다.'라고 한 진언을 통해서 확인된다. 이러한 양촌의 대외정세에 대한 인식은 명이 요동에 건주위를 두고 우리를 대비하고 있으므로 평화시라도 경계를 게을리해서는 안된다는 상서를 올리고 있는데서도 확인된다. 그는 단순한 문화적 사고로서가 아니라 자국의 대외적 안정의 기틀을 다지기 위해 사대의 외교책을 제시했던 것이다.

양촌의 경세적 실학관은 內政을 개혁하고 국가의 제도를 정비해 가는 과정에서도 나타난다. 그는 앞에서도 지적했듯이 태종의 즉위 후 사병제도를 혁파함으로써 장차 다시 재연될지도 모를 왕실 가느이 골육상쟁 등과 같은 무력행사에 따르는 민생의 동요를 근원적으로 치유하려 노력했다. 또한 그는 군주의 마음이 백성을 다스리는 근본이므로 군주가 수기하여야만 治民의 도가 밝혀질 수 있다고 주장한다. 이러한 그의 생각의 배후에는 군주를 중심으로 하여 왕권이 안정될 때만이 민생의 안정이 이루어질 수 있다는 신념이 강하게 작용하고 잇는 것이다. 조선왕조 초기 종친 세력과 원훈공신 세력의 결탁으로 초래되었던 왕자란과 같은 혼란을 목격한 그는 왕권을 안정시키지 않고서는 민생의 안정을 돌아 볼 수 없다는 생각을 갖게 되었던 것이다. 그 결과 신분의 귀천에 관계없이 죄의 정도에 따른 일률적인 형벌제도의 확립을 요구하게 된다. 그리고 經筵을 강화하고 궁궐의 출입을 통제함으로써 왕실의 존엄성을 높일 것을 주청한다. 관제개혁에 대한 그의 생각은 먼저 관리 선발의 기준설정과 함께 개국과 더불어 남발된 관직에 대한 정리를 요구한다. 그리하여 設官制祿의 원칙을 세우고 불필요한 인원을 줄이고 70세 이상의 노령자에 대해서는 현직을 맡지 않도록 하여 불필요한 녹봉 지급으로 국가 제정의 지출을 막아 軍資에 충당함으로써 국방력 강화를 도모해야 한다고 헌책한다. 이러한 헌책들 이외에도 臺諫 司憲制度의 정비, 교육제도의 정비 등을 통해 예의 도덕을 확립함으로써 사회적 기강을 바로잡아야 한다고 주장한다. 그리하여 양촌은 禮經의 고증과 편찬을 위해 사직소까지 올리면서 골몰했고, 『예기천견록』을 경연에서 進講까지 했던 것은 예의 확립을 통해 유교적인 이상정치를 구현하려는 그의 의지의 표현이었던 것이다.

14시기말 고려에서 조선으로 왕조가 바뀌는 사회변혁기를 살았던 양촌은 대륙으로부터 전래된 성리학을 새왕조의 통치이념으로 삼는데 주도적인 역할을 수행했다. 그는 배불·척도의 벽이단설을 근간으로 하여 성리학의 실용적 가치성을 밝힘으로써 그 사상을 사회변혁의 원동력으로 제고시켰다. 그는 비록 성리학의 중요한 가치의식인 절의정신을 버리고 두 왕조를 섬겼다 하나 새왕조의 통치이념을 확립하고, 체제를 정비한 업적은 높이 평가될 수 있다. 특히 그는 학문의 목표를 민생의 안정(惠化息民)에 두고 실학이라는 명칭으로 추구해 갔다. 양촌은 자신의 학문을 현실에 적용, 실천해 볼 수 있는 충분한 기회를 얻었던 인물이었다.

Ⅱ. 退溪의 教育思想

1. 머리말

孔孟系統의 유학은 인간의 가치를 절대시하며, 인간을 본위로 하는 성선관의 인간상을 정립한다. 뿐만 아니라 그와 같은 인간상을 바탕으로 하여 인간이 지켜야 할 규범으로서 도(價値)를 표방한다. 유학이 표방하는 가치는 『中庸』에서 '天命之謂性,率性之謂道, 修道之謂道教'[1]라고 언급하는 내용속에 잘 함축되어 있다. 이러한 유학이 추구하는 도는 천(天命)과 인간의 본질(性)에 관련된 것이며, 그것을 일반화하고 정형화함으로서 인간의 생활 속에 구현하는 것은 교육을 통해서 가능할 수 있다.

유학 가운데서 가장 이론적인 성격이 강한 학문이 성리학이다. 성리학은 그 명칭의 어원이 말해 주듯이 – 性命義理之學 – 인간의 심성구조<性命>와 인간행위의 준칙<義理>을 그 형이상학적 근거로부터 탐구하는 학문이다. 퇴계는 이러한 성리학 가운데서도 이론적 성격이 가장 강한 程朱系統의 학문을 계승하여 발전시킨

1) 『中庸』 1章

조선조의 대표적인 성리학자이다.

본고에서는 성리학적 세계관의 입장에서 정립된 퇴계의 교육사상을 그 자신의 학문의 진수라고 할 수 있는「聖學十圖」를 中心으로 고찰해 보려 한다. 여기서 운위되는 聖學이란 聖人 혹은 聖人이 되는 길을 배우는 학문이라는 뜻이며[2] 구체적으로 그것은 퇴계 자신이 일생을 통해 심혈을 기울였던 성리학을 두고 말한다. 그리고 성학의 목표는 성리학적인 가치를 체득한 인간 곧 성인을 길러내는 데 있다. 뿐 만 아니라 퇴계의 교육사상은 궁극적으로 이상적 인간이 갖추어야 할 인격의 탐구를 목표로 하는 인간상이 반영되어 있다. 이 점을 고려할 때 퇴계의 교육사상을 밝히기 위해서는 그가 제시하는 이상적 인간상을 해명해야 하며, 그가 시행하였던 교육의 방법과 내용 역시 이러한 측면에서 밝혀질 것이다.

2. 退溪의 人間觀

퇴계는 인간을 無極而太極[3]인 우주의 理로부터 생성되는 사물의 차원에서 이해한다. 그는「성학십도」의 제1도인「太極圖」에서 우주에 존재하는 모든 사물(萬物)의 생성을 태극이 動靜하는 결과로 간주한다.[4] 그런 까닭에 우주의 모든 생성은 태극으로서 리가 동정을 통해서 陰陽과 五行의 氣를 생성시킴으로서 가능하며, 만물의 형체가 생성되기 위해서는 기를 稟受해야 하는 것이다. 그런

---

2) 李相殷,「聖學十圖解說」『退溪學報』2, 105쪽.
3) 이는 周敦頤의『太極圖說』에서 처음으로 言及된 內容이다.
4) 退溪는 萬物의 生成材料인 陰陽五行의 生成을 太極의 動靜의 결과인 氣化로 萬物의 化生을 氣化로부터 生成된 陰陽·五行의 결합인 形化의 결과로 생각한다.

데 인간은 그 형체가 생성될 때 만물의 생성재료인 음양오행의 氣 가운데서 가장 빼어난 것을 품수하게 된다는 것이다.[5] 그러므로 인간은 다른 사물과 구별되는 특성을 갖게 된다고 주장한다.[6] 그리고 그와 같은 인간의 특성은 인간의 형체의 빼어남에서도 발견되지만 특히 심성구조에서 확실히 드러난다는 것이다. 퇴계는 그의 「성학십도」 제6도인 「心統性情圖」에서 '인간은 오행의 빼어난 것(秀)을 받아서 태어났으므로 그 빼어난 것(心)에 五性이 갖추어져 있고, 五性이 動하는데서 七情이 나온다'[7]고 밝히고 있다. 또한 '人間의 마음은 寂然不動(中)한 未發의 心體(性)와 感而遂通(和)하는 已發의 心用(情)을 통괄(統御, 統接)한다'[8]고 생각한다. 그는 또한 「心統性情圖」의 中圖에서 '本然之性'의 純善함을 밝히고 그것은 기품과 섞이지 않는 性임을 주장한다.[9] 그러므로 본연지성에서 발하는 정은 純善하여 불순함이 없다는 것이다.

下圖에서는 인간의 심성구조를 理氣의 합으로서 설명한다.[10] 이 경우 理와 氣를 합해서 언급하는 성은 바로 '氣質之性'을 말하는 것이다. 이 기질지성 공자의 性相近, 程子의 性卽氣 氣卽性이며, 그것은 張橫渠에 의해서 주장된 것이라 말한다.[11] 물론 주자는 이 내용을 '비록 氣속에 있어도 기는 기대로 성은 성대로 서로 섞이지

5) 이는 周敦頤 이후의 性理學者들의 일반적인 견해이다.
6) 周敦頤, 『太極圖說』. "惟人也得其秀而最靈 …"
7) 退溪集, 「聖學十圖」, 第六圖, 「心統性情圖」에서, "人稟五行之秀以生 於其秀而性具焉 於其動而七情出焉"라고 하는 程復心의 말을 인용하고 있다.
8) 앞의 책, "… 故其心寂然不動爲性 心之體也, 感而遂通爲情 心之用也"
9) 前揭書, "中圖者就氣稟中指出本然之性 不離乎氣稟而爲言 …"
10) 上同, "下圖者以理與氣合而言之"
11) 前揭書, "孔子所謂相近之性 程子所謂性卽氣氣卽性之性 張子所謂氣質之性"

않는 성'[12]이라고 파악한 것이다. 그러나 이 기질지성은 理와 기를 합해서 해석하는 性인 까닭에 그것은 純善한 측면만 갖는 것이 아니라고 한다.

退溪는 일찍이 『定性書』에 '사람의 마음으로서 발하기는 쉽되 제어하기 어려운 것으로는 오직 怒가 가장 심하다. 그런데 노했을 때에 곧 노를 잊고, 理의 시비를 관조할 수 있는 것은 역시 바깥 사물의 유혹을 싫어할 것이 없음을 알 수 있다. 운운 …'하였다. 이른바 쉽사리 발하되 제어하기 어렵다는 것이 리이겠는가? 기이겠는가? 그것은 기가 발하는 것이므로 '노를 잊고 리를 본다'고 하였으니 이것이 곧 리로서 기를 제어함을 말하는 것이다.[13]라고 했다. 이러한 퇴계의 생각대로라면 怒의 감정이 일어나는 것은 바로 기가 발한 경우 곧 氣質之性이 작용하는 경우인 것이다. 그리고 노를 가라 앉히는 '리로서 기를 제어하는 것'이란 바로 본연지성의 활동을 통해서 기질지성이 극복됨을 뜻한다. 퇴계는 여기서 한 걸음 더 나가서 기질지성을 극복하는 구체적인 방법을 제시한다. '무릇 심학이 多端하지만 요약해서 말하면 "人欲을 막고 天理를 보존(遏人欲在天理)"하는 두 가지 일에 불과하다.'[14]라고 밝힌다. 더욱이 退溪는 人欲(人間이 갖는 여러 가지 감성적 욕구)을 人慾(人間의 욕심)으로 파악함으로서 감성적 욕구의 세계에 대한 철저한 부정을 통해서 이성적・윤리적 가치에 대한 실천의 의지를 강화시키려 노력한다.

---

12) 上同, "朱子所謂雖在氣中, 氣自氣, 性自性. 不相來雜之性是也"

13) 大東文化研究院刊, 『退溪全書』, 420쪽. 答奇明彦, "定性書日人之心 易發而難制者 惟怒爲甚, 弟能於怒時 忘其怒而 觀理之是非 亦加見外誘之不足惡云云 夫所謂易發而 難制者是爲理耶? 爲其也?… 惟其氣發 故云忘怒而觀理, 是乃以理氣謂也"

14) 앞의 책, 849쪽, 「答李平叔」. "大抵心學雖多端 總要而言之 不過遏人欲在天兩事而已矣"

그의 이러한 생각은 궁극적으로 기질지성의 극복에 대한 관심으로 표현된다.

사실 퇴계의 심성관에서 가장 중요한 부분인 사단칠정 논쟁도 본연지성으로서의 순선한 성을 문제삼는 것이 아니라 기질지성이 핵심이다. 곧 본연지성으로부터 말미암는 정은 선하기만 한 것이므로 그것은 악의 가능성이 배제되지만 기질지성에서 발하는 정은 선악의 가능성이 공재한다는 것이다. 그런 까닭에 성이 발할 때 인의예지의 性命에 의해서 촉발되면(理發而氣隨之) 순선한 사단으로 나타나고, 감성적인 대상의 形氣의 욕구에 감촉되어 발하면(氣發而理乘之) 선악의 가능성이 혼재된 칠정으로 나타난다는 것이다.

이와 같이 퇴계는 인간본성을 본연지성과 기질지성으로 이분하여 파악하는 데 이러한 見解는 바로 人間存在가 현실적으로 갖는 선악의 가능성을 인간의 본질로부터 설명하려는 의도인 것이고, 그러한 그의 견해는 人心道心에 관한 그의 생각에서도 나타난다. 그는 자신의 理氣互發說의 입장과 理氣二分의 기준에 따라 사단칠정과 인심도심을 동일한 점이 있는 것으로 보게 된다. 그리하여 그는 道心을 四端과 같은 理發(理發而氣隨之)로, 인심을 七情과 같은 氣發(氣發理而乘之)로 본다. 그런데 성리학에서는 氣發 곧 氣의 작용으로부터 말미암는 인간의 심정은 대체로 악의 경향성을 갖는 것으로 이해한다. 그러므로 退溪는 인심을 인욕으로 간주함으로서 물욕과 같은 天理(道義)에 위배되는 악의 가능성을 갖는 것으로 해석하며, 四端七情說의 경우와 마찬가지로 인심도심설의 입장에서도 인간의 도의적인 양심인 道心을 제외한 모든 욕구적인 감정인 인심을 배격하는 '遏人欲而存天理'의 理論을 展開한다.

그리하여 그는 '(人間에게) 두가지 마음이 있는 것이 아니라 實은 형기에서 生하면 인심이 없을 수 없고, 성명에서 근원하면 도심이 된다.'[15]라고 주장한다. 형기는 인간의 감성이라 해석할 수 있고, 그 것에서 촉발된 인심은 인간의 욕구적인 마음이다. 또한 성명이란 도덕적 본성을 뜻하는 것이므로, 그것에 근원을 두는 道心은 인간의 윤리 도덕적 판단의 주체인 바 규범의식인 것이다. 이상과 같은 퇴계의 四端七情說과 人心道心說의 입장을 통해서 볼 때 퇴계는 인간을 욕구적인 존재임과 동시에 윤리·도덕적인 규범의식을 갖는 존재로 파악함을 알 수 있다. 인간에 대한 이러한 이해를 바탕으로 하여 퇴계는 감성적인 욕구(人慾)을 극복하고 규범의식(道心: 天理)에 따르는 행위를 실천할 수 있는 이상적인 인간상을 제시한다.

3. 敎育의 目標

유학은 공자와 맹자 이후로 修己治人의 이상적 인간상을 표방하고 있다.[16] 아울러 그들이 표방하는 이상인이 추구해야 할 바로서 內聖外王의 道까지도 제시하고 있다.[17] 유학은 그와 같은 도를 실천하는 인간을 이상시하여 성인이라 부른다. 퇴계의 교육사상이 지향하는 목표도 바로 이러한 성인을 길러내고 실현하는 데 있다. 그는 이러한 교육의 목표를 실현하는 방법을 제시하기 위해 『聖學十道』를 제작했다. 퇴계가 비록 신하로서 군왕을 선도하여 聖王이 되도록 하기 위해 이 圖를 제작했다고 하나 그 내용에는 그 자신의 교육의 목표와 학문관이 뚜렷이 투영되어 있고, 그가 이상시하는

---

15) "此非有樣心 實以生於形氣則皆不能無人心 原於生命則所以道心 …"
16) 李康洙, 1978, 「原始儒家의 人間觀」『東洋哲學에 있어서 本體論과 人性論』, 275쪽, 延世大學校出版部, 서울.
17) 上同.

인간상이 내포되어 있다.

퇴계는 그의 『聖學十圖』 제1도인 「太極圖」에서 유학이 지향하는 이상적 인간인 성인을 '천지와 함께 덕을 같이 하며 일월과 더불어 그 밝음을 함께 하고, 사시와 질서를 같이 하며 귀신과 더불어 그 길흉을 함께 하는 존재'[18]라고 밝히고 있다. 이러한 그의 언급을 통해서 알 수 있듯이 성인은 자연질서로서의 천도와 합일된 삶을 추구하는 인간인 것이다. 그리고 퇴계를 비롯한 모든 성리학자들은 이러한 이상인은 인간의 노력을 통해서 언제든지 실현될 수 있다고 생각한다.

퇴계는 「太極圖說」에 대한 해설에서 성인이 되기 위해 추구해야 할 바를 밝혀주고 있다. 그것은 中正・仁義의 도리와 敬으로서 寡欲・靜虛・動直의 道理라는 것이다.[19] 그러므로 퇴계는 교육과 목표를 仁과 敬을 체득하는 데 두고 있다.

1) 仁의 體得

퇴계는 인간이 실천해야 할 도리로서 仁을 체득하기 위해서는 먼저 인의 본질이 무엇인지를 깊이 認知해야 한다고 생각한다. 그리하여 인에 대한 程朱系統의 학설을 종합한 朱熹의 「仁說圖」를 『聖學十圖』의 제7도에 수록하고 이 도설을 인에 대한 가장 완벽한 해설로 생각하고 있다.[20]그러므로 퇴계의 인에 대한 의식과 그 체득에 관한 방법은 이 「仁說圖」에 근거함을 알 수 있다. 그런데 이

---

18) 『退溪全書』 「聖學十圖」 太極圖. "… 故聖人本天地合其德 日月合其明 四時合其序 鬼神合其吉凶 …"

19) 위와 같음. "聖人定之以中正仁義 而主靜立人極焉 … 則靜虛動直"

20) 앞의 책, 「聖學十圖」 第七仁說圖 참조. "而聖可學矣"

「인설도」는 크게 다섯 부분으로 나누어진다.

첫째 부분은 인간의 본성인 인이 우주의 생성을 주재하는 하늘의 마음과 일치함을 밝히고, 둘째 부분은 인간의 본성인 인이 발현되기 전(未發)의 모습으로서 四德을 포괄하는 상태(仁之體)와 발현된 후(已發)의 모습으로서 四端에 貫流하고 있는 상태(仁之用)를 제시하고, 셋째 부분은 仁을 전반적으로 말할 때와 부분적으로 말할 때를 구분해서 그 體와 用을 言及하고, 넷째는 인을 體得(體驗)할 수 있는 방법으로서의 公心을 발하고, 다섯째는 인의 效用으로서 孝悌의 마음과 그 施行으로 나타나게 되는 恕의 마음 및 知覺등을 言及하고 있다.

퇴계는 이 「仁說圖」를 근간으로 하여 인을 우주론적인 의미로서는 만물을 생성시키는 마음(天地生物之心)이고, 心性論의 차원에서는 남을 사랑하고 만물까지도 이롭게 해 주는 마음(愛之理, 生之性)이라고 해석한다. 그리고 이러한 인을 체득하기 위해서는 무엇보다도 각 개인이 자신의 사욕을 버리고 天理인 禮로 돌아 갈 때 가능하다고 본다.[21] 인간이 인을 체득하게 되면 어버이를 섬기고(事親), 만백성을 사랑하며(愛民), 만물까지도 이롭게 해주는(贊天地之化育) 公效를 발휘하는 인의 실천이 가능할 수 있다. 이러한 인의 실천은 근원적으로 천지(宇宙)와 만물이 자신과 일체임을 깨닫기 때문에 가능할 수 있다. 천지와 만물까지를 자신과 일체로 파악하는 萬物一體觀의 사고야말로 퇴계가 추구하는 이상인이 갖추어야 할 가장 필수적인 요건이며, 인의 체득을 통해서 도달될 수 있는 그의 교육관이 추구하는 최대의 과제이기도 한 것이다.

---

21) 이는 '仁說圖'에 引用된 論語의 "克己復禮爲仁"의 내용이다.

2) 敬의 實踐

退溪는 일찍이 成均館 大司成의 책무를 맡으면서 四學의 학생들에게 다음과 같이 배움에 힘쓸 것을 당부한 적이 있었다.

> 지금부터 諸君들은 모든 日常生活(日用飮食)이 禮儀 가운데서 行하여 지도록 하라. 모름지기 서로 격려하여 舊習을 버리도록 힘쓰고, 집에서 父兄모시는 마음을 미루어 밖에서 어른과 웃사람을 섬기는 禮로 삼을 것이다. 안으로 忠信에 주력하고 밖으로 遜悌를 행함으로서, 國家가 文藝를 장려하고 學校를 세워 선비를 기르는 뜻에 부응토록 하라.[22]

요컨데, 퇴계는 忠信의 마음가짐과 遜悌의 행실로서 예의를 실천하는 인간을 기르는 것이 국가의 교육의 목적이고, 당시의 교육이 추구하는 목표임을 밝힌 것이다. 퇴계의 이러한 교육관은 바로 스스로의 학문적 성취의 목표로서 일생동안 추구한 진리관의 근거가 되기도 했다. 그에 의하면 이러한 학문과 교육의 목표는 居敬과 窮理라고 하는 학문의 방법을 통해서 도달될 수 있는 것이기도 하다는 것이다.[23] 물론 이 경우에 있어서 궁리는 지적인 탐구의 학습을 뜻하고 거경은 실천적인 행위의 자세를 뜻하지만 경은 특히 동과 정이라고 하는 사람의 마음의 두 작용을 관통하며[24], 일신의 주재자가 되는 마음을 다시 주재해 주는 것[25]인 까닭에 모든 학구적인 활동의 시작과 끝이 된다는 것이다.[26] 뿐만 아니라 그는 경을

22)『退溪全集』「通文四學諭諸生」 참조.
23) 丁淳睦,「退溪教學思想硏究」『退溪學報』 18, 14쪽 참조.
24) 앞의 책,『聖學十圖箚子』. "時敬者 … 實動靜合內外 …"
25) 앞의 책,『聖學十圖』第8圖. "蓋心者一身之生宰也 而敬又一心之宰也"
26) 위와 같음, 第9圖. "敬齊箴" "敬爲聖學之始終"

정신을 통일하여 흐뜨러짐이 없는 것(主一無適), 몸가짐을 가지런히 하고 마음을 엄숙히 하는 것(整齊嚴肅), 항상 정신을 깨어 있게 하는 방법, 마음을 단속하여 한가지의 잡념도 용납지 않는 것(欺心改斂而不容一物) 등으로 해석하고 있다. 그러므로 敬을 실천하는 일이야말로 知와 行, 수양과 실천의 모든 활동 곧 교육과 학문의 궁극적인 목표가 될 수 있다는 것이다. 이러한 사고를 바탕으로 퇴계는 경을 인격현실의 지도이념으로 삼을 뿐만 아니라 教學(教育과 學問)의 중심개념으로 삼으며[27], 성인은 敬을 실천함으로서 인륜을 밝히고 백성을 편안케 해 준다고 밝히고 있다. 결국 퇴계에 의해서 제시된 경의 근본의의는 도덕적 자각을 이룩한 인간이 도덕적 주체로서의 자아를 확고부동하게 지켜 가려는 생활태도를 뜻하는 것이다.[28] 그런 까닭에 그는 스스로의 인격의 완성과 교학의 근본이념을 경의 실천에서 찾으려고 했던 것이다.

4. 教育의 內容과 方法 – 理想人의 길 –

1) 聖學의 根據

퇴계는 그의 교육사상이 지향하는 성인을 완성케 해 주는 교육내용으로서 聖學을 제시한다. 성학은 무엇보다도 덕을 근간으로 하는 것이다.

聖人이 갖추어야 할 德은『聖學十圖』중에서 ⓐ第1圖인「太極圖」, ⓑ第2圖인「西銘」, ⓒ第4圖인「大學圖」, ⓓ第6圖인「心統性

27) 丁淳睦, 앞의 책, 12쪽, 이하 참조.

28) 이점은 退溪의 教育思想의 道德哲學的 性格을 대변해주는 것이다.

情圖」, ⓔ第7圖인 「仁說圖」, ⓕ第8圖인 「心學圖」 등에 언급되고 있다. 그 德은 「太極圖說」에서는 '聖人은 이것을 세우는 데 中正과 仁義로서 하고 靜을 주로 하여 人極을 세운다.'[29]라고 한 人極의 德, 西銘德의 '聖人은 그 德을 합한 사람이요'하고 할 때의 聖德 곧 天地의 德, 「大學圖」에서 '明德을 밝힌다'라고 하는 明德, 「心統性情圖」에서 '本然之性의 發인 四端의 德'인바 仁義禮智이다. 「仁說圖」에서 '天地가 萬物을 生成케 하는 마음'으로서 仁德, 「心學圖」에서 '良心・本心・赤子之心・大人之心・道心 등을 意味하는 德으로 나타난다. 이 德의 意味를 좀 더 구체적으로 밝혀 보면 아래와 같다.

- 「太極圖」에서 言及되는 '人極의 德'는 人間의 倫理道德的인 생활의 규범이며, 특히 그것은 '靜을 主로 하는 것(主靜)'이고, 퇴계는 이때 靜을 '無慾故靜'이라고 自注하고 있음에 비추어 볼 때 여기서 제시되는 德은 '私慾을 버리고 天理의 公'을 실천하는 인간으로서 지켜야 할 최고의 德임을 알 수있다.
- 西銘에서 말하는 聖其合德의 德은 「太極圖」에서 '聖人與天地合其德'의 德과 일치되는 것으로서 그것은 周易의 乾卦(文言)의 내용을 인용한 천지의 德이다. 천지의 덕은 바로 음양의 덕으로서 健順의 德이며, 그것은 한 개인이 갖추어야 할 성격의 强健함과 柔順함인 것이다.
- 「太極圖」의 明德은 朱熹의 注에서 '明德이란 인간의 천지로부터 얻은바 虛靈不昧한 것으로서 뭇 理致를 갖추고서 萬事에 符應하는 것'이다. 이는 인간이 우주로부터 禀受받은 五常의 德,

29) 前揭書, 第1圖, '太極圖'. "聖人定之以中正仁義而生靜立人極圖"

곧 인간의 본성을 두고 말한다.

▫「心統性情圖」에서 말하는 '四端의 德'은 仁義禮智의 性善의 德인 것이다.

▫「仁說圖」에서 말하는 '仁의 德'은 생명을 사랑하는 마음 生之理·愛之理로서의 德이다.

▫「心學圖」에서 말하는 '良心·道心' 등은 모두 인간이 갖는 순수한 본래의 마음이며, 특히 맹자는 그러한 마음을 仁義之心·辭讓之心 등으로 언급하고 있으며, 『中庸』 서문은 道心을 '그것은 일반적으로 性命의 바름에 根源한 것이다'라고 注하고 있음을 볼 때 모두 인간의 도덕적인 의식임을 알 수 있다.

이상의 내용과 德의 어원—德은 얻는 것이다.[30]—에서볼 때 성인이 갖추어야 할 德이란 바로 완성된 인격의 소유자인 인간이 갖추어야 할 인격 및 도의적 자각·실천능력 등을 의미하는 것이다.

2) 聖學의 구체적 내용

聖學이란 바로 완성된 인간의 인격에 관한 학인 것이다. 그리고 퇴계를 비롯한 여러 성리학자들은 인격의 주체인 심을 일신의 주재자로 파악한다. 그리고 심이 신의 주재자가 될 수 있는 까닭은 그 심을 주재하는 敬이 뒤따를 때 가능하다고 했다. 마음이 경을 따라야 만물의 생성질서인 천도와 인간의 윤리도덕적 생활의 최고 표준인 인도를 올바로 파악할 수 있기 때문이다.[31]

---

30) 許愼, 『說文解字』「德」字項 참조.

인도는 천도에 근거하고 있고 그것은 천지가 만물을 생성시키는 생명애인 인도인 까닭에 '聖學은 人道를 구하는데 있다'[32]는 것이다. 뿐만 아니라 인도는 인간의 본성에 구비되어 있으므로 인간은 자신의 본성속에 내재된 인을 자각하여 사욕을 극복함으로서 천도와 일치된 행위를 할 수 있다고 믿는 것이다. 이렇게 볼 때 성학이 구체적 의미는 다름 아닌 인간 자신의 본성에 대한 자각과 그 실천임을 알 수 있다.

3) 聖學을 추구하는 方法-敬-

퇴계는 성인을 구현하는 성학의 방법을 ① 마음을 엄숙하고 한결같이 함(齊莊靜一), ② 理致를 탐구함(窮理: 學·問·思·辨) ③ 戒愼·恐懼 등으로 제시한다.

성학은 그 자체가 단순히 지식을 추구하는 이론적인 탐구에만 국한된 것이 아니라 오히려 인간의 바람직한 행위를 탐구하는 학인 까닭에 그 탐구과정 부터가 적절한 방법과 절차를 통해서 이루어져야 한다는 것이다. 성학을 배우기 위해서는 먼저 '聖學은 배울 수 있다'는 자신감부터 가져야 한다는 것이다. 자신감을 갖는다는 것은 학문태도와 사색에 있어서 경의 태도를 가지고 임해야 한다는 것이다. 소학에서는 경을 '灑掃하고 應對하며, 집안에서 孝道하고, 밖에 나가 恭敬하는 것이다'[33]고 밝힌다. 구체적으로 그것은 入敎·明倫·敬身·稽古의 訓古的인 方法이다.

---

31) 이러한 마음의 경지를 儒學은 "天人合一"의 경지라고 밝힌다.
32) '西銘圖'에 관한 退溪의 說明. "蓋聖學在於求仁 …"
33) '小學圖'. "小學三方　掃應對 入孝 出恭 …"

「白鹿洞規圖」에서는 五倫을 內容으로 해서 學·問·思·明辨을 통해 理致를 깨닫고 窮究하고, 行爲을 통해 그 理致를 實踐해야 함을 역설한다.[34]

「敬齊箴圖」에서는 學員이란 바로 일상생활 속에서 규범을 실천하는 것임을 강조하여, 한 곳에 뜻을 두고 바꾸지 않는 誠實性 곧 敬을 지키는 자세로 임하는 것이라고 한다.[35]

「夙興夜寐箴圖」에서는 새벽에 일어나서 저녁에 잠자리에 들기까지의 하루의 工夫하는 일과를 聖學을 추구하는 가장 보편적인 접근 방법임을 밝힌다. 이와 같은 성학을 추구하는 方法을 활용하여 성취해야 할 학습의 내용을 퇴계는 어느 정도 밝혀 주고 있다. 성학을 추구하는 자는 인생의 보편적 진리를 인식하여야 한다.[36] 그리고 이러한 학습의 목표를 달성하기 위해서는 무엇보다도 학습자 자신의 내면적인 자각를 통한 입지 곧 학습에 대한 동기의 유발이 철저히 이루어져야 한다는 것이다.[37] 학습의 동기는 추상적인 것일 수 없고, 구체적인 대상을 향해서 확립되어야 한다. 퇴계는 이러한 학습의 대상을 '朱子書'에 두고 있다. 그런 까닭에 그는 '주자서'를 숙독하면 학문(聖學)의 방향과 방법을 체득할 수 있다고 생각한다.[38] '주자서'를 읽어 학문의 방향 및 방법을 깨닫게 되면 四書를 다시 깊이 탐구함으로서 성현의 가르친 바를 깊이 통찰할 수 있게 된다는 것이다.[39] 이처럼 퇴계는 자신을 비롯한 여러 성리학자들이 제시하는 궁극적인 진리(聖學)를 인식하고 그것을 실천할

34) 「白鹿洞規圖」의 內容 참조.

35) 「敬齊箴圖」의 內容 참조.

36) 性理學의 目標는 바로 宇宙와 人生에 관한 眞理를 인식함으로서 聖學을 完成하는 데 있다.

37) 『退溪先生 言行錄』「教人」章 第30條. "先生日 立志爲先 …"

38) 앞의 책, 「讀書」章, 第3條. "又日 人能讀此朱子書則可知爲學之方 …"

39) 앞의 책, 「教人」章, 第5條. "君第讀四書 …"

수 있기 위해서는 그 자신이 가장 전형적인 학자로 생각하는 朱子의 학문과 그 방법을 담고 있는 주자서를 이상적인 교재로서 제시한다.

한편 퇴계는 교육에 있어서 학습자의 자질과 수학능력에 대한 고려가 철저히 이루어져야 함도 아울러 강조한다. 그는 학습자의 정도에 따라 교육의 내용을 결정하는 것을 진찰을 통해서 처방을 내리는 것에 비유하고 있다.[40] 이는 퇴계가 교육에 있어서 개성에 적합한 교육방법과 교육내용이 무엇보다도 중요함을 깊이 자각하고 있었다는 사실을 반증해 주는 것이다.

5. 敎育者로서의 退溪의 人間像

퇴계가 심혈을 기울여 탐구하였던 성리학은 기본적으로 유학 본래의 학문관에 입각한 爲己之學으로 생각한다. 구체적으로 爲己之學은 마음에서 깨닫고 몸소 행해야 하는 '心得而躬行'의 주체적 · 자각적 · 실천적인 학문인 것이다. 퇴계는 이러한 성리학의 학문관을 따르는 까닭에 그의 교육관 역시 위기지학의 범주 속에서 형성되고 있다. 위기지학의 성격을 지닌 교육이란 '교육이 곧 배움의 성취'라고 생각하는 것이다. 이러한 교육관을 갖는 까닭에 퇴계는 몸소 실천을 통해서 모범을 보여 주는 솔선수범의 교육을 지향하게 된다.

퇴계의 이와 같은 생각대로라면 교육은 남을 가르치는 것이라기보다는 자신의 성장을 위한 추구의 연장인 것이다. 이와 같은 의미에서 퇴계는 평소에 스스로 스승임을 자처하지 않고, 제자들을 친

---

40) 앞의 책, 「讀書」章, 第5條. "因材施教, 對證下藥"

구와 같이 생각하고 忠信·誠實·謙虛·恭遜의 태도로서 교육에 임했다고 한다.[41] 그의 이러한 교육자로서의 태도는 피교육자에 대한 단순한 애정의 차원을 넘어서 제자들을 학문탐구의 동반자로 생각하는 교육관에서 연유한 것이다.

또한 퇴계는 진정한 의미의 스승은 지식의 전달자로서 머물지 않고 몸소 '知行並進'하는 학문탐구의 모범을 보여야 한다고 생각한다. 그의 이러한 생각은 일생을 통해서 침식을 거의 잊어가며 독서와 사색에 잠기고, 관직생활을 하면서도 학문연구에 매진하려고 했던 학자로서의 그의 인간상을 통해서 구현되고 있다. 知行의 並進을 실천하고 가르치는 까닭에 퇴계의 제자들에 대한 애정은 각별한 것으로 제자들의 눈에 비치었던 것이다. 제자들이 자신들을 친구와 같이 대해 주는 스승의 태도를 술회하고 있음을 볼 때,[42] 퇴계는 먼저 제자를 인격적으로 대우함으로써 감화시키는 것이 교육의 출발점이 될 수 있다고 믿었던 듯하다. 이는 그가 어린 제자에게까지도 호칭에 있어서 '너'라고 부르지 않았으며, 공경하는 태도로서 접대하였다는 사실에서도 밝혀진다. 제자에 대한 그의 사랑은 제자들의 학문성취의 정도를 정확히 파악하여 각기 수준에 알맞게 가르치는 배려에서도 드러난다. 뿐만 아니라 제자들 가운데서 진전이 없는 자가 있으면 이해될때까지 몇 번이고 가르쳐 주었고, 비록 몸이 불편한 경우에도 심하지 않을때는 가르치는 일을 쉬지 않았다고 한다.[43]

그의 교육에 대한 熱意는 그가 숨거두기 몇일 전까지도 가르치는 일을 멈추지 않았다는 사실에서도 확인된다.[44] 또한 퇴계는 임

---

41) 『退溪先生言行錄』「敎人」章 第30條 참조.
42) 이는 金誠一과 같은 弟子들의 기록에 나타난다.
43) 『退溪先生 言行錄』, 卷2 참조.
44) 「年譜」, 七十才條 참조.

종을 앞둔 4일전에 가족들의 만류를 뿌리치고 '죽는마당에 제자들을 아니 볼 수 없다'면서 제자들을 불러 놓고 '평소에 올바르지도 못한 견해를 가지고 종일토록 강론한 것 역시 쉬운 일은 아니었다. 그러나 잘못 가르친 것이 있다면 모두들 성찰해서 바로 잡기를 바란다.'라고 하는 인사까지 잊지 않는 교육자로서의 모습까지도 보여 주고 있다.[45] 퇴계의 이러한 태도는 '교육자는 최후의 순간까지 자기성찰을 게을리 하지 말아야 한다'는 자세를 보여 주는 것이다. 이와 같은 퇴계의 교육에 힘입어 그의 문하에서 조선조 성리학에 많은 업적을 남기는 학자들이 배출되게 되었던 것이다.

6. 맺음말

현대의 교육은 객관적 사실, 확실한 관찰, 통계적인 분석을 표방하는 나머지 인간존재에 대한 탐구와 그 가치의 실현을 교육의 임무에서 배재시킨다. 따라서 한 개인의 정신적 성숙과 인격의 도야 등에 관해서는 책임을 회피하려 한다.

그 결과로서 현대교육은 기능의 練磨와 이지적인 계산능력의 함양, 외형적이고 효율성의 확대를 목표로 하여 이루어 진다.

그러므로 교육의 효과를 인간외적인 手段的 의미의 극대화에 두고 있고, 외형적이고 물량적인 가치를 절대시하게 된다. 그런 까닭에 현대의 교육은 한 개인의 인격형성조차 되돌아 볼 여유를 갖지 못하며 합리적인 지식인의 배출에는 성공적일 수 있으나, 성숙된 인격을 바탕으로 하는 지성인의 육성에는 눈을 감는다. 이는 현대교육이 추구하는 가치가 이념적인 것이 아니라, 보다 이론적·가

45) 上同.

설적인 지식의 탐구에 있기 때문이다. 그러나 교육은 바람직한 상태에로의 인간을 변화시키는 것이라는 기본 전제에서 볼 때, 지적인 변화만이 교육의 목표일 수 없는 것이다. 한 개인을 바람직한 방향으로 인격적으로 완성시키는 것 역시 교육이 지향해야 할 중요한 임무인 것이다. 그리고 이는 전통적인 교육관들이 항상 강조해왔던 교육의 역할이었다. 위에서 고찰해 본 퇴계의 교육사상은 성리학적인 인간관에 입각한 인격주의교육임을 알 수 있다. 그가 강조하는 仁의 체득이나 敬의 실천 등은 모두 인간의 인격적인 완성을 목표로 하고 있다. 완성된 인격의 함양은 근원적으로 우주론적인 천리가 곧 인간의 덕성으로서의 인성과 결부되어 있음을 자각할 때 가능하다고 생각하는 퇴계는 자신의 학문적인 성취를 종합한『聖學十圖』에 의거해서 인격도야를 위한 교육적 이념을 제시했다. 뿐만 아니라 퇴계는 스스로 정립한 교육이념을 토대로 한 교육의 실천을 생애의 최후의 순간까지 계속했다. 또한 그는 인간교육을 피교육자와의 인격적인 접촉과 솔선수범을 통해서 가능할 수 있다고 생각한다.

퇴계의 교육사상은 분명히 현대산업사회가 지향하는 수 많은 교육공학적 요구를 충족시켜 주기에는 미흡하다. 그러나 그의 인격주의 교육관은 인간성에 대한 신뢰가 확보되지 못하고 있는 현대의 입장에서 많은 것을 시사해 주고, 교육이 그 지향해야 할 이념을 상실하고 방황하는 오늘의 교육현장에서 새로운 교육적 지표를 설정하는 데 일익을 담당해 줄 수도 있을 것이다.

퇴계의 교육사상은 분명 한국의 중세적인 시대성 속에서 형성된 것으로서 그것을 오늘의 상황 속에 재현한다는 것은 용이하지도 않으며 그 타당성에 있어서도 회의적일 수 있다.

그러나 근대화라고 하는 이질·외래문화와의 접합과 그에 대한 이용의 과정에서 우리의 전통적, 주체적인 교육에 대한 가치관을 그 뿌리로부터 상실하고 있는 한국적 현실에서 무엇보다도 퇴계의 제자를 朋友처럼 생각하고 학문연구의 동반자로 생각함으로서 임종의 순간까지 교육자로서의 자신의 위치를 잊지 않았던 자세만이라도 전승되어야 될 것이다.

Ⅲ. 栗谷 李珥의 社會改革思想

1. 머리말

이율곡선생이 400여년전 민폐의 개혁, 당쟁의 타파, 관기의 확립, 국방의 강화등에 관한 제시했던 견해를 현대의 관점에서 고찰해 보는 것은 매우 의미 있는 작업이 될 수 있다. 특히 그가 鄕約을 제정하여 鄕民 교화에 앞장섰던 점을 오늘의 입장에서 되돌아보는 일은 미래를 설계하는데 좋은 참고가 될 수 있을 것이다.

율곡은 조선중기를 대표하는 성리학자였을 뿐만 아니라 가장 뛰어났던 經世家로 손꼽히는 인물이다. 그러한 그가 中衰期라고 스스로 평가한 자신의 시대에서 정치・사회적인 개혁을 실시함에 있어서 어떠한 정치적인 이상을 지녔으며, 어떠한 이념에 입각해서 자신의 시대를 개혁하고 국가를 발전시키려고 노력하였는지를 고찰해 보는 것은 오늘날의 경우에도 여전히 의미 있는 작업이 될 수 있다고 생각된다.

본고는 이러한 생각에서 그의 정치적 이념을 사회개혁의 관점에서 파악하며, 그러한 이념이 어떠한 시대적 상황에서 정립되었는지를 율곡이 생존했던 시대적 상황을 개관해 봄으로서 밝혀보려

한다. 또한 그의 정치사상의 사상적 배경을 유학의 정치이념과 결부해서 살펴보고, 그의 철학사상과 어떤 관계를 가지고 있는지를 아울러 살펴볼 것이다. 그리고 이러한 고찰을 토대로 그의 향민교화관이 갖는 현대적 의의를 아울러 살펴보려고 한다.

2. 시대적 상황

조선의 건국은 田制 및 稅制의 개혁과 관료체제의 정비를 통한 사회체제의 구축에서 비롯되었고, 그 체제의 이념은 주자학에 의해 뒤받침 되었다.[1] 특히 율곡이 활동한 16세기의 조선사회는 사상적으로는 주자학적인 기반을 강화되면서 田主·佃客制와 地主·佃戶制 및 엄격한 신분제가 확립된 사회로 재편되고 있었다. 이러한 조선사회가 정치적으로는 士禍로 표현되었던 사대부 계층의 분열과 대립으로 나타나고, 경제적으로 職田法의 사실상 폐지로 나타나는 收租權의 소멸과 사적 토지소유권의 성장 및 이와 함께 진행된 土地兼併의 확대 등으로 16세기에 이르러서는 사회적인 변혁이 시급히 요구되는 시기를 맞게 된다. 그러나 당시 지배층은 국가적인 현실을 무시하고 개혁을 외면함으로서 국가적인 난국이 조성되고 있었다. 이러한 난국을 율곡은 다음과 같이 진단하고 있다.

---

1) 이점에 관하여는 다음의 글을 참고하였다.
尹瑢均, 1933, 「朱子學의 傳來와 그 影響에 就하여」『尹文學士遺稿』.
金容燮, 1975, 「高麗時期의 量田制」『東方學志』16.
韓永愚, 1976, 『朝鮮前期의 社會思想』春秋文庫.
金駿錫, 1981, 「朝鮮前期의 社會思想」『東方學志』29.

> 우리나라가 건국된 후에 200여년에 이르러 이제 中衰期에 접어들었습니다. 그 동안 權臣과 姦臣들이 나라를 어지럽히는 일이 빈번하였으니 오늘날은 (나라의 형편이) 마치 늙은이가 원기가 다 떨어져서 다시 일어나지 못할 것처럼 되었는데 다행히 聖上께서 나오셨습니다. 장차 다스려지고 않고의 갈림길에 놓였으니 분발해서 노력하면 동방의 억만년의 善治를 이룩할 것이나, 그렇지 못하면 궤멸되어 구제될 수 없을 것입니다."[2)]

율곡에 의해 中衰期로 파악될 정도의 사회적 혼란은 지배층 내부에 조성된 정치적 갈등이 주된 원인이었다. 즉 유학을 치국의 이념으로 삼아 출발한 조선조는 이 시기에 이르면 사림의 세력이 점차 확대되어 갔다. 冶隱 吉再(1353~1419)의 학통을 잇는 佔畢齋 金宗直(1431~1492)를 비롯하여 寒暄堂 金宏弼(1454~1504) 등 이른바 영남학자의 정계 진출은 필연적으로 재래의 정치 담당층인 훈구파와의 사이에 대립과 알력을 격화시키는 결과를 초래 하였다. 그 결과 당시의 상황은 4대 사화가 이시기에 발생한 점에서 찾을 수 있는 바와 같이 조선왕조의 건국이후 최대의 혼란기였다.

특히 연산군의 통치시기에 나타나기 시작한 사화(戊午·甲子)는 연산의 폭정에 연유하는 면도 있으나, 근본적으로는 신흥 세력으로서 대두하는 사림층과 훈구파의 충돌에 연유한다고 할 것이다. 그리고 中宗代의 靜庵 趙光祖(1482~1519)의 등용과 소장 학자의 진출 및 僞勳削除事件으로 빚어진 己卯士禍로 사림이 입은 타격은 매우 심각한 정도였으나 사림층은 이를 계기로 강력한 세력을 형성하여 정권을 주도하게 된다.

율곡이 官界에 진출하게 되는 20대의 後半까지는 일시 외척들의 횡포가 있기는 하였으나, 이미 국초 이래의 훈구파는 완전히 몰락하였다. 따라서 당시의 정계는 사림들이 실질적인 집권층을 형성

---

2) 『栗谷輯』 권30, 「經筵日記」 3, 225쪽.

하고 국가를 유교적인 통치철학에 의해서 운영함으로서 朝野는 완전한 사림의 독무대가 되는 국면이 전개되었다. 이렇게 정치 무대를 사림이 독점하게 되자 사림과 사림 사이에 연출된 권력투쟁의 결과로 권력층 내부에 조성된 갈등과 알력은 마침내 東西의 분당이라는 당쟁으로 비화된다. 東人과 西人으로 당파의 대립이 표면에 나타난 것은 율곡이 벼슬길에 나서던 宣祖 초기였으나 율곡은 누구보다도 먼저 당파의 분립과 대립이 마침내는 국가를 멸망의 구렁텅이로까지 몰고 갈 것을 豫見하고 그 중지를 위해 노력하였다. 그는"東西 두 글자는 亡國의 禍胎이다"[3]라고 까지 極言하고 있다.

율곡은 이러한 당파의 분열을 막으려고 갖은 노력을 다하였다. 그러나 오히려 그 자신이 선조14년(1581) 동인과 서인을 타협시키려던 노력이 실패함으로 말미암아 서인으로 지목되고 만다. 율곡의 경우 일국의 흥망성쇠는 그 나라에 공론에 근거한 言路가 열려 있으면 나라가 흥하고, 그것이 닫히면 나라가 망한다는 신념을 갖고 있었기 때문에[4] 당파의 이익을 쫓는 동서의 붕당을 경계하고 비판하는 것은 당연한 일이었다.

그러나 이러한 율곡의 염려에도 불구하고 당시의 정치를 비롯한 현실은 걷잡을 수 없는 혼란으로 빠져들었고 마침내 율곡의 사후 10여년이 지나자 바다 건너 왜적들의 침략을 받아 율곡이 경고했던 데로 土崩瓦解의 국난을 맞게 되었던 것이다.

---

3) 『栗谷全集』 卷7, 『疏劄』 五 「代白參贊仁傑疎」. "東西二字是亡國之禍胎也"

4) 尹絲淳, 「율곡사상과 21세기」 『栗谷學報』 15, 13쪽 참조

3. 改革理念의 哲學的 根據

1) 참됨을 추구하는 삶

1536년에 태어나서 1584년까지 생존했던 율곡은 과연 어떤 삶을 살고자 했고, 어떤 삶을 참된 삶이라고 생각하였을까? 우리 인간은 올바른 삶을 살아가기 위해 부단히 노력한다. 이 때의 올바른 삶이란 각자가 생각하는 참됨 삶을 의미한다. 그러면 율곡은 개인적으로 어떤 삶을 과연 참된 삶이라고 생각했을까? 그를 비롯한 조선조의 성리학자들은 무엇보다 확실성에 기초한 삶을 살기를 원했다. 그렇기 때문에 그들은 먼저 확실한 앎에 도달하기를 원했고 그를 위해서 부단히 진리의 탐구를 시도했다. 그러한 진리의 탐구는 그들에 의해 제시되는 格物·致知說로서 窮理에 해당된다. 궁리에 의해 도달된 진리는 단순한 우주간의 질서라는 客觀知를 넘어 공인으로서 정의로운 삶을 살아가게 하는 규범의 원리를 의미하기도 한다. 그렇기 때문에 그러한 진리는 진지하고 성실한 삶의 자세를 요구하는 지혜를 의미하기도 한다. 결국 참다운 삶을 영위할 수 있는 지혜는 확실성을 기초로 하는 客觀知임과 동시에 진실된 삶을 추구하는 주관적인 지혜임에 틀림없다.

율곡은 조선조의 다른 성리학자와 마찬가지로 그와 같은 앎을 추구했을 뿐만 아니라 한 걸음 더 나가서 그와 같은 앎을 실천하는 데 남다른 열의를 강조했다. 그는 『聖學輯要』의 「總論修己章」의 끝부분에서 修己를 위한 앎의 문제를 언급하면서 居敬과 궁리의 문제만으로 인간의 자기 수양이 완성되는 것이 아니라 부단한 노력을 기울여 실천하는 '力行'이 따라야 진정한 의미의 자기완성에

도달할 수 있음을 강조하고 있다.[5)]

본래 주자학은 그 주지주의적인 전통으로 말미암아 先知後行의 입장을 견지하기 때문에 실천에 앞선 참다운 인식의 중요성을 강조하게 된다. 그러나 한국의 성리학자들은 退溪의 경우와 같이 知行竝進을 통해서 앎과 실천이 하나가 되는 삶을 강조해 왔다. 그 때문에 율곡도 그러한 전통에 입각해서 거경・궁리와 함께 力行을 강조하는 것이다. 사실 인간이 살아가면서 봉착하게 되는 모든 문제들 특히 규범의 문제에 있어서 어떤 규범을 실천해야 할지를 몰라서가 아니라 실천하고자 하는 의지가 박약해서 실천하지 못하는 경우가 대부분이다. 이러한 점을 고려할 때 율곡이 규범적인 참다운 삶을 살아가기 위해 진지한 삶의 자세(居敬)와 함께 모든 일에서 분명하게 아는 것(窮理)을 강조할 뿐만 아니라, 인식된 것에 대한 실천을 함께 강조하고 있는 점은 그의 경세가로서 면모와 결부해 볼 때 더욱 중요한 의미를 갖는다고 할 수 있다.

더욱이 그는 『聖學輯要』의 「收斂章」에서 모든 일을 처리해 나가는데 있어서 靜坐해서 마음을 닦는 식의 소극적이고 비현실적인 자세에만 매달려서는 안 된다고 단호히 밝히고 있다.[6)] 특히 율곡은 그러한 자신의 생각을 실천해서 공인으로서의 삶을 통해서 자신이 몸담았던 국가가 보다 이상적인 국가로 발전시키길 염원했고, 그러한 바램을 구현하기 위해 남다른 열의와 용기를 발휘했던 것이다.

이러한 율곡의 공인으로서 사회 개혁에 관한 신념은 사회개혁사상으로 구체화되었으며, 개인적인 자기 완성의 모형은 인간완성의

---

5) 『全書』 卷20, 「聖學輯要」 2의 '修己' 上의 總論(總論修己章)의 末尾에 "臣按修己之功 不出於居敬窮理力行三者"라고 보인다. 影印本 428쪽.
6) 『栗谷全書』 「聖學輯要」 「收斂」 章. "若應事接物 不可膠於靜坐也"

길을 제시한 이념인 수양론에 담겨졌다. 그리고 이들 수양론과 사회개혁의 이념은 그의 확고한 세계관과 가치관의 토대 위에 놓여 있다.

2) 爲民精神의 繼承

성리학은 우주론과 심성·수양론을 포함한 철학사상과 정치사회사상의 체계를 두루 갖춘 학문이라 할 수 있다. 유학이 수기치인의 학문인 까닭에 적어도 철학과 함께 사회사상이라고 할 수 있는 경세사상을 포괄하고 있기 때문이다. 유학의 경세사상은 仁의 구현을 목표로 하는 공자의 정치사상(仁政思想)에서 출발하며, 禮治와 德治를 통해서 그 이념을 실현할 수 있다고 한다.[7] 공자의 인정사상은 맹자의 백성을 위한 정치인 왕도정치로 이어지며[8], 후대의 유교국가들에서 정치가 실현해야할 목표·이상으로 간주되어졌다.

그런데 맹자의 이러한 위민정치는 미국의 제16대 대통령 링컨이 제시한 민주주의의 3대 기준 중에서 인민에 의한 정치(by the people)의 의미까지는 함의하지 못해도 백성을 위한 정치(for the people)라는 의미와 함께 백성을 존중한다는 의미까지를 내포한다. 맹자의 정치 철학이 백성을 존중하는 존민의식에 토대를 두고 있다는 사실을 가장 단적으로 보여주는 내용은 "백성이 가장 귀하고, 사직은 그 다음이며, 군주는 가장 가볍다"[9]라고 한 말에서 찾아진다.

---

7) 『論語』. "道之以政 齊之以刑 民免而無恥 道之以德 齊之以禮 有恥且格"
8) 柳初夏, 「孟子의 爲民意識과 그 性格」 『民族文化硏究』, 高麗大學校 民族文化硏究所, 121~154쪽.

이러한 맹자의 사상은 역대 봉건국가의 군주나 관료들에게는 가장 엄격한 정치의 기준이 되었다. 그렇기 때문에 어느 군주나 관료이든 맹자의 이 기준에 맞지 않으면 좋은 정치를 자부할 수 없었던 것이다. 그런 까닭에 백성을 위하는 정치는 모든 정치의 핵심적인 목표와 이상이 될 수밖에 없었다. 다만 각 시대의 형편에 따라 백성을 위하는 정치의 내용에 완급의 차이가 있었을 뿐이다. 그러나 맹자는 왕도정치가 지향해야할 기본 방향을 분명히 제시해 두었다. 즉 "백성은 항구적인 생업의 안정이 이루어져야 만족한 삶을 누릴 수 있다."[10]는 恒産의 정치와 경제적인 안정과 함께 규범적인 도덕적 교화를 이루지 않으면 좋은 정치를 이루었다고 할 수 없다는 도덕적 교화의 정치가 그것이다.

율곡은 맹자 이후의 이러한 민본·위민 사상을 계승발전 시키고 있다. 그의 위민정치의 이념은 맹자의 왕도정치에 뿌리를 두고 三代의 至治를 재현하는데 궁극적인 목표를 두고 있다. 그리고 그는 정치란 무엇보다 백성이 편안히 살 수 있는 정치여야 하며, 그러한 정치를 이루기 위해서는 백성에게 경제적인 안정을 이루어 줄 수 있어야 한다는 점을 수 없이 강조한다.

그는 당시 국왕에게 올린 箚子에서 "엎드려 생각건대 백성은 食에 의지하고 국가는 백성에 의지하니, 食이 없으면 백성이 안정될 수 없고, 백성이 안정되지 못하면 국가도 존속될 수 없는 것은 당연한 이치인 것입니다"[11]라고 주장하고 있다. 또한 그는 맹자의 백성이 가장 귀하다고 한 주장에서 한 걸음 더 나가서 백성은 나라의 근본이라고 주장한다. 즉 그는 "이른바 백성을 편안하게 하여 나라

9) 『孟子』「盡心章句」上. "孟子曰 民爲貴社稷之君爲經"
10) 『孟子』. "民以食爲天 無恒産則無恒心 有恒産然後有恒心"
11) 『栗谷全書』卷4「疎箚 二 : 擬陳時弊疏」. "伏以民依於食國依於民無食則無民無民則無國此必然之理也"

의 근본을 굳게 한다고 말하는 까닭은 임금은 나라에 의지하고, 나라는 백성에게 의지하기 때문이다. 임금이 정치의 근본을 세우는 까닭은 백성들을 表準하기 때문이다"[12]라고 자신의 견해를 밝히고 있다. 이러한 율곡의 생각은 백성이 있어야 국가가 있고 국가가 있어야 군주가 있다는 사고에 충실한 견해인 것이다. 이러한 생각은 율곡을 비롯한 조선조의 모든 유학자들의 공통된 생각으로서 누구든지 정치를 언급할 경우 백성이 국가의 근본이라는 생각을 부정하지 않는다.

비록 생각은 그렇게 한다해도 권력의 속성상 항상 최고의 권력자의 눈치나 보면서 백성을 위한 정치가 시행해야할 구체적인 정치의 과제들을 등한시하게 되는 것이다.

그러나 율곡은 백성들을 위한 정치를 위해 연산군 이후 가중해진 공납의 폐해를 막기 위해 貢案의 개정과 언로의 개방을 통한 공론의 확립을 비롯한 정치 · 사회 · 국방 · 교육 등의 모든 정치적인 분야에 걸친 개혁의 구체적인 방안을 제시하여 백성을 위한 정치를 구현하기 위해 노력했던 것이다. 이와 같이 율곡은 조선조 중기 초에 태어나서 사림에 의한 유교 정치가 시행되는 선두에 서서 삼대의 지치의 이상을 실현하기 위해 부단히 노력했던 것이다. 특히 율곡은 향촌사회의 안정을 위한 방안으로서 그 실시를 놓고 당시에 논란을 빗고 있던 향약을 몸소 실행함으로서 향민의 교화를 통한 정치의 근본을 확립하는데 앞장섰던 것이다.

---

12) 『栗谷全書』 卷3, 「疎剳 一, 諫院陳時事疏 : 內寅」. "所謂安民以固邦本者 君依於國 國位於民 人君所以立治本者 欲爲表準於斯民也"

3) 主氣的 현실인식

율곡은 퇴계의 「理氣互發說」을 비판하고, 「氣發理乘一途說」을 주장하기 때문에 主氣論者 혹은 氣哲學者로 간주되기도 한다. 그러나 그의 이기설을 잘 분석해보면 그렇게 주장할 수 없는 점도 분명히 드러난다. 즉 그가 "대저 理는 氣를 主宰하는 것이다."[13]라고 주장하기도 하고, "理와 氣는 시작이 없는 것이기 때문에 선후로 갈라서 말할 수 없다. 다만 그 所以然을 따져서 말하면 理가 樞紐根柢가 되기 때문에 부득불 理를 先이라 하지 않을 수 없다."[14]라고 주장하기 때문이다. 그가 이런 상반된 주장을 하는 원인은 정주계통의 성리학에 내포된 이율배반성에 기인한다. 즉 리기는 본원의 측면에서 보면 理先氣後 즉 주리적으로 해석할 수 있고, 稟賦의 측면에서 말할 경우 氣先理後로 말할 수밖에 없다는 것이다. 이렇게 양면적으로 해석될 수 있기 때문에 이기설은 二律背反性을 내포할 수밖에 없다. 栗谷도 程朱以來의 理氣의 철학에서 벗어나지 않기에 主氣・主理로 잘라 말할 수 없다. 그럼에도 불구하고 그의 철학을 주기론으로 분류하는 것은 조선조의 학문을 栗谷學派와 退溪學派로 양분하여 전자를 주기파로 후자를 주리파로 파악하는 도식적인 해석의 결과로 볼 수 있다. 그렇지만 율곡은 전반적으로 볼 때 리의 근원성 보다 기의 현실성을 강조하는 입장을 견지하기 때문에 그의 모든 현실적인 가치관은 그의 기를 중시하는 철학에 토대를 두고 있음도 사실이다.

---

13) 『全書』 卷10, 書二 「答成浩原書」. "夫理者氣之主宰也"
14) 『全書』 卷10, 書二 「與成浩原書」. "理氣無始 實無先後之何言 但推本其所以然 則理樞紐根柢 姑不得不以理爲先"

그런데 조선의 성리학자들이 주장하는 주기라는 개념은 氣의 개념에 따라 달리 인식되어야 할 필요가 있다. 氣의 의미를 그 논의되는 이론에 따라 분석해보면 첫째로 우주론적인 의미의 음양오행을 말하며, 이 경우의 기는 태극, 즉 리와 대비되는 의미의 기(理氣로서의 氣)를 말한다. 둘째는 심성론적인 의미의 기(心氣로서의 氣)로서 그 의미는 우리의 의식의 현상으로서의 기를 의미하는데 이 경우의 기는 심의 작용현상인 기[15]이며, 性과 대비되는 情이 여기에 해당된다. 셋째로는 우리 인간의 모든 활동인 일(事)로서의 그것은 리기로서의 기 및 심기로서의 기와 대비시킬 경우 '事氣'라고 명명될 수 있을 것이다. 이러한 '事氣'는 경세의 문제와 관련된 정치·사회·문화·교육 등과 관련된 기이며, 후기실학자들이 특히 중시하는 기인 것이다.[16]

율곡의 경우 경세관과 관련하여 중시되는 기개념은 바로 셋째의 사기라 할 수 있다. 그가 경세에 있어서 자신이 처했던 시대가 요구하는 정신을 바로 파악할 줄 알아야 한다는 時宜性을 강조한다던가, 반상·천민의 구별이 엄격한 조선조 당시의 상황에서 공사천인을 양민화하자는 '賤隸의 從良論'을 주장할 수 있었던 점[17]은 바로 '事氣'를 중시하는 사고라 할 수 있겠다. 율곡이 당시로서는 혁명적이라고 할 수 있는 인간평등관에 입각한 인권의식을 발휘할 수 있었던 까닭은 '사기'를 중시하는 그의 사고가 있었기에 가능할 수 있었던 것이다. 아무튼 율곡철학은 리의 주재성을 부정하지 않으면서 氣重視的 傾向을 갖는 점에서 그 특색을 찾을 수 있다. 氣의 能動性·作用性·現實性의 강조와 運動(作用)의 자기외적 원인

15) 栗谷學派에 속하는 南塘 韓元震은 이를 "心上發用之氣"라고 말한다.
16) 이 점은 필자가 실학자들의 철학을 主氣說로 해석하는 문제와 관련시켜 오랫동안 생각해온 개념이다.
17) 尹絲淳, 앞의 논문, 13쪽 참조

의 부정이 바로 율곡의 자기혁신(矯氣質)[18] 이론과 시세의 인식(識務)[19] 및 개혁주의, 그리고 欲救民瘼[20] 하는 至誠救民[21]의 민본사상으로 연결된다. 이점은 율곡철학의 氣重視적 특징으로서 그의 사회개혁론의 철학적 토대가 된다고 할 수 있다.

4. 社會改革論의 構造

율곡의 개혁이념은 크게 두 가지 측면으로 드러난다. 첫째는 인간의 자기혁신(改革)이며, 둘째는 자신이 소속한 사회를 개혁하는 것이다. 이와 같은 그의 개혁이념은 앞에서도 언급한 바와 같이 유교가 추구하는 修己治人의 이념과도 일치한다. 그의 개혁이념은 修己(正德)을 통한 자기 완성과 이웃에 대한 영향력을 확대함으로서 이상적인 사회를 건설하는 治人(安民)으로 이루어진다. 그렇기 때문에 그 이상을 실현하기 위해 인간은 개인적인 자기완성(革新)과 바람직한 사회의 실현을 위한 노력(改革)을 게을리 할 수 없는 것이다. 율곡에 의해 제시되는 사회개혁의 이념은 그의 時宜變通論에 입각한 更張說에서 찾아질 수 있다. 그는 당시의 지식인들이 관리와 구습에 물들어 국가적인 급선무를 돌아보지 않아 백성들이

---

18) 『全書』 卷21, 「聖學輯要」 3. 修己 第2중의 矯氣質章 참조 여기서 栗谷은 張橫渠의 「變化氣質」을 글어 대어 "臣按 … 故張子曰 爲學大益 在變化氣質"이라 말하고 있다. 影印本, 465쪽.

19) 星湖 李瀷은 『星湖僿說』(卷3下, 人事篇4 治道門1의 「變法」條)에서 "國朝以來屈指識務 惟李栗谷柳磻溪二公在"라고 말하고 있다.

20) 『全書』 卷35, 附錄3, 「行狀」에 "臣非好更張, 欲救民"란 말이 보인다. 影印本, 875쪽.

21) 『全書』 卷3, 疏箚1, 「陳弭災五策箚」에 "要以至誠救民爲務 以積弊盡革爲期"란 말이 보인다. 影印本, 65쪽.

도탄에 빠져서 고통을 겪고있다고 진단한다.

그런 까닭에 그가 주장하는 개혁의 핵심은 무엇보다 지도층의 의식에 대한 개혁을 전제로 하고 있다. 즉 사회의 지도층이 국가적인 현실을 정확히 인식하는 일(識時務)[22]과 사회적 병폐를 혁신하는 일(革舊習)이 선행되어야 함을 계속해서 강조하고 있다.[23] 이러한 의식개혁이 이루어지지 않을 경우 어떠한 사회개혁도 이루어 질 수 없다고 생각한다. 의식개혁 없이는 지도층이 구습에 물들어 새로운 변혁을 시도할 수 없기 때문이다. 그래서 율곡은 1584년에 올린 陳時弊疏를 통해서 당시의 墨守萬能의 遵法生理에 물들어 있는 지도층에게 대해 변용을 통한 개혁을 호소하며, 개혁(更張)이 이루어지지 않으면 나라가 망하고 말 것이라고 경고한다.[24]

1) 安民策의 강구

율곡은 수차에 걸친 상소문과 「東湖問答」 등에서 당시의 폐정을 개혁할 것을 역설한다. 그가 제시하는 정치 · 사회적 개혁은 당시 사회의 모든 분야에 걸친 점진적 개혁안으로 제시된다. 그의 개혁안은 庶孼의 통혼과 賤人의 從良을 주장하는 신분적 개혁, 철저한 준법을 통한 기강의 확립과 법제도의 개혁을 주장하는 정치개혁, 언로의 개방을 통한 공론의 수립과 같은 사회적 개혁, 정부의 지출축소와 조세행정의 개혁을 통한 경제적 개혁, 지도층과 서민에 대한 교육을 확대하는 교육개혁, 국방의 개혁을 통한 방위력

---

22) 『全書』 卷25, 「聖學輯要 7: 爲政」 下, 「識時務」 章. 影印本, 608쪽.
23) 앞의 「擊蒙要訣」 革舊習章. 影印本, 608쪽. "人雖有志於學 而不能勇往直前以有所成就者 舊習有以沮敗之也"
24) 『全書』 卷7, 「陳時弊疏」, 影印本, 146쪽.

을 증대하는 국방개혁등 모든 분야에 걸쳐있다. 그런데 이러한 사회개혁에서 백성의 생활을 안정시킬 수 있는 대책이 가장 중요함을 들어 그 대책인 安民策을 구체적으로 밝히고 있다.

그의 安民策은 전통적으로 유가에서 백성이 국가의 근본이라는 위민사상에 뿌리를 두고 있다. 그는 『聖學輯要』에서 "백성은 가까이 할 수 있어도 멀리할 수 없다. 백성은 나라의 근본이기 때문이다. 근본이 견고해야 나라가 편안할 수 있다."라고 밝힌다. 나가서 그가 "통치자는 국가체제에 의존하고 국가체제는 백성에 의존하며, 또 통치자는 백성을 으뜸으로 삼고, 백성은 생활수단을 으뜸으로 삼는다. 따라서 백성이 으뜸으로 삼는 생활수단을 잃게 되면 국가체제가 의존할 데가 없어지게 된다는 것은 불변의 이치이다."25) 고 한말은 율곡의 위민사상을 가장 집약적으로 표현한 말이라고 생각된다. 백성을 편안하게 할 수 있는 방안이란 바로 산업(農業)을 진흥시킴으로서 백성들이 편안히 생업에 종사할 수 있게 하는 것이다. "백성은 여름의 혹서가 닥쳐도 겨울의 혹한에도 불만을 토로한다. 그 까닭은 생업이 어렵게 될 것을 상심하기 때문"이라는 것이다. 그렇기 때문에 백성의 어려움을 예견해서 그 편안함을 도모해 주어야 생업에 편안히 종사하고 안정된다는 것이다.

그런데 율곡 당시의 조선조는 국초 이래로 각종의 조세제도의 편단이 누적되어 백성이 도탄에 빠져 있었다. 그렇기 때문에 율곡은 사회제도의 개혁을 통해서 민생을 안정시켜야 한다고 주장한다. 민생의 안정 없이는 조세의 증수도 국부의 증대도 기대할 수 없기 때문에 국가의 발전을 기대할 수 없다. 백성들의 고통 중에서 가장 시급히 해결되어 할 것은 공납과 選上등과 같은 폐정이라고

25) 『聖學輯要』「安民章」. "君依於國 國依於民 王者以民爲天 民以食僞天 民失所天則國失所依 此不易之理也"

생각한다. 즉 그는 백성을 편안케 하기 위한 안민책으로 진상의 감축, 공물의 간소화 選上의 폐지 내지 축소, 착취의 근절등과 一族切隣[26]의 폐지를 통해서 백성들의 생활을 안정시켜야 한다고 건의한다.

(1) 貢納弊端의 척결

율곡이 관리로 활동하던 당시의 국가적인 형편은 특산물을 받치는데 따른 공납의 폐단이 누적되어 국가가 장차 망할 수도 있다는 위기에 봉착하고 있었다. 뿐만 아니라 토지의 수탈로 인해 농민은 소작인(農奴)의 상태로 전락된 상태에 있었다. 이러한 폐정을 개혁하여 민생을 안정시키기 위해 그는 貢案의 개정, 選上의 변혁등과 같은 대책을 제시하고 있다. 이러한 弊政의 개혁이야말로 백성을 안정시키고, 정치안정을 도모할 수 있는 가장 확실한 방안인 까닭에 율곡의 입장에서 볼 때 국가적인 급선무로 인식되었다. 그는 공납제도의 개선의 필요성에 대해 다음과 같이 역설한다.

> 공물의 分定은 국초의 일이었고 燕山朝에서 더 가중되었을 뿐이니, 적절한 기준에 따른 것이 아니다. … 지금 과거의 법을 개정하자고 할 때 논의에 참가하는 자들은 언제나 전래의 법이라 가볍게 고칠 수 없다고 한다. 전래의 법이라도 백성들의 곤궁이 이 지경에 이르렀으니 고치지 않으면 안 된다. 하물며 연산의 법에 있어서랴[27]

---

26) 稅金이나 賦役을 피해 도망간 親戚에 대한 代納 혹은 대신 부역케 하는 制度.

27) 위의 책, 卷5, 「萬言封事」. "貢物分定 乃在國初 燕山朝 只就而加定耳 亦是量宜變通之也 … 今者語及改正貢案 則議者必위以祖宗之法 不可輕改 雖祖宗之法 民窮至此 不可不變 況燕山之法乎"

율곡은 공납제도의 모순을 해결하기 위해서는 먼저 燕山朝 이래의 법을 개정하여 백성들의 부담을 덜어주도록 조정할 것을 건의한 것이다. 당시의 공납제도는 왕실의 용도를 위해 지역의 토산품을 진상하는 제도였는데 이 제도가 잘못되어 공납품목 가운데 지역의 토산물이 아닌 타 지역의 산물까지 포함되어 백성들이 비싼 값으로 사서 바쳐야했고, 그 과정에서 胥吏들이 防納해주고 고액을 갈취하는 폐단까지 발생하고 있었다. 율곡은 이러한 공납과 防納의 폐단의 척결은 민생의 안정에 필수적임을 덜어 그 개선을 건의한다.

(2) 選上의 變革

선상이란 도성의 역사를 위해 지방의 公賤을 동원하는 제도를 말한다. 율곡은 이러한 선상제도로 인한 공천들의 고통을 덜어주기 위해 그 제도의 변혁을 역설한다.

> 백성들의 삶은 날로 곤궁해지며 戶口는 날로 줄어들고 있는데 공천도 역시 백성이거늘 어찌 그들만이 온전할 수 있으리오. 이리저리 흘러 다니며 생활도 온전히 못하다가 한번 선상의 勞役에 들고나면 집안이 망하게 되지 않는 자가 없다. 2년은 공물을 바치는 일에 동원되고 1년은 선상에 걸리는 실정이니 대체로 3년이면 반듯이 한번은 집안을 망치게 되어 공천들의 고통은 극도에 달해 있다.

가장 하층민에 속한 공천도 백성임에 그들의 공통을 덜어주어 백성으로 살아갈 수 있게 해주어야 한다는 말이다. 여기서 한 걸음 더 나가서 그는 공천들뿐만 아니라 천대받던 서얼에게도 벼슬길에 나갈 수 있는 길을 열어주며 모든 公私賤에게 양민이 될 수 있는 길을 열어줄 것을 건의한다.

> 서얼 및 공사천 중에 武才가 있는자를 모집하여 각기 양식을 준비해 남북도에 들어다 방어하도록 하되 북도는 1년을 기한으로 삼고 남도는 20개월을 기한으로 삼아 응모자가 많도록하고 兵曹에서 재능을 시험하여 보내소서. 그렇게 해서 서얼에게 벼슬길을 허락하고 노비에게 양민이 되게 하소서

이러한 選上제도의 개선과 서얼과 公私賤에게도 인간의 권리를 회복해주자는 개혁안은 율곡 인간을 존중하는 이념으로서 국가사회를 토대로부터 안정시킬 수 있는 대책인 것이다. 즉 그는 비록 국가에 공천과 같은 가장 미천한 신분이라도 소외된 계층이 있고서는 사회적 안정이 도모될 수 없다고 생각하였음을 알 수 있다.

2) 鄕民의 敎化를 위한 鄕約

유학에서 정치와 교육은 분리될 수 없는 것으로 간주된다. 그렇기 때문에 유교(성리학)를 통치이념으로 하는 조선사회에서 '교화'는 정치적으로 대단히 중요한 의미를 갖는다. 그 이유는 유교가 개인의 자기 완성인 수신을 근간으로 규범적 질서를 확립하고, 그 질서를 바탕으로 도덕적 이상국가를 확립하는데 최종적인 목표를 두고 있기 때문이다. 그렇기 때문에 사회의 구성원에게 유교적 정치·사회윤리를 가르쳐서 적응케 하는 일은 유교국가의 가장 중요한 과제일 수밖에 없다. 즉 모든 인간에게 天으로부터 부여받은 '본래의 성'을 밝혀서 그 본성에 따라 도덕적 실천을 하게 하는 것이 바로 유교적인 교화인 것이며, 유학은 이 교화를 정치의 중요한

기능으로 간주해 왔다.

그런데 일반적으로 교화라 하면 지배계급에 속하는 군주 또는 관인층이 일반 백성에게 유교적 도덕규범을 가르치는 것으로 이해되기 쉽다.[28] 그러나 실제에 있어서 조선전기의 경우 유교적 규범을 가르치는 교화의 대상은 일반 백성보다 국왕과 관인층이었다. 왜냐하면 지배층인 국왕과 관인층에 대한 교화가 일반 백성의 경우 보다 중요시 된 이유는 정치행위의 주체인 이들에 대한 교화가 적절히 이루어지지 않을 경우 모든 정치적인 환란이 조성된다고 생각했기 때문이다. 그렇기 때문에 정치적인 교화가 필요한 계층은 일반백성보다 지배층에 속하는 군왕과 관료계층이며, 이들이 우선적인 교화의 대상이 되었던 것이다. 국왕에 대한 교화는 경연과 臺諫制度를 통해서 이루어 졌고, 관인층에 대한 교화는 관리로 등용될 자들을 대상으로 국학인 성균관에서 이루어지는 교육과 署經制度를 통한 교화를 정치의 중요한 기능으로 보았다.

율곡은 국왕의 경우 기회 있을 때마다 폐정의 개혁을 건의하고, 상소문을 통한 교화를 역설하며, 지배층의 자기혁신을 강조하면서 향민교화를 위한 가장 효율적인 방안을 향약으로 생각하고 그 시행을 위해 노력하였다.[29] 향약은 각 鄕里의 주민들이 자치정신을 發露하여 상부상조하는 향민간의 약속으로서 중국의 呂氏鄕約에서 비롯되었다. 宋나라 神宗 熙寧 9(1076)년에 陝西省 藍田縣의 儒學者 呂大忠 네형제가 자기일가 친척과 향민들을 교화·선도할 목적으로 향약을 창안했다. 그 100여년 후에 성리학을 집대성한 朱

28) 金駿錫, 1981, 「朝鮮前期의 社會思想」『東方學志』29, 延世大學出版部, 8~10쪽.

29) 이하의 栗谷의 鄕約에 관한 내용은 金永敦, 「栗谷鄕約의 精神과 그 影響에 대한 考察」『啓明大論文集』7 및 金武鎭, 「栗谷 鄕約의 社會的 性格」『學林』5을 참조하였다.

熹가 그 내용을 가감 증보하여 「朱子增損呂氏鄕約」[30]으로 편집했고, 조선의 향약은 이 「朱子增損呂氏鄕約」을 근간으로 시행하게 된다. 조선의 향약이 언제부터 시행되었는지에 관해 다양한 학설이 있으나,[31] 그것이 처음 실행된 것은 中宗 11(1516)년 7월 정부가 명령을 내려 각 지방의 수령으로 하여금 여씨향약을 인쇄해서 배포하게 했다. 그 명령에 따라 이듬해 3월 庚寅에 경상도 관찰사인 金安國이 여씨향약을 인쇄해서 보급하면서 약 1년간 그 내용을 시행하여 향민의 교화에 기여함으로서 조선 향약의 실질적인 첫 실시가 어루어 졌다. 아울러 그해 6월에 경상도 유생 김인숙은 여씨향약을 시행할 것을 상소했다. 이렇게 해서 시작된 향약의 시행은 靜庵 趙光祖의 건의로 본격적인 시행이 기대되었으나, 乙卯士禍로 조광조 일행이 참화를 당하게 되자 일시 중단되었다가 明宗때에 와서 侍講 周世鵬의 건의 따라 다시 지방의 실정을 고려하여 시행되었다. 그러나 향약이 본격적으로 시행된 것은 조선 중종때부터이고, 퇴계와 율곡에 의해서 향약의 내용이 조선의 실정을 감안하여 실시되면서부터라 할 수 있다. 율곡이 최초로 향약에 관심을 갖고 그 내용을 정리하기 시작한 것은 그의 나이 25세 되던 해인 명종 15연에 피주군수 邊協의 요청으로 披州鄕約 서문을 쓰면서부터였다고, 본격적으로 향약을 실시한 것은 그가 청주목사로 있을 때인 선조 4년(1571) 6월에 西原鄕約을 定案해서 향민 교화에 큰 효과를 거둘 때부터였다.

그런데 율곡은 향약을 제정함에 있어서 비록 중국의 「朱子增損

30) 柳洪烈, 「朝鮮鄕約의 成立」, 上揭書, 107쪽(『朱子大全』 卷 74).

31) 朝鮮鄕約의 기원을 조선의 건국자인 李太祖가 제작해서 함흥지방에 반포한 鄕憲條目이나. 朝鮮 世宗 10년 6월의 「留鄕所 復設」에서 찾기도 한다. 柳洪烈, 1938, 「朝鮮鄕約의 成立」 『震檀學報』 9, 景仁文化社(昭和 13年, 88쪽)참조

呂氏鄕約」을 참고는 해도 우리의 실정에 적합한 향약을 만드는데 힘썼다. 예를 들어 西原鄕約을 撰할 때 향약의 役員을 약정하여 直月이라고 하지 않고 契長이나 有司라고 한 점과 과실상규와 환난상휼의 두강목에 주안점을 두고 편성한 점등이 그 대표적인 경우가 될 수 있다. 그리고 「朱子增損呂氏鄕約」의 '集會 讀約之禮'를 본 따서 만든 '鄕會 讀約法'도 그 內容이 形式에 치우치지 않고 지방 실정을 참작한 것을 엿볼 수 있다. 해주에서 율곡이 만들은 鄕約類에는 우리나라의 대표적 향약으로 되어 있는 海州鄕約, 社倉契約束 및 海州一鄕約束 등의 세가지가 있다. 이 해주향약이야말로 향약으로서는 가장 훌륭한 형식을 갖춘 것일 뿐 아니라 '會集讀約禮'는 海州邑內 文憲書院에서 행하였으니 실시 효과도 컸음을 짐작할 수 있다. 이에 海州鄕約을 「朱子增損呂氏鄕約」과 對比하여 볼 때

1. 德業相勸 항목에서는 덕의 내용에서 효와 아울러 충을 강조하고,
2. 過失相規 項에서는 당시 향민들이 術家의 풍수지리설을 惑信하고 조상의 묘를 함부로 이장하는 풍습을 교정하기 위하여 이단을 금하는 조목을 첨가하였고,
3. 禮俗相交와 患難相恤 조항은 呂氏鄕約과 같으나 讀約法은 서원에서의 집회를 위하여 先聖 先師의 紙榜을 直月과 幼者 두 사람으로 하여금 堂에 거두어 태워서 香爐에 넣도록 하는 행사를 한 것이고,
4. 組織面에서는 副約正을 2명으로 하고 司貨 1명이 첨가되었다. 司貨의 자격은 '必以書院儒生爲之'[32]라 하여 반드시 서원

32) 鄭亨愚, 앞의 논문, 앞의 책, 334쪽.

유생이라야만 되었다. 이것은 집회를 서원에서 열음으로서 서원과 향약과의 관계를 밀접하게 하기 위한 것이다. 임원의 임기도 直月은 2개월로 하여 집회를 2개월마다 개최할 수 있도록 하고 司貨는 재물 회계를 운영하는 직분으로서 임기를 1년으로 한 것이다.

5. 入約 희망자의 처리 방법이 매우 신중하였고 정기집회를 每間月 朔月로 하여 呂氏鄕約에서의 번거로운 집회를 줄이고 그 대신 경조사가 있을 때에는 임시집회를 열도록 하여 합리적으로 회를 운영하도록 했다.[33]

이렇게 향약을 실시함으로서 백성을 교화하고 풍속을 순화하였다. 그러나 그는 이 향약마저도 갑작스럽게 실시하면 오히려 백성의 고통을 가중시킬 수 있다는 염려로 점진적인 실시를 주장하게 된다. 향약을 실시하는 목표는 백성에게 유교의 규범을 교육하여 백성들이 자치적으로 서로 돕게 하는 풍속을 기르게 하는데 목적이 있었다. 이러한 율곡의 향약의 정신은 오늘날의 지방화 시대의 주민의 자치정신으로 승화시켜야할 훌륭한 이념인 것이다.

5. 맺음말

조선조는 주자학적인 이념에 토대를 두고 관료체제를 정비함으로서 건국되어 유교적인 이상국가인 爲民·民本국가를 지향해 갔고, 어느 정도 그 목표를 달성했다. 그러나 율곡이 활동했던 당시에

---

33) 金永敦, 「栗谷鄕約의 精神과 그 影響에 대한 考察」『啓明大論文集』7 참조.

이르러 200여년의 기간이 경과함에 따라 정치·사회적인 폐정이 누적되어 中衰期로 접어들고 있었다. 그 주된 원인은 훈구파와의 권력투쟁에서 성공한 사림층 내부에 조성되기 시작한 갈등과 알력이 동서분당이라는 당쟁으로 비화되어 간데서 찾아질 수 있다.

그와 같은 혼란기를 살면서 율곡은 앎이란 실천되어 질 때 참다울 수 있다는 생각을 갖고 기회 있을 때마다 폐정의 개혁을 건의하고 향약과 같은 구체적인 교화책을 개발하여 사회개혁을 추진하고, 백성을 안정시키는 정치를 구현하기 위해 노력했다. 특히 율곡의 향약의 정신은 오늘날의 지방화 시대의 주민들의 자치정신으로 승화시켜도 좋을 이념으로 평가될 수 있을 것이다.

제2장

人性論的 土臺

Ⅰ. 南冥 曺植의 「學記圖」에 나타난 性理說

Ⅱ. 退溪 李滉의 人性 · 物性論

Ⅲ. 退溪 李滉의 知識論

Ⅳ. 葛庵 李顯逸의 四端七情論

Ⅴ. 人性 · 物性 同論者의 四端七情論

Ⅰ. 南冥 曺植의 「學記圖」에 나타난 性理說

1. 머리말

조선조 성리학의 특징을 들라고 하면 고도로 체계화된 형이상학인 太極論과 理氣說 및 인간완성을 지향하는 심성설과 수양론을 생각하게 된다. 또한 그와 관련된 이론들은 이루 다 열거할 수가 없을 정도로 다양하다. 그러나 그 이론의 구조가 복잡할 뿐만 아니라 논의되는 개념들도 매우 난해한 까닭에 때로는 공허한 이론으로까지 치부되기도 했다.[1] 하지만 오늘날 서양의 형이상학과 가치론 등과 비교되면서 이 학문의 유용성이 새롭게 인식되고 있다. 그 원인은 무엇보다도 현대의 기계 문명과 그로 말미암은 인간성의 상실, 환경 오염 등 현대 산업 사회가 봉착한 여러 가지 문제점을 동양의 지혜 특히 성리학에 내포된 규범 의식과 자연 친화적인 자연관 등을 통해 해결할 수 있다는 믿음이 점차 확산되어 나가는데

1) 그 형이상학적 성격과 지나친 추상적 이론 전개로 말미암아 특히 조선 후기 실학자들로부터 집중적으로 현실과 유리된 空理空談이라는 비판을 받았다.

있다고 할 수 있다.

이 글에서는 성리학의 발전이 최고조에 달했던 16세기를 살면서 李滉(1501~1570, 호는 退溪)과 함께 학문적으로 쌍벽을 이루었던 曺植(1501~1572, 호는 南冥)의 성리설을 고찰하고자 한다. 이 경우 그의 문집을 분석함으로써 성리학적인 이념을 밝히는 것이 당연한 순서이겠지만, 그는 이황과 같이 성리학적인 이론 체계를 치밀하게 정립하기보다는 자신이 정립한 이념을 실천을 통해서 구현하는 일에 보다 더 많은 관심을 기울였기 때문에 그의 문집에는 성리설을 체계적으로 서술한 내용이나 성리설과 관련하여 다른 학자와 문답한 내용 등이 별로 수록되어 있지 않다. 그런 까닭에 그의 성리설을 분석할 수 있는 자료는 『學記類編』과 그 속에 수록된 圖象으로 한정될 수밖에 없다. 물론 그의 사후에 편찬된 『記語』(상하 2편)와 『家傳學訣』(10권 10편) 등의 자료가 부차적인 자료로 활용될 수도 있겠지만, 이 글은 그의 도설에 관한 연구인 까닭에 참고할 자료를 『학기유편』으로 한정할 수밖에 없다. 그 속에 수록된 도상에 대한 분석을 통해서 조식의 성리학적 사고를 가장 원형에 가깝게 복원하고, 그 철학적 사유의 특성 및 의의를 살펴보는 것이 이 글의 의도하는 바이다.

2. 「學記圖」의 體系

조선조에서는 성리학의 여러 학문적 성과 중에서 도설 혹은 도해를 통해 성리학적인 이념을 설명하는 방식이 독특한 학문 방법으로 자리잡아 왔다. 물론 이는 중국의 성리학자인 周敦頤(1016~1073, 호는 濂溪)가 시작한 것이지만, 조선의 많은 성리학자들은 이

방법을 채택하여 놀랄 만한 학문적인 성과를 이루었다. 여말선초의 성리학자인 權近이 저술한 『入學圖說』(前·後集 40圖)이나 이후 등장한 鄭芝雲의 『天命舊圖』 및 이황의 『天命新圖』·『聖學十圖』 등은 圖說類의 시작 단계에서의 저작들이다. 16세기 한국 성리학에서 이황과 학문적으로 쌍벽을 이루었던 조식도 『學記類編』에 수록된 「學記圖」 22圖를 남김으로서 한국의 圖說史的 전통에서 일익을 담당하고 있다.

그런데 『학기류편』[2)]은 조식 사후에 여러 차례에 걸쳐서 현격히 다른 체제로 편집되었다. 그 까닭은 첫째 조식이 『학기류편』을 미완성의 手稿 형식으로 남겼고, 제자들이 그것을 재편집하는 과정에서 각 편집자의 주관에 따라 내용이 달라졌기 때문이다. 둘째, 『학기류편』의 내용은 조식 자신의 독창적인 저술이 아니라 『性理大全』을 비롯한 여러 성리학에 관련된 典籍의 내용을 발췌한 手稿本(手澤本)을 그 제자들이 자신들의 수학 경험에 비추어 각각 다르게 이해했기 때문이다. 이로 인해 후일 재편집 과정에서 내용상의 불일치가 빚어진 것이다. 셋째, 최초의 편집자인 鄭仁弘(1535~1623, 호는 萊

---

2) 『南冥集』과 『學記類編』의 판본을 목록으로 작성하면 다음과 같다.

板本 A/B	年度	主編	序 跋	內 容
壬寅本 A	1602	鄭仁弘		3/2(3권2책), 詩文, 海印寺刊, 燒失
甲辰本 A	1604	鄭仁弘	鄭仁弘 柳成龍	原刻本, 壬寅本과 같음
己酉本 A	1609	鄭仁弘	文景虎	4/3, 甲辰本板에 補遺 1권 추가
丁巳本 B	1617	鄭仁弘	鄭仁弘	2/2, 德川書院刊
壬戌本 A?	1622	河撜?		2/2, 再刻本, 己酉本의 增減·改編
서울대本	?			2/2, 丁巳本과 같음, 『學記』
釐正本 AB	1764		金 墊 朴挺新	甲申本, 亞細亞文化社 영인, B鄭蘊跋
刊補本 ?B	?	?	鄭 蘊	4/2, 『學記類編刊補』 附錄―6圖
重刊本 AB	1894		李晩寅	甲午改訂本, 大東文化硏究院 영인본
類輯本 BX	?	?	權世容	『學記十圖出處類輯』, 『記語』外합본

庵)의 被禍로 말미암아 그가 편집한 판본이 不正視 됨에 따라, 새로운 판본을 간행할 때 그의 서문과 刊記 등이 삭제되고 판본의 차례 및 내용도 대폭 수정되었기 때문이다. 그리하여 「학기도」 역시 22圖本과 6도본 및 10도본으로 그 형태와 체계가 크게 달라진 것이다.[3)]

한편 학기도의 그림(圖本)에 관한 기존의 연구에서 琴章泰와 대만의 蔡仁厚는 정인홍이 편찬한 丁巳本의 圖를 24도로 파악해 왔다.[4)] 즉 천도와 천명을 설명하는 그림을 각각의 2도(제12도와 제13도)로 파악하고, 敬과 誠을 설명하는 圖 역시 둘(제17도와 제18도)로 보아 4도로 파악하고 있다.[5)] 그러나 이 도들은 「天道天命圖」와 「敬誠圖」의 2도로 보는 것이 타당할 것으로 생각된다. 따라서 정인홍이 편찬한 丁巳本과 그 체계를 따르는 「학기도」는 24도본이 아니라 22도본이라고 보아야 한다. 22도로 봄이 타당한 이유는 刊補本(6도)에서는 정사본의 제12도와 제13도를 합친 「天道天命圖」를 「心統性情圖(上)」로 수정하였으며,[6)] 甲午改訂本(10圖)에서도 제12도와 제13도를 수정하여 「天人一理圖」로 명명하고[7)] 또 제17도 「敬圖」와 18도 「誠圖」를 합쳐서 「敬誠圖」로 수정하고 있는 데서도 드러난다. 이러한 점을 감안할 때 조식의 사고를 가장 잘 대변할 수 있는 도상은 정사본이라 할 수 있는데, 동시에 이 정사본의 도상은 그 순서와 형태도 조정되어야 할 것이다.[8)]

---

3) 吳二煥, 1992, 「南明集板本考(Ⅰ)」 『南冥學硏究論叢』 2, 南冥學硏究院, 동명사, 173쪽 참조.

4) 琴章泰, 「南冥의 學記圖에 관한 硏究」 『南冥學硏究論叢』 2※※ 및 蔡仁厚, 「南冥의 性理學說과 그 精神」 같은 책 참조.

5) 각주 8)의 24도본과 6도본 및 10도본에 관한 도표 참조.

6) 『學記類編刊補』 附錄, 「心統性情圖(上)」 참조.

7) 『學記十圖出處本文類輯』,※ 「天人一理圖」 참조.

8) 기존의 금장태와 채인후의 도표를 참고하여 22도로 조정한 도표는 다

3. 「學記圖」의 내용

『學記類編』상・하에 등장하는 22도의 그림을 그 성격과 내용

음과 같다.

丁巳本(22圖) / 自作(*15圖)	刊補本(6圖)	甲午改訂本(10圖)
01. 龍馬圖(論道之統體), @1圖		
02. 洛書, @2圖		
03. 第3圖, *01, @3圖		
04. 伏犧・文王八卦次序, @4圖		
05. 羲先天・文後天, @5圖		
06. 三才一太極圖, *02, @6圖		01. 三才一太極圖
07. 太極圖與通書表裏圖 / 林隱圖, @7圖	01. 誠爲太極圖	02. 誠爲太極圖
08. 理氣, *03, @8圖		
09. 天理氣, *04, @9圖		
10. 人理氣, *05, @10圖		
11. 心統性情圖, *07(cf林隱圖), @11圖	03. 心統性情圖(下)	04. 心統性情圖
12. 天道・天命, *06, #@12圖・@13圖	02. 心統性情圖(上)	03. 天人一理圖
13. 仁說圖 / 朱子圖, @14圖		
14. 忠恕一貫, *08, @15圖	04. 忠恕一貫圖	05. 忠恕圖
15. 小學大學, *09(爲學之要), @16圖		08. 爲學次序圖
16. 敬・誠, *10, #@17圖・@18圖		06. 敬誠圖
17. 聖賢論心之要 / 林隱圖, @19圖		
18. 博文約禮, *11, @20圖	05. 顔子好學圖	09. 博約圖
19. 不動心, *12, @21圖		
20. 易書學庸語孟一道, *13, @22圖	06. 易書學庸語孟一道圖	10. 易書學庸語孟一道圖
21. 心爲嚴師, *14, @23圖		
22. 幾, *15, @24圖		07. 審幾圖

22圖의 圖名 뒤에 '*00'으로 번호를 붙인 것은 南冥의 自作圖라는 표시이고, '#'의 부호는 필자가 기존 연구에서 24圖로 표시된 것의 2圖를 묶어서 1圖로 만들 것이다. '@00'으로 번호를 붙인 것은 금장태와 蔡仁厚가 파악한 24도이다. 이 도표는 금장태의 상기논문 94~95쪽의 도표를 참고하여 수정하였다.

에 따라 더 상세히 분류해 보면 대체로 다섯가지의 범주로 파악할 수 있다. 첫째는 역학과 관련된 제1도에서 5도까지의 그림이고, 둘째는 태극과 관련된 제6도와 7도의 그림이며, 셋째는 이기와 관련된 제8도에서 10도까지의 그림이다. 넷째는 심성과 관련된 제11도에서 14도까지의 그림이며, 다섯째는 수양의 문제와 관련된 제15도에서 22도까지의 그림이다.

하지만 이들 그림 중에서 조식의 성리학적인 사고를 가장 잘 드러내 주는 그림은 아무래도 제6도 이하의 17개 그림이라고 할 수 있다. 그런데 이 중에서도 제7도 「太極圖與通書表裏圖」와 19도 「聖賢論心之要圖」는 程復心(호는 林隱)의 것이고 제14도 「仁說圖」는 朱熹(1130~1200, 호는 晦庵)의 것으로서, 이 셋은 조식이 차용한 圖象인 까닭에 조식 자신의 독자적인 사고가 반영된 그림이라고 할 수 없다. 제11도 「心統性情圖」 역시 기존의 정복심의 도를 참조하여 수정한 그림이다. 그렇기 때문에 엄밀히 말해서 이들 4도는 모두 조식의 독창성이 결여된 도상이라고도 할 수 있을 것이다. 그렇지만 조식이 다른 학자들이 그린 그림을 차용했을 경우 그 그림이 성리학적인 사고를 밝히는데 매우 적합하다고 생각했을 것이기 때문에 이들 그림 역시 그의 성리학적인 사고와 무관할 수는 없다.

『학기류편』에서는 22개의 그림을 각각 '論道之統體'(道의 統體를 논함), '爲學之要'(인간이 추구해야 할 요점), '存養省察'(수양의 방법) 등의 항목에 수록하고 있다. 아래에서는 조식의 성리학적 사고를 담고 있는 제6도 이하 도상의 내용을 그 의의를 분석하는 시각에서 고찰해 보기로 한다.

1) 道의 실상을 밝히는 그림

성리학은 '性命義理之學'이라는 어원이 말해 주듯이 도덕 철학의 성격을 지닌 학문이다. 이러한 학문을 추구하는 과정에서 조식이 정립한 학문의 내용이 바로 그의 『학기류편』에 담겨 있다. 『학기류편』은 그 내용의 이해를 돕기 위한 수단으로 「학기도」라는 도상을 수록하고 있다. 태극과 이기는 우주만물의 생성 변화를 설명하는 개념들이다. 제6도와 7도는 태극의 動靜과 관련된 그림들이고, 제8도와 9도 및 제10도는 리기에 관한 조식의 사고를 살필 수 있는 도상들로서 자연 질서와 인간 규범에 관한 문제를 다루는 그림들이다. 따라서 이들 그림은 천도와 인도 곧 도의 실상에 관한 도상들이라 할 수 있다.

(1) 太極에 관한 도상

「三才一太極圖」[9]와 「太極圖與通書表裏圖」(誠爲太極圖)의 특징은 「태극도」를 더 자세히 설명하는 것이다. 그 점에서 조식은 「태극도」를 다른 연구자들보다 깊이 이해하고 있다고 여겨진다. 周敦頤의 「태극도」에는 '無極而太極圈'에 대해서 아무런 설명이 가해지지 않았으나 이들 그림에서 조식은, 형상이 없는 상태에도 동정으로 이행될 경우 나타날 음양이 함유되어 있음을 밝힘과 아울러 형상이 있게 된 후에는 음양이 서로 나뉘면서 아울러 서로의 근거가 된다고 설명한다.[10]

---

9) 이하의 각 도상은 모두 『南冥集』「學記類編」, 亞細亞文化社1982에 수록된 것이다.

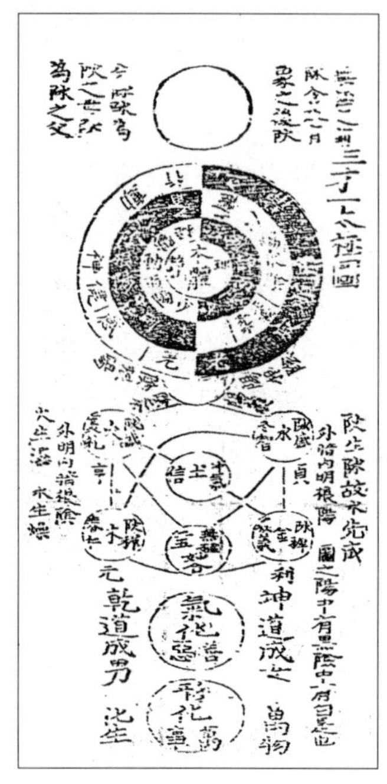

[그림 1] 三才一太極圖

[그림 2] 太極圖與通書表裏圖

사실 '無極而太極圈'의 해석에서 양명학과 주자학간의 견해가 달라진다는 점을 상기할 때 이러한 해석은 주자학의 입장에서 '무극이태극권'을 해석하고 있음이 분명하다. 구체적으로 조식의 이 「삼재일태극도」는 주돈이의 「태극도설」에 근거를 두고 天地人 三才를 일관하는 원리를 밝히고 있다. 그 일관된 원리가 다름 아닌 태극이며, 「태극도설」은 그 점을 잘 밝혀 주고 있다는 것이다. 이 점은 「삼재일태극도」를 「태극도설」과 비교해 볼 때 더욱 분명해진다.

---

10) 『南冥集』(丁巳本) 「三才一太極圖」. "無極之前 陰含陽 有象之後 陽分陰 陰爲陽之母 陽爲陰之父"

조식은 기본적으로 성리학에서 전제하고 있는 '모든 사물은 우주적인 원리를 분유하고 있다'(萬物各具一太極)는 점과 그 分有된 원리가 바로 변화의 원리인 태극이라는 점을 이 도를 통해서 밝히고 있다. 즉 그는 이 그림을 통해서 '삼재가 태극을 공유한다'(三才一太極)는 점을 분명히 한다.

'陰陽圈'의 해석에서 그는 圖의 중심 圓은 본체인 태극 즉 理라고 하고, 그것을 靜으로 이해한다. 이 본체로서의 태극을 靜으로 해석하는 생각은 「태극도설」에서 주돈이의 '聖人이 中正과 仁義의 道를 定하여 靜을 근간으로 人極을 세우니'[11]라는 견해에 근거를 둔 해석이다. 물론 이 때의 靜은 태극의 동정으로서의 정과는 차원을 달리하는 정이다. 또한 그는 중앙의 본체밖에 위치한 둘째 원은 태극이 動해서 陽이 되고 靜해서 陰이 됨을 나타낸다고 보고, 셋째 원은 음이 양의 뿌리가 되고 양이 음의 뿌리가 됨을 나타낸 다음 中正과 仁義 및 剛柔가 待對함을 보임으로써 하늘의 음양에 상응하는 땅의 剛柔와 사람의 仁義를 표시하여 삼재가 태극을 공유함을 보여 주고 있다고 설명한다. 끝으로 그는, 넷째 원에서는 태극이 動하여 그 用이 구현되고 태극이 靜하여 그 體가 확립됨과 음양의 의미가 健順(地)과 神形(人)으로 드러남을 밝히고 있다고 본다.

'五行圈'에서는 음양과 오행을 선분으로 연결시켜 음양이 서로 뿌리가 됨과 아울러 變合을 통해 오행이 생성됨을 밝히고, 오행의 각각에 해당하는 四時와 五常을 제시하고 있다. 이는 하늘의 사시와 땅의 오행 및 인간의 오상을 대응시킴으로써 천지인의 삼재가 모두 태극에서 분화된 오행의 理를 分有함을 밝히고 있는 것이다. 그에 따르면 '오행권'에 이어지는 '氣化圈'의 '乾道成男, 坤道成女'는 善과 惡의 나뉨을 보여 주고 있으며 '形化圈' 또한 만사가 분화

11) 「太極圖說」. "聖人主靜而立人極焉"

하는 '萬物化生'을 드러내어 준다. 이처럼 조식은 태극이 분유함을 일관되게 보여주는 것이 「태극도」라고 생각하였던 것이다.

한 걸음 더 나아가 조식은 삼재를 일관되게 분유하는 태극은 주돈이의 『通書』의 경우 誠으로 이해될 수 있다고 보았다. 그는 정복심이 이미 이 점을 밝히기 위해 「太極圖與通書表裏圖」(誠爲太極圖)를 작성했다고 생각하여 그 도를 제6도 뒤에 위치시키고 있다. 특히 그는 箚記에서 「통서」의 앞 두 장인 '誠上章'·'誠下章' 및 제3, 4장의 내용을 인용하여 「태극도설」과 『통서』의 내용이 서로 일치함을 밝힌다.

(2) 理氣에 관한 그림

『남명집』에는 리기설에 관해 문답이나 雜著의 형식으로 논의된 내용이 없다. 그렇기 때문에 조식의 리기설을 추적할 수 있는 내용은 이 『학기류편』의 내용과 「학기도」에 의존할 수밖에 없다. 그런데 『학기류편』은 그 내용이 조식이 평소에 유가의 典籍 중에서 많이 인용했던 내용을 편집해 놓은 것이기 때문에 조식 자신의 견해가 잘 드러나지 않는다. 따라서 리기에 관한 그의 견해도 「학기도」에 드러나는 특징을 통해서 분석할 수밖에 없다.

그 견해들은 「理氣圖」, 「天理氣圖」, 「人理氣圖」의 理氣에 관한 3도에 드러나는데, 조식은 스스로 작성한 리기의 개념과 관계 및 여타의 문제를 이 그림들에서 다루고 있다. 이 가운데 제8도 「리기도」는 리기의 전반적인 의미에 관해 언급하고 있으며, 제9도 「천리기도」와 제10도 「인리기도」는 각각 '天'과 '人'의 관점에서 리기의 의미를 밝히고 있다. 그런데 이들 그림과 관련된 설명(記)에서 그는 리기의 선후 관계를 밝힌 朱熹의 견해를 인용하지만, 도상에서는 전혀 그 내용을 언급하지 않는다. 사실 이 문제는 不可知論의 문제로서 아무리 따지고 논의해 보아도 결론을 낼 수가 없다. 결론이 도출되지 않는 이러한 문제를 따지기보다는 天人을 일관하는 원리를 찾아서 그 원리를 실천하는 것이 조식의 보다 절실한 목표였다. 그렇기 때문에 그의 리기설적인 관심의 초점은 天人을 일관하는 원리를 찾아내는 데 맞추어진다. 이러한 의도는 理氣를 通論하는 「理氣圖」에 이어서 天道의 입장에서 파악된 「천리기도」와 인도의 입장에서 해석된 「人理氣圖」를 나누어서 리기를 설명하고자 한 대목에서 충분히 짐작될 수 있다.

본체의 문제를 다루는 「태극도」가 있음에도 불구하고 굳이 따로 「리기도」를 그린 의도는 무엇보다도 본체에서 유행하는 현상 세계를 설명하기 위한 것이었다고 생각된다. 먼저 제8 「리기도」를 살펴보면, 여기에서는 음양을 내포한 태극(白과 黑으로 양분된 원)에서 리기의 두 측면이 分有될 수 있음을 밝히고, 그 리기의 각각에 健順과 음양의 두 측면을 표시하고 있으며, 다시 건순을 내포하는 理에다 五常을 소속시키고 음양이 조화된 氣에다가는 오행을 부속시키고 있으며, 아울러 오상의 각각에 오행을 부속시키고 있다. 이는 오상이 바로 오행의 理임을 밝히고자 함이다. 결국 조식은 이 그림에서 천지와 인물을 포괄하여 설명할 수 있는 리기란 다름 아닌 태극이 유행한 것으로서 음양·오행과 그 理인 건순·오상 이외의 것이 아님을 밝히고 있는 것이다.

다음으로 제9도 「천리기도」에서는 天을 理氣의 두 측면으로 나누어 놓고 있다. 즉 천의 理는 生殺의 두 측면이며, 천의 氣는 日月의 두 측면이라는 것이다. 생살의 두 측면을 내포한 天理는 元亨利貞의 四德인데, 이 사덕은 다시 음양의 두 측면으로 구분된다. 즉

陽의 仁(理)에 속하는 덕은 元亨의 덕이고, 陰의 義(理)에 속하는 덕은 利貞의 덕이라는 것이다. 또한 사덕은 人性인 인의예지와 짝을 이루는 것들로서 그것들은 각기 짝이 되는 사계절이 있다는 것이다.[12] 한편 日月의 두 면으로 드러나는 天의 氣는 춘하추동의 四時로서 그 사시 역시 陽의 精氣와 陰의 정기로 분류될 수 있다. 즉 陽精에 속하는 것은 春夏이고 陰精에 속하는 것은 秋冬이며, 그 음정과 양정에 속하는 춘하추동은 본래 木火金水의 氣와 짝으로 표시된다. 그리고 天理의 아래에 위치한 사덕은 一元에 근본하고, 사시는 二氣에 뿌리를 둔다.

이러한 조식의 설명 구조에서 주목을 끄는 점은 리를 陽理인 生理와 陰理인 殺理로 구분하는 사고로서, 이는 곧 理氣의 '不離不雜'의 사고에 철저한 모습이다. 이 사고의 특징은 자연 질서를 철저하게 이원론적으로 구분하여 설명한다는 점으로, 이러한 설명의 밑바닥에는 천지자연의 질서를 절대시하는 사고가 깔려 있다.

「리기도」에서 밝힌 바와 같이 조식의 리기설적인 관심의 초점은 天人을 일관하는 원리를 찾아내는 데 맞추어져 있고, 「천리기도」의 관심 역시 자연 질서의 이원적 구조를 밝히는 데 모아지고 있다.

한편 제10도 「인리기도」의 관심은 性과 形氣의 관계를 밝히는 데에 맞추어져 있다. 그렇기 때문에 이 그림에서는 인간을 理氣의 두 가지 측면으로 파악한다. 그리하여 오른쪽의 理는 하늘의 健順에 배합되는 인의로 도식화되는 반면 왼쪽의 氣는 땅의 음양에 배속되는 혼백으로 표시된다. 그리고 이들 인간의 리기는 각각 오상

---

12) 天의 四德을 계절과 관련시킬 경우 元德은 春과, 亨德은 夏와, 利德은 秋와, 貞德은 冬과 짝이 된다. 이러한 易理的 사고는 儒家를 비롯한 동아시아의 모든 사상에 일반적으로 내재하는 자연관의 토대라 할 수 있다.

의 性인 仁義禮智信은 理에 해당되며, 오행의 五臟(肝·心·脾·肺·腎), 五事(視·聽·言·貌·思), 五感(臭·色·形·味·聲), 五色(青·赤·黃·白·黑) 등은 氣에 배속된다.

종합하자면 이 그림에서 그는 인간을 理·氣에 따라 성품(仁義)과 심신(魂魄)으로 나눈 다음 동일 구조에 의한 양자의 대응 관계를 드러내고 있다. 이러한 도식화는 의식이나 신체 기관을 포함한 일체의 인간 행위를 리기와 음양오행의 틀로 이해하는 것으로서 이는 결국 철두철미한 理氣觀의 발로라고 여겨진다. 이 점에서 조식은 송대의 모든 성리학자 특히 정주 계통만이 아니라 邵雍(1011~1077, 號는 康節)의 상수학적 사고까지도 자신의 성리학적인 사고 속에 용해시키고 있다고 볼 수 있으며, 이것이 바로 그의 「인리기도」가 지닌 의의라고 할 수 있다.

여기서 우리는 조식이 철저하게 理氣二元論·心身二元論의 입장에 서 있음을 확인할 수 있다. 그의 天人合一觀의 토대는 어느 성리학자의 경우보다 더욱 철저하였던 것이다. 그리고 이러한 천인관을 지녔던 까닭에 조식은 엄격한 자기 관리를 통해 출처를 분명히 할 수 있었고, 또한 우주자연에 합일된 삶을 살아가려는 超俗的인 삶의 자세를 유지할 수 있었다고 생각된다.

(3) 心性에 관한 그림

앞에서 살펴본 바와 같이 기존의 연구에서 제11도에서 제15도까지의 순서로 파악되었던 도상은 전체적으로 재조정되어야 하리라고 생각한다. 『남명집』 권3의 제26과 제36의 版心이 뒤바뀌는 錯簡이 있었기 때문이다.

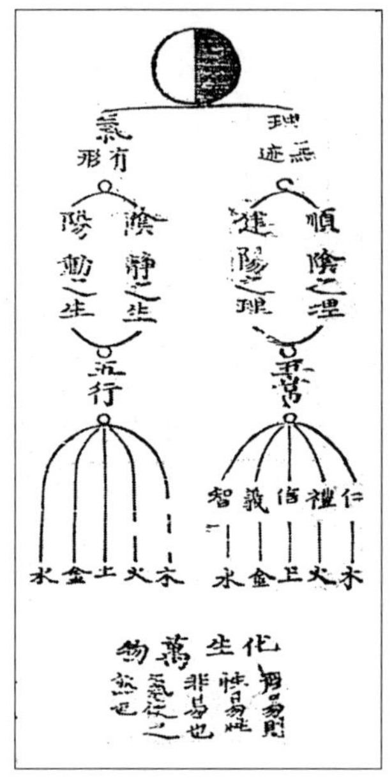

[그림 3] 理氣圖

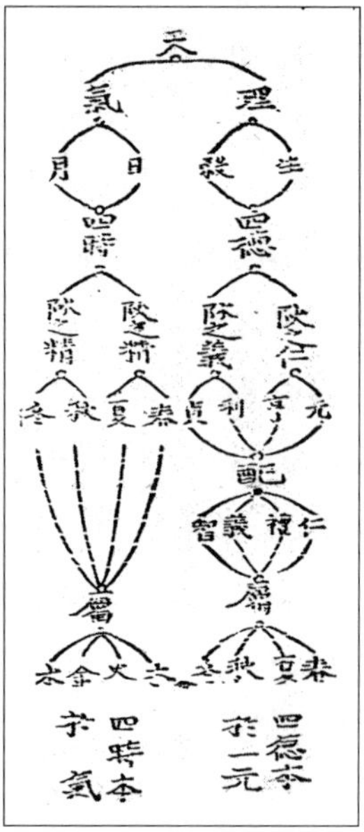

[그림 4] 天理氣圖

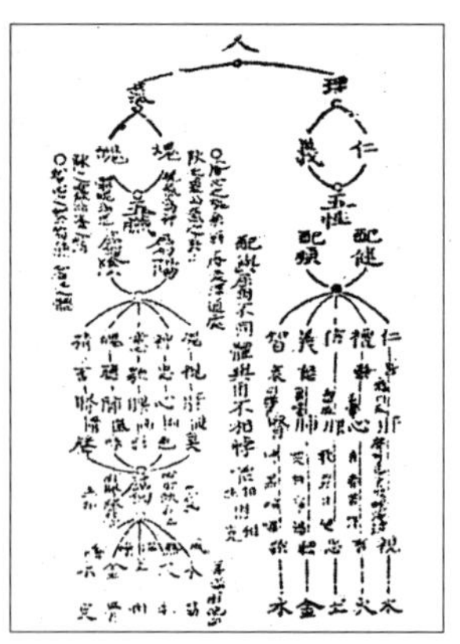

[그림 5] 人理氣圖

이 착간에 관해서는 이미 채인후와 吳二煥이 밝힌 바 있으나, 이 착간으로 인해 도상의 순서와 의미가 달라지는 점에 관해서는 언급이 없었다.[13] 그러나 필자가 채인후의 논문과 『性理大全』의 내용을 맞추어 확인한 바에 따르면, 판심 36은 26으로서 그 내용의 첫머리는 제10도 「人理氣圖」의 箚記인 판심 25의 "問不感交時 鬼神常在否 鬼神常在否 則有(餒界)"로 이어져야 하고, 그 끝부분(程子云自性之有形者謂之心 自性之有動者謂之)은 판심 27의 "情 曰如伊川所云…"으로 이어져야 한다. 또한 판심 26은 36으로서 그 내용의 첫머리는 판심 35의 끝 부분(仁是此心全體常生生不息 有惻隱克復到那物上)과 연결되어야 하며, 끝부분(忠者天下大公之道 德所以行之也 忠言其體天道)은 판심 27의 "也 恕言其用人道也"로 이어져야 한다.

따라서 그림의 순서는 「心統性情圖(程復心 作)」가 「인리기도」 다음에 오고, 「仁說圖」 다음에 「忠恕一貫圖」가 오는 순서로 조정되어야 하며, 「天道」, 「天命」 두 그림은 한 도상으로 취급되어야 한다. 이 점을 고려할 때 도상들의 순서는 제11 「심통성정도」, 제12 「天道天命圖」가 되며, 제13도는 「인설도」가 되고, 제14도는 「충서일관도」가 된다. 이렇게 조정된 순서에 따라 이들 4도의 의미를 살펴보기로 하자.

성리학에서는 인간의 의식 구조를 해명함에 있어서 의식의 구조와 작용을 통칭해서 心이라 하였으며, 이 가운데 의식의 내면 구조를 性이라 하고 그 작용을 情이라 하였다. 이러한 心·性·情에 대한 이해를 바탕으로 張載(1020~1077, 호는 橫渠)는 '심이 성과 정을 통섭·총괄한다(心統性情)'는 학설을 주장하였다. 그러나 이 말은 한층 상세한 설명이 가해지기 전에는 분명한 의미가 전달되지 않

---

13) 『南冥集』, 82~87쪽 및 蔡仁厚, 「南冥의 性理學說과 그 精神特徵」 『南冥學硏究論叢』 2, 45쪽 참조.

는다. 그래서 程復心은 그 의미를 밝히기 위해 심의 未發인 性을 본체로, 已發인 情을 작용으로 해석하는 그림을 그린 다음, 이를 통해 심은 본체인 性을 갖추고 있으면서 작용인 情의 발동에 관여한다는 의미를 밝혔다. 그러나 이 정도의 그림으로도 그 의미가 분명해지지 않았다고 생각한 나머지 조식을 더욱 상세한 도상을 그린다.

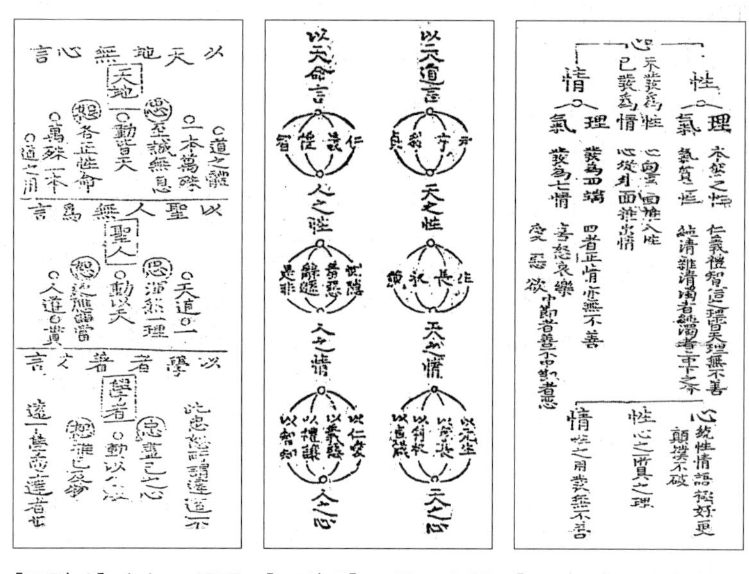

[그림 6] 忠如一貫圖 [그림 7] 天道天命圖 [그림 8] 心統性情圖

조식은 먼저 제11도 「심통성정도」를 통해 심의 未發인 性과 已發인 情에는 각각 리의 측면과 기의 측면이 존재함을 밝힌다. 성을 리와 기로 나눌 경우 本然之性(仁義禮智信, 天理, 無不善)은 리이고, 氣質之性(淸濁 二分)은 기라는 것이다. 이어서 그는 情 또한 리기로 분석할 경우 리가 발한 것이 四端(無不善)이 되고 기가 발한 것이

七情(中節→善, 不中節→惡)이 된다고 도해한다. 그림의 말미에서 조식은 "심은 안으로 성에 推入하고, 밖으로 정을 推出한다"라고 말한다.

제12도인 「天道天命圖」는 조식이 직접 그린 것으로서 천도인 元亨利貞과 천명인 仁義禮智의 관점에서 천성와 인성을 파악한 도상이다. 이 그림은 「학기도」의 다른 도본인 6도본의 「心統性情圖(上)」와 10도본의 「天人一理圖」라는 명칭에서 나타나는 바와 같이 천도와 인성이 일치함(天人一理)을 밝혀 주고 있다. 조식은 이 그림에서 천지의 性인 원형이정에 상응하는 인간의 性은 인의예지라는 점을 밝히고, 生長收藏하는 천지의 情은 인간의 惻隱·羞惡·辭讓·是非의 정과 일치한다는 점을 드러내고자 한다. 또한 그는 天은 元의 본성으로 만물을 낳고 亨으로써 기르며 利로써 결실을 맺어 거두고 貞으로써 생명의 씨앗을 내장한다고 본다. 인간은 그러한 하늘의 마음을 본받아 仁으로 사랑하고 義로 불의를 싫어하며 禮로 사양하고 智로 옳고 그름을 아는 마음을 갖게 된다는 것이다. 인간의 이와 같은 마음을 분석하여 도덕적인 행위의 근거를 해명하는 학문이 성리학이다.

제13도인 「인설도」는 주희의 그림을 그대로 옮겨 놓은 것이다. 그렇기 때문에 이 그림 자체에서 조식 특유의 생각을 기대할 수는 없고, 다만 이 그림의 의미를 밝히기 위해 적어 놓은 '記'의 내용에서 독자적인 견해를 기대할 수 있다. '인'은 공자의 핵심 사상인 까닭에 종래 다양한 해석들이 있었는데 성리학자들은 인을 사랑의 원리(愛之理)로 해석하고 인간의 덕성 가운데 으뜸가는 德(元德)이라고 생각해 왔으며, 특히 程朱系의 성리학에서는 仁을 心德·生意·心理 등으로 해석하였다. 조식은 이러한 사고를 이어 받아 '仁은 천지만물이 일체를 이룰 수 있는 心德'이라고 본 程頤(1033~

1107, 호는 伊川)의 해석과 '敦厚와 虛靜은 인의 근본'이라는 張載의 해석, '인은 곧 生意'라는 주희의 해석 등을 인용한다.[14] 동시에 조식은 이러한 해석과 함께 '인은 유행해서 쉼이 없는 것'이라 한 陳淳(1153~1217, 호는 北溪)의 해석에도 주목하고 있다. 결국 조식에 따르면 만물이 끊임없이 生意를 발양하는 것이 仁이며, 그러한 의미의 인은 「忠恕一貫圖」에서 體用의 의미로 해석된다.

제14도인 「충서일관도」는 조식이 그린 그림인데 천지와 聖人 및 學者의 입장에서 忠恕의 의미를 밝히고 있다. 이 그림은 仁에 관한 曾子의 해석인 '충서'가 천지와 성인 및 학자의 측면에서 어떻게 해석될 수 있는지를 보여 준다. 이 그림은 천지와 성인 및 학자의 특성을 無心과 無爲, 着力의 차원에서 밝히고 있다.[15]

천지는 무심한 것 같아도 지극한 정성 그 자체이기 때문에 한 순간도 그침이 없는 道의 體(忠)를 내함하며,[16] 만물이 각기 그 성명을 온전히 발양할 수 있게 해 주는 것(各正性命)은 恕인바 道의 用이라고 한다. 이것이 첫 번째 단락의 내용이다. 이어지는 가운데 단락은 성인의 측면에서 충서를 말한다. 성인은 有心하나 무위하기 때문에 혼연히 理와 합일할 수 있으니 그것이 곧 忠이고, 널리 응하여 온당함은 그 恕이다. 그런 까닭에 성인의 충서는 한결 같아서 천도와 인도가 합일·회통하는 경지가 이루어진다. 맨 아래 단락

---

14) 1982, 『南冥集』, 亞細亞文化社刊, 86쪽 참조.

15) 「忠恕一貫圖」의 구조를 정리하면 아래와 같다.

天地 — 無心 — 動皆天 — [忠] 至誠無息 · [恕] 各正性命 … 體(一本萬殊) / 用(萬殊一本)
聖人 — 無爲 — 動以天 — [忠] 渾然一理 · [恕] 泛應曲當 … 天道(一) / 人道(貫)
學者 — 着力 — 動以人 — [忠] 盡己之心 · [恕] 推己及物 … 違道不遠 / 下學上達

16) 『中庸』, 26장. "至誠無息."

은 학자의 측면에서 충서를 말한다. 학자는 힘써 노력함으로써 道를 구현해야 한다. 이를 위해 자기 마음을 다하는 것(盡己之心)은 곧 忠이고, 자기를 미루어 만물에까지 도를 확산케 함(推己及物 : 實踐)은 恕이다. 이와 같은 충서는 인간이 실천해야할 도에서 멀리 벗어나지 않는 것으로 일상적인 것을 배움으로써 성취할 수 있는 이상(下學而上達)이라고 조식은 이해한다.

2) 修養에 관한 그림

제15도에서 제22도까지의 기존 연구에서 파악했던 도상들의 순서도 역시 재조정되어야 할 것으로 생각한다. 특히 「敬圖」와 「誠圖」의 두 그림은 한 도상으로 취급되어야 하기 때문이다. 이 점을 고려할 때 도상들의 순서는 제15도 「小學大學圖」, 제16도 「敬誠圖」, 제17도 「聖賢論心之要圖」, 제18도 「博文約禮圖」, 제19도 「不動心圖」, 제20도 「易書學庸語孟一道圖」, 제21도 「心爲嚴師圖」, 제22도 「幾圖」의 순서로 되어야 한다. 이들 8도는 인간의 수양과 관련된 내용을 주로 언급하고 있는데 조식은 수양에 필요한 내용을 『주역』과 『尙書』, 『四書』 및 程朱의 학설 등에서 인용하고 있다. 그러나 이들 인용은 그 자신이 중요하다고 생각하여 인용할 뿐이며, 이론적인 체계를 갖추고 있는 것은 아니다.

(1) 수양의 목표와 내용

제15도에서 20도까지는 수양에 필요한 핵심적인 내용(爲學之要)을 설명하는 그림들이다. 이 여섯 개의 그림 중에서 조식은 제16도인 「小學大學圖」를 맨 먼저 그려 넣고 있다. 이를 통해 우리는 그가 모든 수양의 근간을 『소학』과 『대학』의 내용에 두고 있음을 알 수 있다.17) 이 그림의 상단에는 『소학』과 『대학』의 핵심 내용을 대비시키고 있다. 여기에서 그는, 『소학』은 放心을 收拾하고 灑掃應對와 六禮(禮樂射御書數) 같은 下學의 수련을 통해 덕성을 함양하는 개인적인 자기 완성을 지향하는 일이며, 『대학』은 사회 규범을 통찰하고(察義理) 사물의 이치를 밝히며(窮理) 우리 마음을 올바로 하여(正心) 자기 인격을 확립하고(修己) 이웃에 봉사하는(治人) 사회적인 차원의 자기 실현(事業)이라고 파악한다. 이렇게 『대학』과 『소학』 간의 차이를 두게 되는 원인은 공자 이후 유학에서는 교육과 학문은 단계를 밟아서 이루어져야 한다고 생각하는 데 기인한다. 따라서 『소학』과 『대학』이 지향하는 바는 본질적으로 같지만 선후와 완급의 차이가 없을 수 없지만, 獵等의 폐단을 범해서도 안 된다는 것이다.

잘 알려진 대로 『소학』과 『대학』은 유교 문화권에서 규범 교육의 내용이면서 과정이 된다. 일반적으로 8세부터 『소학』을 가르치고 15세부터 『대학』을 가르치는 단계적 교육이 이루어지는 것이다. 하지만 『소학』과 『대학』의 가르침에 차이가 있는 까닭은 단지 절차에 있어 차이가 있기 때문이지 그 둘의 가르침이 별개의 것이기 때문은 아니다. 이러한 점을 고려해서 조식은 이 그림의 兩段에서 본원 곧 덕성을 함양하는 일은 앎의 얕은 것이고 실천의 작은 것이기 때문에 『소학』에서 표방되는 것이며, 사회적인 자기 실현(修業)인 덕의 실천(進德)은 앎의 깊은 것이고 실천의 큰 것이기 때문에 『대학』에서 표방되고 있다고 설명한다.

---

17) 이 점은 조선 전기 성리학자로서 小學童子라는 칭호까지 받았던 金宏弼이 『小學』을 모든 학문의 기초로 보았던 것과도 일치한다.

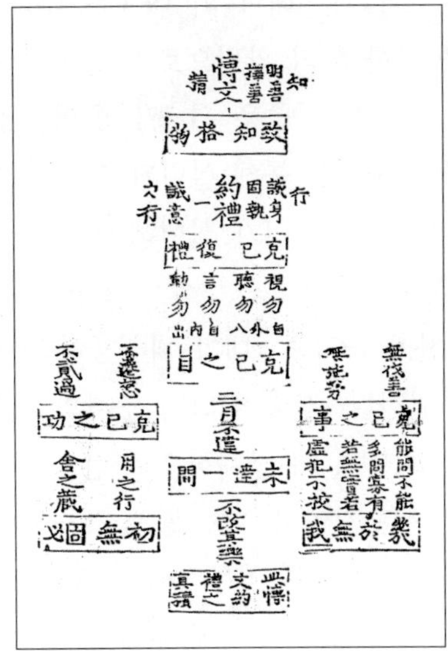

[그림 9] 博文約禮圖

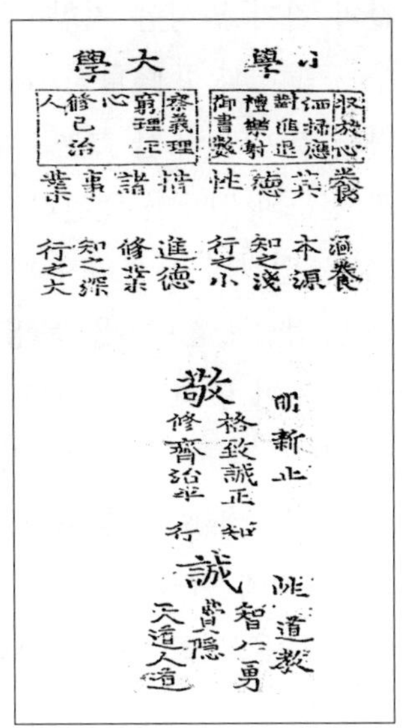

[그림 10] 小學大學圖

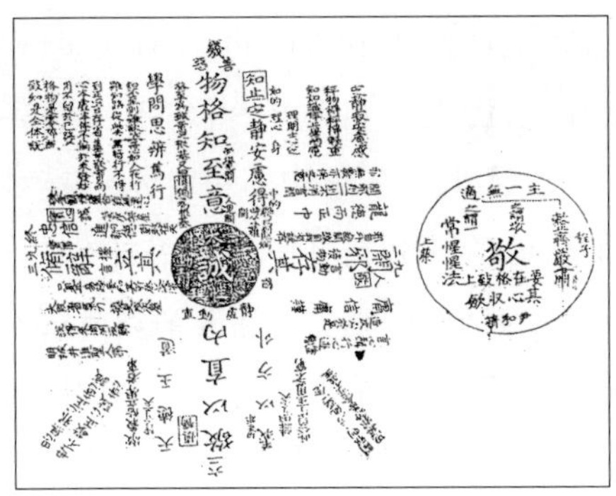

[그림 11] 敬誠圖

또한 그는 그 아래의 두 단락에서 『소학』과 『대학』에서 제시된 규범의 실천은 敬과 誠의 자세가 확립되어야 가능함을 밝힌다. 즉 인간의 자기 완성을 지향하는『소학』과『대학』의 내용은 대학의 경우 三綱領과 八條目의 구현을 통한 敬의 확립으로써 실현될 수 있다는 것이다. 또한 그는『대학』의 敬은『중용』의 智仁勇의 三達德과 천도와 인도를 일관하는 誠의 구현을 통해 실현될 수 있으며, 그 성은 인간의 본성이자 사회질서이며 우리가 실현해야 할 규범이라는 점(性 · 道 · 敎)을 분명히 한다.

조식은 이 敬과 誠의 주된 경전적 근거는『대학』과『중용』이지만, 그것은 결코 둘이 아니라고 말한다. 경의 실현은 주희의 해석과 같이 主一無適을 통해서 가능하지만, 더 구체적으로 언급할 경우 한 가지에 마음을 두는 것(主一)은 경이고, 마음을 옮겨가지 않는 것(無適)은 바로 일一이라는 것이니, 즉 주일무적이란 변동함이 없음을 말한다는 것이다. 쉽게 말해서 그의 설명에 따르면 변함없는 한결같은 마음[18]을 갖는 것이 바로 경이다. 아울러 그는 경에 대한 대표적인 해석으로서 程頤의 '일체의 몸가짐을 바르고 엄격하게 다듬는 일'(整齊嚴肅)과 謝良佐(1050~1103, 호는 上蔡)의 '常惺惺法' 및 尹焞(1071~1142, 호는 和靖)의 '마음을 수렴하는 일'(其心收斂) 등과 같은 敬을 실현하는 구체적인 방법까지도 제시한다.

아울러 조식은 다른 성리학자들과 마찬가지로 경과 함께 誠의 실현이 절실하다고 보았기 때문에 성에 관해서도 비교적 상세하게 그림을 작성한다. 그러나 이후「학기도」의 편집자들은 이 성에 대한 부분이 지나치게 복잡하게 설명되었다고 생각하여 대폭 삭제해 버린다. 그 점에서 이 부분은 같은 그림 속의 경에 대한 설명이나

---

18) 이러한 마음은 인간 관계에 있어서 두 마음을 갖지 않는 것으로서, 봉건 사회에서는 군주에 대한 一片丹心 또는 여인의 정절을 의미하기도 한다. 한결같은 마음을 갖는 자세가 바로 '敬'인 것이다. 그러한 마음가짐은 인간의 자기 수양에서 반드시 갖추어야 할 자세이다.

다른 도본의 설명들과 달리 지나치게 설명된 감이 없지 않다. 이 부분에 대한 설명은 『대학』·『중용』·『역전』 및 程朱의 말에 대한 인용들이 대부분을 차지한다.

조식은 誠에 대한 설명에서 중앙의 검은 부분에 '誠圈'을 배열해 두고 상하로 太極과 性理를 위치시키고 있다. 이 점은 제7도 「太極圖與通書表裏圖」(6, 10도본의 「誠爲太極圖」)와 관련된다. 즉 '太極'·'性理'·'動靜'·'無爲' 등을 모두 '誠'에다 부속시킴으로써, 천도로서의 '태극'(誠)과 인사로서의 '誠之'(性理)가 일치함과 함께 그 작용에도 誠의 원리가 작용해야 함을 보여 주고 있는 것이다. 또한 그림에서는 우리 인간이 誠을 실현하기 위해서는 閑邪와 修辭 및 敬의 실현을 통한 내심의 흔들림 없음(直)과 物格知至를 통한 뜻의 성실함이 달성되는 수양이 뒤따라야 함을 밝히고 있다.

이 그림에서는 誠을 중심으로 위에서 아래로 物格知至意誠을 연결시키고 있는데, 그것은 곧 태극이 된다. 그리고 도면을 거꾸로 하면 敬以直內가 바로 敬이 되는데, 그것이 바로 性理이다. 이 의미가 바로 성은 태극과 일치하며, 성이 바로 태극 그 자체라는 의미인 것이다. 여기서 그의 학문이 지향하는 목표가 성의 실현에 있음을 알 수 있다.[19] 이 이외에도 그는 '誠'의 구체적인 실현 방안으로 '博學'·'審問'·'愼思'·'明辯'·'篤行'에 이르는 수양의 방법과 같은 많은 설명들을 그림에다 나열하고 있다. 특히 조식은 다른 그림보다 이 '성'에 대해 다 파악하기 힘들 정도로 상세히 설명하고 있다. 이 점은 그의 사상의 한 특성이라 할 수 있을 것이다. 즉

---

19) 제7도 「太極圖與通書表裏圖」(6, 10圖本의 「誠爲太極圖」)는 程復心의 그림인 까닭에 조식의 '誠觀'이 확실히 표명되었다고 볼 수 없지만, 「敬誠圖」는 조식의 자작도인 까닭에 그의 독창적인 사고가 잘 반영되어 있다고 할 수 있다.

그는 誠의 실현을 모든 학문과 수양의 최종 목표로 설정한 것이다. '誠'의 실현을 통해서 태극·천도(성)와 합일의 경지에 도달하려는 그의 염원이 이 「敬誠圖」에 보인다.

한편 경과 성의 실천을 위해서는 우리의 주체적인 의식의 확립이 무엇보다 필요하다. 그렇기 때문에 유학에서는 일찍부터 그러한 의식에 대한 관심이 높았고, 그 의식을 확고히 할 수 있는 방법에 관한 논의가 활발히 이루어 졌다. 「聖賢論心之要圖」는 『尙書』의 16자字 心法[20]에서부터 시작해서 공자의 '마음이 하는 바를 좇아도 법도를 넘지 않는 경지'에 이르는 심법[21], 맹자의 盡心을 비롯한 '放心을 단속하는'(求放心) 내용, 『대학』의 正心 등 성리학의 여러 心說 등을 망라해서 도식화 한 程復心의 도본을 수록하고, 箚記에서는 심의 虛靈性을 비롯한 神明한 작용 등에 관한 이론을 인용하고 있다.

제18도 「博文約禮圖」는 조식이 『논어』의 내용을 바탕으로 작성한 그림이다. 본래 '박문약례'라는 말은 공자의 제자 顔淵이 스승 공자가 자신을 이끌어준 교육의 내용을 소개하여 "선생님께서는 나를 文으로써 넓게 하셨고 禮로써 다듬으셨다"[22]고 한 말에서 유래한 것이다. 이후 이 말은 성리학자들에 의해서 수양의 방법에 대한 대표적인 용어인 '박문'과 '약례'가 되었다. 한 개인을 文으로 넓게 한다는 말은 지적인 수준을 향상시키는 것이며, 예로써 다듬는다는 말은 실천적인 면에서 확고한 신념을 확립하게 해 주는 것을 의미한다. 그렇다고 할 때 顔回의 말에 토대를 둔 이 「박문약례도」 역시 규범적인 확고한 인식과 실천의 두 측면을 강조하는 학

---

20) 『尙書』「大禹謨」. "人心惟危 道心惟微 惟精惟一 允執厥中"
21) 『論語』「爲政」. "從心所欲不踰矩"
22) 『論語』「子罕」. "夫子循循然善誘人 博我以文 約我以禮"

문적 특성을 잘 드러내 준다고 할 수 있다.

이 그림은 博文을 상단에 두고 그 아래에 約禮를 위치시킨다. 그런 다음 박문은 致知와 格物을 통해 '知'를 확고히 함으로써 善을 밝히고 선택하는 일(明善擇善)임을 드러내며, 박문은 克己復禮로써 실천하여 성실한 몸가짐을 갖고 굳게 지키는 것(誠身固執)임을 밝힌다. 결국 조식은 박문은 앎을 투철히 하는 것(知)이고, 약례는 확고한 신념을 갖고 실천하는 일(行)이라고 이해하는 것이다. 아울러 그는 박문은 '精'에 관한 일이고, 약례는 '一'에 관한 일이라고 밝히고 있다.

이렇게 볼 때 이 그림은 知行의 문제를 밝히는 그림이 된다. 知行合一은 공자이래 유학이 지향하는 이상이며, 顔淵은 이를 가장 잘 실천한 공자의 모범적인 제자였다. 자신의 모든 욕구를 극복하고 규범을 실천하는 일이 다름 아닌 '극기복례'이며, 그것은 바로 知行이 합일되는 경지에 도달하기 위한 노력인 것이다. 구체적으로 노력해야 할 조목은 바로 공자가 제시한 四勿이다. 그리고 四勿을 실천함으로써 '자기의 장점을 과장하지 않고'(無伐善), '자기의 공로를 나타내지 않는'(無施勞) 경지에 도달해야 한다. 이러한 결과로 얻어지는 효과는 '엉뚱한 일로 화풀이를 하지 않으며'(不遷怒), '허물을 반복하지 않는 것'(不貳過)이다. 이 그림에서 그는 박문을 통한 知의 확충보다 약례를 통한 실천의 문제를 더 상세히 밝히고 있다. 이 점은 그가 학문에 있어서 이론적인 탐구보다 실천을 더 중시하는 경향과도 일치한다.

(2) 수양의 방법

이러한 그의 생각은 제19도 「不動心圖」에 잘 나타나 있다. 「부동심도」는 맹자의 '浩然章'의 핵심적인 내용을 도해한 것이다.[23] 그림은 상단에 '知言'과 '善養氣'를 그려 놓고, 그 아래에 다시 '無疑懼'를 위치시켜 둔 채 좌우로 道明과 德立을 선으로 연결시키고 있다. '도명'의 아래에는 다시 '이것은 임무가 크고 책임이 무거운 사람이다'(此任大責重之人)라는 설명을 덧붙이고 있으며, '덕립'의 아래에는 '도의를 위주로 하는 자이다'(以道義爲主者)라는 설명을 덧붙이고 있다. 이 도해는 '不動心'의 경지에 이르기 위해서는 '도명'과 '덕립'의 두 조건이 갖추어져야 함을 밝히고 있는 것이다.

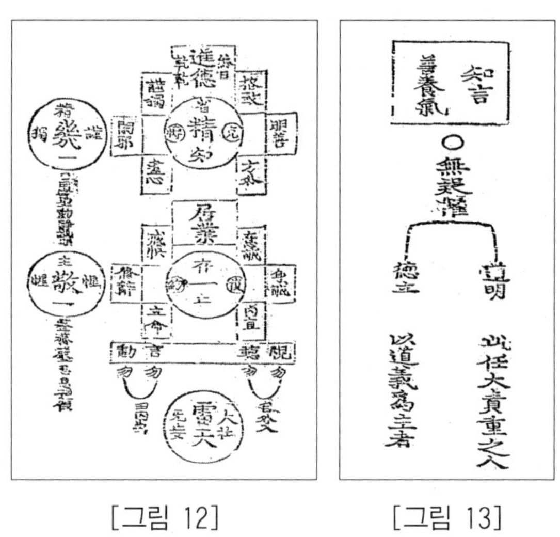

[그림 12]
易書學庸語孟一道圖

[그림 13]
不動心圖

이 그림의 하단에 첨부한 설명에는 浩然之氣를 기르기 위해 요구되는 조건들이 구체적으로 제시되고 있다. 즉 부동심의 경지에

23) 『南冥先生文集』, 권3, 95쪽, 「不動心圖」 참조.

도달하려면 무엇보다 知言과 호연지기를 기르는 일을 소홀히 할 수 없다는 것이다. 그는 程子의 "배움(學)은 知言보다 더 중요한 것이 없고, 도는 때를 아는 것보다 중요한 것(識時)이 없다"[24]는 말을 인용한다. 조식은 부동심을 처음 언급한 맹자의 경우 학문이란 바로 우리의 순수했던 마음을 되찾는 데 있다고 보고 그 방안으로서 지언과 호연지기의 연마를 들었다. 그리하여 조식은 맹자에서 언급되는 至大와 至剛 및 以直의 중요성을 부각시키면서 그것이 호연지기를 기르는 방안임도 아울러 밝히고 있다.[25] 부동심의 경지에 도달한 대인 군자의 모습이 바로 맹자 식의 수양 목표이며, 그것은 구체적으로 호연지기를 기르는 방법으로 실현될 수 있다고 생각했던 것이다.[26]

제20도 「易書學庸語孟一道圖」에서는 자기 완성을 지향하는 유학의 이상이 『周易』과 『尙書』 및 四書 등의 경전에 일관되게 나타나는 이념이라는 점을 밝히고 있다. 이 그림은 중심에 『書經』의 精一이라는 두 글자를 각각 위쪽의 '精圈'과 아래쪽의 '一圈'으로 나누어 놓고, 이 두 개념에 상응하는 여타 경전들의 내용을 대칭적으로 분속시키고 있다. '精圈'과 '一圈'의 원형 속에 사서의 중요한 개념을 '精'(博文 · 克己 · 省察 · 知至)과 '一'(約禮 · 復禮 · 存養 · 止善)로 나누어서 배열하고 있는 것이다. 아울러 원의 바깥에는 '정권' 상단에 進德이, 그 좌우에 謹獨과 格致가 배열되어 있고, '일권'의 상단에 居業이, 그 좌우에 戒愼과 意誠(誠正)이 배열되어 있다. 또 '정권' 중단의 좌우에는 閑邪와 明善이, '일권' 중단의 좌우에는 修辭

24) 같은 책, 같은 곳. "學莫貴於知言, 道莫貴於識時"

25) 같은 책, 같은 곳. "至大至剛以直三者厥一便不是浩然之氣"

26) 조식은 그러한 부동심의 경지가 지나치게 추상적인 것을 염려한 나머지 顔淵의 好學하는 태도를 통해 그 구체적인 실천의 모습과 가능성을 밝히고 있다(「博文約禮圖」 항목 참조).

와 身誠이 배열되어 있으며, '精圈' 하단의 좌우에는 盡心과 方外, '一圈' 하단의 좌우에는 立命과 內直이 각각 배열되어 있다.

그런데 이러한 개념들의 배열을 살펴보면 '정권'과 '일권'이 철저한 대비를 이루고 있음을 알 수 있다. 이렇게 도상을 대비시켜 파악하는 의미는 무엇일까? 그 의미는 『尙書』의 精一의 의미에서 밝혀질 수 있는 바와 같이 인간 존재를 내면과 외면의 문제로 파악하는 데 있다. '정권' 하단에 배속된 方外와 '일권' 하단에 배열된 內直이 좋은 실례가 된다. 즉 조식은 이 그림을 통해 인간의 내면인 정신 세계와 외면인 행위 세계 이 양면의 수양이 이루어질 때 비로소 인간 혹은 인격의 완성이 가능해짐을 밝히고 있는 것이다. 이 점에 착안하여 그는 역대 유학의 수양 이론의 근간을 이루는 기본 경전들을 이 도로써 정리했던 것이다. 각 經의 기본 개념을 精과 一에 배열한 구조는 아래와 같다.[27)]

書經	易	大學	中庸	論語	孟子
精	進德・閑邪・方外	格致・知	明善・謹獨	博文・克己	盡心
一	居業・修辭・直內	誠意・止	誠身・戒愼	約禮・復禮	立命

『학기류편』 하권의 「存養(貫知行) 附 省察篇」에는 제21도 「心爲嚴師圖」와 제22도 「幾圖」의 두 그림이 수록되어 있다. 「심위엄사도」는 마음이 엄격한 스승인 까닭을 밝히고, 그 힘써야 할 바를 제시해 주는 그림이다. 여기서는 '심위엄사'의 아래에 '敬義'와 '常惺惺法'을 검은 바탕에 흰 글씨로 나열하고, 그 아래에 『대학』과 『중용』에서 운위되는 '愼獨'을 제시한다. 이 그림은 마음을 嚴師로 삼

27) 琴章泰, 「南冥의 學記圖에 관한 硏究」 『南冥學硏究論叢』 2, 99쪽 도표 참조.

아서 '敬義'와 '常惺惺'의 居敬을 방법으로 하여 존양과 성찰의 신독을 실천해야 함을 밝히고 있다.

마지막 제22도인 「幾圖」는 '幾'가 위치해야 할 곳이 '謹篤'하는 誠意임을 밝히고, 그 좌우에 성찰과 극기를 대비시키고 있다. 그리고 성찰의 아래에 格致를 표시하고 극기 밑에는 仁勇이라고 쓰고 있다. 이 그림은 결국 『대학』의 「誠意章」에 근거해서 수양의 근거를 밝히고자 한 것이다.

4. 맺음말

『학기류편』은 조식의 성리학에 관한 사상을 엿볼 수 있는 가장 확실한 자료이다. 조식은 성리서들을 箚記하면서 정주를 비롯한 다른 학자들의 학설을 뽑아서 인용만 했을 뿐 자신의 견해를 밝히지 않았기 때문에 인용된 차기의 내용만으로는 조식 자신의 사고를 파악하기 쉽지 않다. 이에 비해 『학기류편』 속에 수록된 「학기도」는 7개의 도상을 제외한 나머지가 모두 조식 자신이 작도한 것인 까닭에 비록 생전에 완성된 것은 아니었다고는 해도 그의 독창적인 사고를 가장 잘 드러내 준다. 그렇기 때문에 이 글에서는 그의 의도가 비교적 확실하게 반영되었다고 볼 수 있는 「학기도」를 중심으로 그의 성리설을 분석하지 않을 수 없었다.

조식은 「三才一太極圖」에서 태극을 체용의 관점으로 철저히 대비해서 파악하고 있다. 즉 태극의 체용은 동정이며, 그것은 중정·인의·강유·건순·寂感·神形으로 대비된다는 것이다. '음양권'에서도 음이 양의 뿌리가 되고 양이 음의 뿌리가 됨을 나타낸 다음 중정과 인의 및 강유가 待對함을 보임으로써 天의 陰陽에 상응하는 땅의 剛柔와 사람의 仁義를 표시하고 있다. 그리하여 三才가 태극을 공유함을 보여 주고 있는 것이다. 이러한 설명 방식은 理氣를 설명하는 그림에서도 마찬가지로 나타난다.

그의 理氣說적인 관심의 초점은 천인을 일관하는 원리를 찾아내는 데 맞추어진다. 이러한 그의 의도는 理氣를 通論한 「理氣圖」에 이어서 天道의 입장에서 파악된 「天理氣圖」, 인도의 입장에서 해석된 「人理氣圖」를 계속해서 두어 리기를 설명하고자 한 데에서도 짐작할 수 있다. 「천리기도」의 설명 구조에서 주목을 끄는 점은 리를 陽理인 生理와 陰理인 殺理로 구분하는 사고이다. 이는 리기의 '不離不雜'의 사고에 철저한 모습으로서 이 사고의 특징은 자연질서를 철저하게 이원론적으로 구분하여 설명한다는 것이며, 이러한 설명의 밑바닥에는 천지자연의 질서를 절대시하는 사고가 깔려 있다.

여기서 우리는 조식이 철저하게 리기이원론과 心身二元論의 입장을 견지하고 있었음을 확인할 수 있고, 그렇기 때문에 그의 天人合一觀의 토대는 어느 성리학자의 경우보다도 철저하였다고 말할 수 있다. 이러한 천인관을 지녔던 까닭에 그는 엄격한 자기 관리를 통해 출처를 분명히 할 수 있었고 우주자연에 합일된 삶을 살아가려는 超俗的인 삶의 자세를 유지할 수 있었던 것이다. 또한 그는 제11도 「天道天命圖」에서 천지의 본성인 원형이정에 상응하는 인간의 본성이 인의예지라는 점을 밝히고, 生長收藏하는 천지의 情은 인간의 惻隱·羞惡·辭讓·是非의 情과 일치한다는 점을 드러내고자 하였다.

수양에 필요한 핵심적인 내용을 설명하는 제16도 이하의 7도 중에 그는 「소학대학도」를 맨 먼저 그려 넣고 있다. 이는 모든 수양의 근간을 『소학』과 『대학』의 내용에 두고 있었기 때문이다. 이 그림의 상단에는 『소학』과 『대학』의 핵심 내용이 대비되어 있다. 즉 『소학』은 放心의 수습과 灑掃應對·六禮 같은 下學의 수련을 통해서 德性을 함양하는 '개인적인 자기 완성'을 지향하는 일로 『대학』은 사회적인 규범을 통찰하고(察義理) 사물의 이치를 밝히며(窮理) 우리 마음을 올바로 함으로써(正心) 자기 인격을 확립하고(修己) 이웃에 봉사하는(治人) '사회적인 차원의 자기 실현'(事業)으로 파악되고 있는 것이다. 그리고 그는 『소학』과 『대학』에서 제시된 규범의 실천은 敬과 誠의 태도가 확립되어야 가능함을 밝힌다. 즉 인간의 자기 완성을 지향하는 『소학』과 『대학』의 내용은 三綱領과 八條目의 구현을 통한 경의 확립으로써 실현될 수 있다는 것이다. 그에 따르면 『대학』의 경은 『중용』의 智仁勇의 三達德과 천도와 인도를 일관하는 誠의 구현을 통해서 실현될 수 있으며, 그 성은 인간의 본성이자 우주와 인간사회의 질서이며 우리가 실현해야 할 규범(性·道·敎)이다. 그는 이렇게 제시된 敬과 誠의 주된 경전적 근거는 바로 『대학』과 『중용』에 있다 하고, 결코 그것들이 둘이 아님을 강조하였다.

이상과 같은 도상들에 나타난 사고들을 근거로 할 때 조식의 「학기도」의 특징은 성리학적인 개념들을 중심으로 도상을 구성하고 있다는 점이 지적될 수 있다. 그리고 이 도상에서 대부분의 개념들은 理·氣, 陰·陽, 天·人, 誠·敬, 精·一 등과 같이 이원적으로 분석되고 있는데 이는 그가 세계를 體用二元論的 사고를 근거로 인식하고 있었기 때문이다. 특히 심성과 수양에 관한 도상들에 집중적인 관심을 표명하고 있다는 점은 그의 학문이 공소한 이론의 탐구보다는 실천을 통한 자기 완성을 지향하고 있었음을 보여준다.

Ⅱ. 退溪 李滉의 人性·物性論

1. 머리말

한국의 성리학은 고려중엽에 수용된 이후 麗末·鮮初의 변혁기에 조선왕조의 통치리념으로 채택됨으로서 발전을 거듭하게 된다. 특히 16세기 중엽인 中宗朝의 趙光祖를 중심으로한 사림파에 의해서 주도된 개혁정치의 이상이 좌절된 후 성리학자들은 禮治主義의 온건개혁 노선을 표방하게 된다. 이 과정에서 禮治를 위한 이론적 근거인 예론에 대한 탐구가 활발하게 전개되었다. 특히 禮論에 대한 형이상학적인 근거를 탐구하는 과정에서 발단된 심성론적인 논쟁의 양상은 한국성리학의 특징적인 면모를 형성하게 된다. 그 중에서 가장 대표적인 논쟁이 바로 '四端七情論'과 '人物性同異論'이다. 그런데 이들 논쟁은 중국의 성리학을 비롯한 기존의 성리학에서 철저히 파해치지 못했던 심성론에 대한 면밀한 분석이 이루어졌다. 그리고 주지하는 바와같이 위의 두 논쟁은 어느 경우나 朱熹(1130~1200)의 이기설과 심성설의 구조에 내포된 이론적인 불철저성을 밝히고 그것을 합리화하는 과정에서 발단되었다.

전자는 理氣의 관계를 '不離'의 측면과 '不雜'의 측면이 있는 것으로 규정하는 朱熹의 理氣說에 입각해서 四端·七情을 해석하는 과정에서 발단된 논쟁이다. 이 논쟁에 대한 연구는 이미 한국성리학 연구에서 매우 활발하게 이루어졌으며 이 논쟁에서 차지하는 퇴계 이황의 위치는 그의 한국철학사에서의 위치를 좌우해 줄만큼 중요함도 해명되었다.1)

후자인 '人物性同異論'은 性에 대한 개념적 정의를 내리는데 있어서 朱熹가 인간과 사물의 성을 내용에 따라 서로 모순된 의미로 언급하는데서 기인한다. 즉 이 논쟁은 朱熹의 性論에 내포된 이론적인 일관성의 결여가 원인이 되어 발단한다. 그러므로 인성과 물성에 대한 논쟁의 가능성은 이 논쟁이 본격적으로 논의된 조선조의 18세기 이전에도 상존하였던 것이다. 그렇지만 한국성리학에서 「인성과 물성의 同異」(人物性同異論)에 대한 논쟁은 18세기 초엽부터 본격적으로 논의되었다.

이 글에서는 16세기의 성리학자인 퇴계가 주자철학이 안고 있었던 이 문제를 어떠한 시각에서 파악하고 있는지를 고찰하려 한다. 물론 이 경우 퇴계의 철학적인 관심이 주로 위에서 지적한 '사단칠정논'에 돌려지고 있는 까닭에 이 문제에 대한 특별한 관심이 미약했다는 점을 고려하지 않을 수 없다. 그런 까닭에 퇴계의 여러 글속에서 이 문제에 대한 시각을 끄집어내어 논의하지 않을 수 없다.

2. 人性·物性論의 발생배경과 그 성격

인물성동이 문제에 대한 논쟁이 발생하게 되는 배경에는 여러가지 복합적인 원인이 존재한다. 그 중에서 가장 근본적인 원인은 주

1) 尹絲淳, 1980, 『退溪哲學의 研究』, 고려대학교 출판부.

자철학 자체에 내포된 性개념에 대한 모순적인 해석이라 할 수 있다. 즉 주희는 유학의 여러 경전들을 주석할때 인간과 사물의 성에 대해 상호 모순된 해석을 하고 있다. 그 대표적인 경우가 『中庸』의 「天命之性」에 대한 주석과 『孟子』「告子」편의 生之謂性에 대한 해석 및 『大學或問』의 주석이다. 주희는 『중용』에 대한 주석에서는 인간과 사물의 성이 같다고 주장하면서 『맹자』와 『대학혹문』에서는 인간과 사물의 성을 서로 다른 것으로 해석하고 있다.[2] 즉 주희는 인간과 사물의 성을 언급할 때 일관성이 결여된 해석을 하고 있는 것이다. 주희의 인성과 물성에 대한 이러한 모순된 해석은 이들 경우 이외에도 다른 경전을 해석하는 도처에서 발견된다.[3] 그 결과 주희철학에 대한 철저한 연구를 통해서 한국의 중세적인 체제를 뒷받침할 수 있는 이념(禮論)을 정립하고자 했던 조선조의 성리학자들의 시각에서 이들 문제를 철저히 논구하지 않을 수 없었다.

특히 17～18세기의 성리학자들은 주희의 학설들에 내포된 이론적 모순점을 깨닫고 그 해결을 시도하였다. 그들은 朱子書에 대한 철저한 검토를 통해서 문헌학적인 연구를 진척시켰다. 이러한 연구의 결과가 宋時烈(1607～1689)에서 시작하여 韓元震(1682~1751)에서 완성되는 『朱子言論同異考』이다. 이 저작은 처음에 송시열이 자신의 제자인 權尙夏(1641~1727)에게 부탁했고, 권상하가 이를 다시 한원진에게 위촉해서 완성된 것이다. 한원진은 『주자언론동이고』를 탈고한 후 그 서문에서

---

2) 윤사순, 1986, 「人性·物性의 同異論辨에 대한 연구」『한국유학사상론』, 열음사, 127쪽 참조.

3) 이애희, 1990, 『朝鮮後期 人性과 物性에 대한 論爭의 硏究』, 고려대학교 박사학위논문, 27쪽 참조.

> 孔子는 生而知之者이므로 그 말에 처음과 나중을 가릴 만한 것이 없다. 朱子는 學而知之者이므로 그 말에 처음과 나중의 같고 다름이 없을 수 없다. 그런데 배우는 자들이 각 각 그 자신의 뜻이 지향하는 바로써 그 말을 취사하여 종종 처음의 말을 나중의 말이라 여기거나 나중의 말을 처음의 말이라 여기는 일이 있게 되어 그 본래 가르키는 것을 잃어버린 것이 많다.[4]

라고 밝히고 있다. 한원진의 언급에서와 같이 당시의 성리학자들은 주희의 학설에 내포된 이론적인 모순점을 깨닫고 그 해결을 시도하였다. 따라서 17~18세기의 성리학자들은 주희의 '인물성론'에 대한 재검토를 시도하였으며, 이 과정에서 각자의 입장에 따라 인성과 물성을 달리 해석하는 논쟁이 발생되었다.[5]

다음으로 지적할 수 있는 요인은 17세기 조선조의 대청관계에서 도출되는 북벌론과 북학론과의 관련성이다.[6] 즉 '인물성동이론'은 심성에 내재된 善의 해명을 통해서 夷狄·禽獸와 구별되는 인간의 존엄성을 확보하며 中華와 이적이 다르다는 華夷論에 입각해서 문화적인 우월의식을 고취함과 동시에 북벌론의 사상적 토대로까지 삼고자 했다.

한편 18세기 중엽을 지나자 燕京으로 사신을 다녀온 동론의 계열을 따르는 학자들을 중심으로 淸朝文化에 대한 긍정적인 사고가 싹트게 됨에 따라 적극적으로 청조문화를 수용할 것을 주장하는 북벌론의 형성을 주도하게 됨을 볼 수 있다. 이는 동론을 계승하는 북학파의 인물인 朴趾源(1737~1805, 호는 燕巖)과 洪大容(1737~1805, 湛軒)의 경우를 통해서 확인된다. 동론자들은 인간과 사물의 성이

---

4) 『南塘集』의 「朱子言論同異攷」에 나오는 序 참조.

5) 이는 후일 壺山 朴文鎬(1846~1918)의 「考亭人物性考」에로까지 연결되어 인성과 물성의 동이를 연구하는 한국의 학문적인 풍토를 심화시켰다.

6) 이애희, 앞의 논문, 6쪽 참조.

동일하다는 주장을 근거로 域外春秋論을 주장함으로써 종래의 中華中心의 화이론을 극복하고 청조문화에 대한 긍정적인 수용을 주장하는 북학론을 정립한다.

3. 退溪의 人性·物性에 대한 견해

1) 理一分殊說

程朱계통의 성리학에서는 太極을 모든 현상적 사물이 생성되는 근원으로 생각하며 아울러 태극을 理라고 파악하면서 모든 존재의 궁극적 원인 내지 원리 및 이유로 간주하므로 인간의 존재근거도 근원적으로는 역시 태극이라고 생각한다.[7] 그리고 그러한 태극으로서의 理는 본체로서의 측면과 현상적인 사물의 본질이라는 두 측면으로 존재하며 그 양자간의 보편적 동일성을 주장된다. 전자에 대한 사고는 『易經』의 「繫辭傳」에서 언급되는 "易에는 태극이 있는데 이것이 兩儀를 낳고 양의는 四象을 낳으며 사상은 八卦를 낳는다"고 하는 내용의 의미이고, 후자의 그것은 "만물은 각기 하나의 태극(理를 말함)을 갖고 있다"라는 언급 속에서 확인된다. 이러한 程朱的 세계관을 계승하는 퇴계 역시 태극을 인간존재를 비롯한 모든 현상의 궁극적 근원으로 생각한다. 아울러 그는 이러한 태극으로서의 理는 현상적인 氣와 달라서 차이가 없는 것이라고 주장한다. 그는 "일에는 크고 작은 것이 있지마는 理에는 크고 작은 것이 없으니 터놓으면 밖이 없다는 것도 리요, 거둬들이면 안이 없

7) 尹絲淳, 1990, 「退溪의 人間觀」 『哲學·宗敎思想의 제문제』 5, 한국정신문화연구원.

다는 것도 理이다. 일정한 곳도 없고 일정한 형체도 없으면서 곳을 따라 분량에 차고 각각 한 끝을 갖추어도 모자라고 남은 곳을 볼 수 없는 것이다"[8]라고 말한다.

결국 이러한 理는 현상적인 기처럼 형체를 갖는 것이 아닌 까닭에 크고 작은 크기를 갖지 않으며, 그렇기 때문에 공간적인 體積도 지니지 않는다. 아울러 理는 내외의 용적을 갖는 것이 아닌 까닭에 일정한 부피를 갖지 않음도 알 수 있다. 현상적인 세계에서는 이처럼 공간과 부피 등의 일정한 형체를 갖지 않을 경우 그러한 존재는 있는 것이 아니라 없는 것이라 하지 않을 수 없다. 그러나 理는 氣와 달리 현상적인 존재가 아닌 존재의 원인·원리인 까닭에 비록 일정한 형체를 갖지 않는다 해도 없는 것(無)이 아니다. 이러한 리의 특성을 설명하기 위해 사용되는 용어가 形而上者이다. 형이상자는 형(形體)을 초월해 있다는 의미를 내포한다. 그렇기 때문에 형이상자로서의 '理'의 특성은 바로 '리'의 보편성을 의미한다.

한편 '리'는 없는 것이 아닐 뿐만 아니라 없는 곳이 없기도 하다. 즉 理는 편재성을 갖기 때문에 어느 특정한 공간만을 차지하는 것이 아니고 특정한 사물에만 국한되는 것만도 아니라고 생각한다. 특정한 사물에 국한되지 않으면서 모든 사물에 존재할 수 있는 까닭은 理 자체가 자기를 개체화 하는 특성을 갖고 있기 때문이다. 즉 리는 전체자이면서 동시에 개체가 되는 특성을 지닌다. 다시 말해서 리는 一者이면서 多者가 될 수 있고, 다자이면서 일자가 될 수 있는 것이 理라는 것이다. 그렇기 때문에 성리학자들은 리는 일자이면서 다자가 될 수 있고 다자이면서 일자가 될 수 있는 가능성

---

8) 『退溪先生言行錄』 卷4, 「論理氣」. "又曰事有大小, 而理無大小, 放之無外者此理也, 斂之無內者亦此理也, 無方所無形體 隨處充足 各具一極 未見有欠乘處<金誠一>"

을 지녔다고만 생각할 뿐만 아니라 일자이면서 동시에 다자이고, 다자이면서 일자이기도 한 것으로 생각한다. 리의 이러한 특성을 성리학에서는 理一分殊라고 설명한다.[9]

퇴계는 理一分殊에 관해 특별히 언급하지는 않고, 『聖學十圖』의 제2도인 「西銘圖」에서 이일분수의 사고를 인용하고 있다. 그리고 앞의 인용문에서 보이는 바와 같이 퇴계는 '리'의 보편성을 특히 강조하고 있다. 그러나 퇴계의 경우 이 사고구조를 본체와 현상 혹은 人性과 物性의 관계 등을 설명하는 틀로 이용하지도 않는다. 그의 경우 전체로서의 태극과 개체 속에 내재된 태극의 관계는 보편적 동일성만 지닌다고 생각할 뿐 별다른 차별성을 지닌다고 생각하지 않는다.[10] 그는 程頤(1033~1107)의 理一分殊說과 주희의 理同氣異說의 원형에 충실할 뿐 율곡의 理通氣局說과 같은 사고를 제시하지 않는다. 그런 까닭에 퇴계는 인성과 물성의 同異에 관한 확고한 견해를 피력하지도 않는다.

2) 인성과 물성을 보는 시각

유학 특히 성리학의 인성론은 『중용』과 『역경』의 사고를 토대로 이루어진다. 『중용』 첫장의 내용인 '天命之謂性'은 바로 그러한 사고의 핵심에 해당된다. 천명지위성이란 말의 의미는 인간을

9) 栗谷은 '理'를 체용관계로 설명함으로서 體로서의 理一과 用으로서의 分殊 곧 '리'에 있어서 一本之理로서의 체와 萬殊之理로서의 용을 말한다. 이러한 율곡의 사고는 本體中의 流行과 流行中의 본체를 함께 봄으로써 一로서의 '리'가 萬殊로서 현현된다는 성리학의 본체와 현상을 설명하는 전형적인 이론구조의 기본틀인 것이다.

10) 주 8) 『論理氣』 禹性傳條 참조.

비롯한 모든 사물은 자연의 법칙(天)에 따라서 생성되는 까닭에 그들이 갖는 본성은 자연법칙과 일치된다는 뜻이다. 그러므로 인성은 일반 사물이 갖는 본성이나 마찬가지라는 뜻이 될 수 있다. 즉 아무리 범주를 한정해서 말한다 할지라도 본성은 적어도 천의 본질과 동질성을 전제할 수 있다는 말이다. 그러한 의미가 성리학에서 운위되는 性卽理의 의미인 것이다. 뿐만 아니라 이러한 의미의 性槪念은 그 배후에 우주자연의 원리로서의 天의 존재를 암묵리에 전제하고 있다. 그렇기 때문에 '천'은 인성의 본체론적 근거가 되기도 한다.

周濂溪를 비롯한 송대 성리학자들은 『역경』의 사고를 토대로 인성의 근거인 '천'을 太極으로 대체한다. 『중용』에서는 모든 생성의 최종근거를 천으로 생각하며, 性은 마음속에 갖추어져 있는 천이라고 생각한다. 『역경』에서는 그것을 태극이라고 생각하며, 태극을 모든 理의 總根源이라고 생각하기 때문에 성도 마음속에 갖추어져 있는 태극이라고 생각한다. 정이는 이러한 사고를 계승해서 성의 근거를 밝혀주는 사고의 일환으로 性卽理를 주장했다. 그는 이를 더 구체적으로 "하늘이 사물에게 부여해준 '하나의 이'(一理)는 만물의 근원인 천(태극)의 측면에서 보면 그 근거가 동일하며(一本이고), 만물의 본질 곧 性이라는 측면에서 보면 온갖 만물의 원리(萬殊)가 된다"는 理一分殊說을 주장한다. 주희는 정이의 이러한 사고를 근거로 우주·만물을 형성하게 한 것이 理이므로, 그것은 전체적·근원적으로 볼 때는 하나라고 하겠지만 개체의 측면에서 볼 때에는 각 사물마다 다 들어 있다고 생각한다. 그의 '總體一太極, 萬物各具一太極'의 주장이 그것이다. 성리학의 인성론의 핵심은 性卽理라는 사고라 할 수 있고, 그 의미는 태극으로서의 리가 사물의 법칙과 인간의 도덕본성으로 본성 속에 갖추어져 있다는 말이다.

태극으로서의 리를 『중용』에서는 中이라 한다. 또한 中을 천하의 大本이라 하고, 그 中이 이상적으로 발현된 상태인 和를 천하의 達道라 한다. 그런데 성리학자들은 이 中을 만물의 性으로 和를 情으로 이해한다. 중은 대본인 까닭에(만물까지도 포함해서) 누구에게나 주어져 있다고 생각된다. 그러나 성이 발현되어 절도에 맞아야 천하의 달도인 和가 될 수 있다. 『중용』의 사고를 따를 경우 모든 사물이 중으로서의 태극을 품수받는 점에서는 차이가 없다고 할 수 있다. 그러므로 성을 해석할 때 이러한 『중용』의 견해를 토대로 할 경우 모든 존재의 성이 동일하다는 결론에 도달할 수 있다.[11]

정주계통의 성리학자들은 인간을 포함한 모든 사물이 '中'을 갖추고 있다는 점을 의심하지 않으며, 그 中을 발현함에 있어서 어떻게 하면 절도에 맞게 발현시킬 수 있는가에 관심을 갖는다. 和의 실현 여부는 中(태극)을 품수 받은 만물 각자의 기질에 따라 달라진다고 생각한다. 그런 까닭에 모든 사물이 중으로서의 본성을 갖춘다는 점에서 보편성은 인정하지만, 和의 구현에 있어서의 보편성은 인정하지 않는다. 즉 성(中)의 本具性을 인정하면서 그 본구된 성을 어떻게 절도에 맞는 화의 상태로 구현하느냐가 과제가 된다. 결국 성리학의 이기설을 비롯한 모든 관심은 수양론의 문제로 환원됨을 알 수 있다.

한편 中 혹은 태극으로서의 性의 의미를 인간에 한정시키지 않고, 사물일반으로 확대하여 말할 경우 인성과 물성의 동이의 문제가 제기될 수 있다. 오늘날과 같은 과학적 · 객관적인 우주 · 자연관의 입장이라면 하등의 문제될 것이 없겠으나 인성을 윤리도덕의 법칙으로 해석하는 성리학의 세계관에서 볼 때 이 문제는 결코 등

11) 윤사순, 주 2) 참조

한시될 수 없다. 특히 유학이 근거하고 있는 三經이나 四書의 문헌 속에 이미 이러한 문제의식이 수없이 표출되고 있기 때문에 이 문제를 심각하게 논의하지 않을 수 없다.

인성과 물성의 동이 문제에 대한 퇴계의 시각은 그의 理氣·心性說의 전반과 관계된다. 퇴계에 의하면 모든 현상적 사물은 어떤 사물이든지 모두 理와 氣의 결합으로 이루어지고,[12] 모든 사물은 그들의 理를 자신 속에 性으로 내포하고 있다고 생각한다.[13]

그런 까닭에 퇴계는 정주계통 성리학자들의 理氣觀에 입각해서 다음과 같이 생각한다.

> 하늘은 즉 理다. 그런데 그 덕이 네 가지가 있으니, 元·亨·利·貞이 그것이다. 원이란 것은 비롯하는 이치요, 형은 형통하는 이치이며, 리는 이룩하는 이치요, 정은 성공하는 이치다. 그러므로, 陰·陽과 五行이 유행하는 즈음에 이 네 가지가 항상 그 중에 있어서 만물을 命하는 근원이 되었다. 이리하여 대개 만물이 음·양·오행의 기운을 받아 형상이 된 것은 원·형·이·정의 이치를 갖추어 성이 되었기 때문이다. 그 성의 조목은 또 다섯 가지가 있으니 仁·義·禮·智·信이다. 그러므로 이 四德·五常은 상하가 한 이치요, 일찍이 하늘과 사람의 사이에 구분이 없다.[14]

이러한 퇴계의 생각대로라면 인간과 사물의 차이를 생각할 수

---

12) 『退溪全書』 1冊, 「答李達李天機」 354쪽. "理氣合而命物"

13) 「答禹景善別紙」, 앞의 책, 749쪽. "所具於事物之理" : 「答蓍姪問目」, 앞의 책, 897쪽. "物物之中 莫不有天然自在之性"

14) 「天命圖說 序」 『退溪全書』 3冊, 140쪽. "天卽理也 而其德有四 曰元亨利貞是也. 蓋元者始之理 亨者通之理 利者遂之理 貞者成之理 而其所以循環不息者 莫非眞實無妄之妙 乃所謂性也. 故當二五流行之際 此四者 常寓於其中而爲命物之源 是以凡物受陰陽五行之氣 而爲形者 莫不具元亨利貞之理以爲性 其性之目有五 曰仁義禮智信 故四德五常上下一理 未嘗有間於天人之分"

없다. 그러나 퇴계 역시 인간과 사물 및 각 개체간의 형체를 비롯한 여러 가지 현실적인 차이를 부인할 수 없다. 그리고 성리학에서는 그러한 차이를 '氣'차이로 설명한다. 퇴계도 이러한 입장에서

> 그러나 성스러움과 우매함 및 사람과 물이 다르게 된 것은 기가 그렇게 함이요. 원 · 형 · 이 · 정이 본래 그러한 것은 아니다.[15]

라고 밝히고 있다. 아울러 그는 "만약(어느 사물이든지 기질지성이 없는 사물은 없다는) 이것을 투철히 알게 되면 천하에 性이 없는 사물이 없음을 알게 된다. 사물이 없으면 비로소 이 性도 없겠지만, 만약 사물이 있다면 公께서 말하였듯이 나무가 타서 재(灰)로 되고 사람이 땅에 묻혀 흙이 되며, 또한 이 재나 흙의 氣가 있으면 곧 재나 흙의 性이 있게 된다"[16]라고 말한다. 性은 인간뿐만 아니라 식물과 무기물까지도 갖지 않는 것이 없다는 것이다. 그런 까닭에 퇴계는 "하나의 리가 (모든 사물에) 고르게 부여되어 있는 것으로 말하면, 어느 물체든지 거기에 天然自在의 性이 없는 것이 없다. 기는 비록 物에 제약되어 서로 다른 양상을 보이지만 理는 기에 구애되어 끝내 없어지지 않는다. 그러므로 만물은 각기 하나의 태극을 갖는다"[17]고 한다.

하나의 理(一理)가 모든 사물에 고르게 부여되며, 리는 기에 구애

---

15) 「天命圖說」, 앞의 책, 3冊, 140~141쪽. "然其所以有聖愚人物之異者 氣爲之也 非元亨利貞之本然也"

16) 「答李宏仲」『退溪全書』2冊, 219쪽. "若於此看得通透 卽知天下無無性之物 除是無物 方無此性. 若有此物 卽如來說 木燒爲灰 人陰(陰去聲佺藏也 記陰爲野土)爲土 亦有此灰 土之氣 卽有灰土之性"

17) 「答蕎姪問目」『退溪全書』2冊, 307쪽. "言一理之均賦 則物物之中 莫不有天然自在之性, 蓋氣雖自隔於物而有異 而不爲氣所有而終無 故曰萬物各具一太極"

되어 없어지지 않는다는 이 말은 매우 미묘한 의미를 내포하고 있다. 이 말은 분명히 리의 편재성을 인정하는 말이다. 그러나 理가 기처럼 사물의 존재 양상에 따라 달라지지 않는다는 말은 아니다.[18] 퇴계를 비롯한 조선조 대부분의 성리학자들은 (리가) 기질 가운데 떨어져 있기 때문에 기질을 따라서 스스로 한 가지 명칭을 갖게 되는 氣質之性을 인정하고 있다.[19] 그런 까닭에 퇴계 역시 성이 기질의 영향을 받는다는 점은 인정한다고 보아야 할 것이다. 다만 퇴계는 그 기질지성을 해석하는 관점에서 本然之性과 이원적으로 분리해서 파악하지 않는다는 점이다. 퇴계의 경우 기질지성이란 기질을 고려해서 언급되는 의미일 뿐이라고 생각한다.[20] 그러므로 기질지성을 기질 속에서 그 영향을 받아 질곡된 것이라는 의미로 파악하지 않는다. 특히 퇴계는 "우리의 性情·形色이라든지 일상 윤리와 같은 것으로부터 천지 만물 및 고금의 사실과 같이 복잡다단한 것에 이르기까지, 진실한 理와 지당한 법칙을 가지고 있지 않은 것이 없다. 곧 이른바 天然自有의 中을 지니고 있다."[21]라고 말한다.

퇴계의 이러한 생각은 이의 보편성·동일성·공통성을 강조하는 입장에서 내려진 결론인 것이다. 이러한 그의 생각으로 미루어

---

18) '없어지지 않는다'는 말은 '달라지지 않는다'는 말과는 다르다. 퇴계가 실제로 이러한 의미를 인식하고 이렇게 말했는지는 알 수 없으나, 이 말은 분명히 우리가 관심을 가지고 음미해 보아야 할 말이다.

19) 앞의 책, 219쪽. "蓋由不知氣質之性 只是此性墮在氣質之中 故隨氣質而自爲一性"

20) 「答李宏仲」『退溪全書』2冊, 219쪽. "蓋性非有二 只是不雜乎氣質而言 則爲本然之性 就氣質而言 則爲氣質之性 今認作二性看誤矣"

21) 「戊辰六條疏」『退溪全書』1冊, 186쪽. "自吾之性情形色 日用彛倫之近 而至於天地萬物古今事變之多 莫不有至實之理至當之則存焉 卽所謂天然自有之中也"

볼 때 이황은 비록 인성과 물성이 동이를 직접 언급하지 않았지만 인성과 물성의 동일성·보편성을 주장하였을 것으로 가정해 볼 수 있다. 실제로 그는 "天의 四德과 五常이 상하의 一理로서 천과 인간 사이에 차이가 없다. 그러나 聖人과 愚人사이에 차이가 있는 것은 氣 때문에 그렇게 되는 것이지 원형이정의 본연적인 성 때문에 그렇게 되는 것은 아니다."[22]라고 말하고 있다. 그러므로 퇴계는 인성과 물성을 동일한 것으로 파악했다고 결론지을 수 있다.[23]

그러나 퇴계에게 "임금과 신하의 이치가 본래부터 내게 갖추어져 있다고 하면 초목의 이치도 또한 다 나와 같다고 할 것입니까?" 하고 물었더니, 퇴계는 "同字를 써서는 안된다. 오직 하나일 뿐이다. 만일 형체가 있는 물건이라면 반드시 저와 내가 있겠지만 理는 본래형체가 없는 물건인데 어떻게 저와 나를 나눌 수 있겠는가?"[24]라고 주장한다. 이러한 퇴계의 생각대로라면 인성과 물성을 同의 의미로 논의할 수 없고 오직 하나 일뿐이라고 생각한다.

4. 맺음말

인성과 물성을 同의 의미로 파악할 수 없다고 하여 同字를 부정하고, 이의 편재성만을 주장하는 퇴계의 생각은 그의 주리설과 理發을 주장하는 견해와 관련시켜볼 때 특별한 의미를 내포한다고 이해할 수 있다. 만약 퇴계가 인성과 물성의 동일함을 인정한다면

22) 주 15) 참조.
23) 尹絲淳, 앞의 책, 183쪽 참조.
24) 「論理氣」『退溪先生言行錄』4권, 218쪽. "問君臣之理, 固具於我 草木之理 亦皆與我同 曰不可不同字 只是一而已 如有形之物 則必有彼此 理無形底物事 何嘗分彼此"

어떤 난점을 예상하였고, 인성과 물성이 다르다고 했다면 어떤 난점이 있겠는가? 이 점에 관해 충분히 음미해보아야 할 것이다. 퇴계의 경우 율곡학파와 같이 성을 기질 속에 내재된 이후의 것으로 해석하지 않고 철저히 性卽理라는 입장에서 성을 해석하고 있다. 즉 본성의 본구성에 대해서는 의심하지 않는다. 그러므로 퇴계의 기본적인 생각은 만물의 성은 동일하지만, 다른 사물은 기질의 차이로 말미암아 그것을 완전하게 자각하고 실현(여기서는 實踐의 의미)하지 못하는 경우가 있다고 생각한다. 즉 금수와 초목의 경우 "한 측면만 뚫려 있거나(或通一路), 완전히 막혀서 불통하기 때문에(全塞不通)"라는 언급에서 알 수 있는 바와 같이 다른 사물의 경우에도 본성의 본구성을 부정하는 것이 아니다. 만약 본구성을 부정했다면 '뚫려 있다'혹은 '막혔다'고 말할 것이 아니라 五性이 없다고 분명하게 말했을 것이다. 이러한 퇴계의 생각은 그가 인간과 사물의 '이'를 언급함에 있어서 『중용』의 견해를 좇아서 천명(理)과 성(五常)을 구분하지 않음으로써 '성즉리'의 관점을 철저화하려는 의도로 보여진다.

Ⅲ. 退溪 李滉의 知識論

1. 머리말

인간은 자연의 일부임에도 불구하고 그 자연과 자신을 대상화할 수 있는 힘을 가진 존재이다. 이러한 힘을 理性(Logos)이라 하며 그에 해당하는 유학(성리학)의 용어는 知 혹은 인간의 내적인 본질로서 知覺이다. 인간은 이러한 힘 곧 理性・智・知覺의 능력을 발휘함으로써 자신과 세계에 대한 통찰로서 知를 소유하게 된다. 그런데 유학에서 추구하는 知는 그 자체의 학문적 성격이 이론을 구성하는 理論知의 성격보다 행위규범을 중시하는 實踐知의 성격이 강한 까닭에 유학에서 운위되는 知(智)는 실천(行)과 분리해서 생각할 수 없다. 『書經』에서 "알기는 어렵지 않으나, 실행하기가 오히려 어렵다"[1]고 한 말은 이러한 유학의 실천을 중시하는 知的인 전통을 잘 대변해 준다. 이러한 전통은 객관적 지식보다 주관적인 실천을 더욱 중요시하는 宋明理學에서 더욱 심화되고 있다. 그 결과 서양철학에서와 같은 인식론(Epistemology)이 본격적으로 형성되지 못했을 뿐만 아니라, 知에 대한 반성적 사고도 철저히 이루어지지

---

1) 『尙書』「說命」中. "知之匪艱, 行知維難"

못했다.

그러나 유학에서도 知에 대한 관심이 전혀 없었던 것은 아니다. 孔子가 知에 있어서 대상의 중요성을 강조한 사실[2]이라던가 孟子가 직각적으로 알 수 있는 능력으로서 良知를 중시한 입장[3]과 지식의 조건, 대상, 한계 등에 관한 고찰로서 비교적 객관적인 知에 많은 관심을 가졌던 荀子의 견해[4] 등은 유학의 知에 관한 대표적 견해들이라 볼 수 있다. 뿐만 아니라 知를 見聞之知와 德性之知로 구분하여 전자를 客觀知로 후자를 實踐知의 의미로 파악하고 있는 程頤(1033~1107)의 경우라든가.[5]『大學』의 格物과『易經』의 窮理를 知의 탐구로 보아 인식이론을 제시하는 朱熹(1130~1200)와 같은 성리학자의 경우[6]도 知에 대한 적지 않은 관심으로 나타나고 있다.

退溪 李滉(1501~1507)도 그가 의거하고 있는 이들 두 성리학자들의 경우와 마찬가지로 격물과 궁리라는 용어로서 자신의 知(認識)의 문제를 밝혀가고 있다. 다만 그의 인식론적 성찰이『大學』의 격물설을 토대로 하고 이루어지기 때문에 궁리보다 격물을 인식의 의미로 많이 사용되고 있을 뿐이다.[7]

본고에서는 퇴계의 그러한 知에 관한 견해를 밝혀보기 위해 知

---

2)『論語』「子路」. "知之爲知之 不知爲不知 是知也"

3)『孟子』「盡心」上. "人之所不學而能者 其良能也 所不慮而知者 其良知也"

4) 鄭仁在, 1980,「荀子의 知識論」『韓國思想』18, 韓國思想硏究會刊, 192쪽.

5)『二程全書』卷25. "見聞之知非德性之知 物交物則知之非內也 今之所謂博物多能者是也"

6)『大學』「致知在格物」:『周易』「繫辭」. "窮理盡性, 以至於命" 참조.

7) 尹絲淳, 1980,「退溪의 價値觀에 관한 硏究」『退溪哲學의 硏究』, 고려대학교 출판부, 172쪽 참조.

에 관한 그의 관심이 표출되고 있는 窮理說・虛靈知覺說・格物說・理到說・知行說 등을 고찰의 대상으로 설정하였다. 이들 이론을 근거로 "知에 대한 입장", "知의 주체", "知의 대상", "知의 실현" 등에 관한 퇴계의 견해를 밝히는 데에 초점을 맞추어 고찰하기로 한다.

2. 知에 대한 立場(見解)

퇴계에 의하면 일체의 사물의 생성은 理氣의 결합으로 이루어진다.[8] 뿐만 아니라 한 사물의 생성은 氣로부터 형체를, 理로부터 본성을 부여받아서 결정된다.[9] 그런 까닭에 모든 사물은 동일한 근원인 天理(太極)를 본성으로 자신 속에 내재하고 있다.[10] 또한 만물은 質差를 갖는 음양오행(氣)의 교감에 따라 각 사물의 형체가 생성되므로 氣의 측면에서 精粗의 다름을 갖게 된다. 즉 인간은 氣의 精하고 通한 바를 稟受하였고, 사물은 偏하고 塞한 것을 타고난다는 것이다.[11] 그러므로 인간과 사물에게는 그들의 받은 바 氣의 精通・偏塞에 따라 여러 가지 구별되는 점이 있게 된다. 특히 그 차이(구별)는 그들의 인지의 차원에서 뚜렷이 드러난다. 인간은 도리를 알고 지식을 갖추는 반면 사물은 간혹 아는 바가 있다 해고 다

---

8) 『退溪全書』 大東文化硏究院刊, 1985年版 1冊, 354쪽. 「理氣合而命物」 (이하 全書라 略稱함).

9) 『全書』, 2冊, 463쪽. "夫人之生也, 同得天地正氣以爲體, 同得天地之理以爲性"

10) 앞의 책, 2冊, 322쪽. "然其所稟來者, 卽太極之理 則豈不可謂各具一太極乎"

11) 앞의 책, 2冊, 128쪽. "答李宏仲"

만 한 길로 통할뿐이라는 것이다.12) 그리고 사물은 지적인 능력 자체를 개선시킬 수 있는 노력도 할 수 없다. 그러나 인간은 스스로의 노력을 통해서 上知·生知의 자질을 갖지 못한 경우라도 지적인 능력을 확충하고 지식을 확대시킴으로써 올바른 인식에 도달할 수 있게 된다. 이 경우 우리 인간이 추구하는 지적인 탐구는 대체로 객관적인 사물에 대한 이론적인 탐구와 우리의 삶을 통해서 실현하게 되는 實用知(實踐知)의 탐구로 대별될 수 있을 것이다.13) 이는 퇴계의 경우 知의 내용을 좌우해 줄 수 있는 인식의 대상을 우주만물의 자연법칙에 해당하는 所以然之理와 인간행위의 당위법칙을 의미하는 所當然之理로 파악되지만 理에 대한 인식의 궁극적인 목적을 居敬이라는 실천성과 결부시키고, '窮理하여 실천에서 證驗해야 비로소 眞知이다.'14)라고 밝히고 있는 사실에서도 확인된다.

이러한 점을 감안하면서 퇴계의 궁리에 관한 견해를 살펴보면 그는 궁리를 '理에 다다른다.'로 해석한다.15) 또한 퇴계는 理를 所以然之故와 所當然之則으로 구분하는 주자의 설을 따르며 故와 則을 모두 理로 해석한다.16) 물론 이때 '理에 다다르는 주체'는 우리의 마음임에 틀림없다. 그런 까닭에 궁리는 우리의 마음이 理를 파악(窮理)함으로써 理에 통달하는 것이며, 그때에 理가 우리 마음에 인지되는 것이다.

朱熹는 "所以然을 알면 知의 惑됨을 면할 수 있고, 所當然을 알

12) 『朱子語類』 卷4. "且如人 … 以其受天地之正氣 所以識道理 有知識 物受天地之偏氣 … 物之間有知者, 不過只通得一路"

13) Aristoteles, *Mataphsic* I · 981b

14) 『全書』, 3冊, 171쪽. "窮理而驗於實踐是爲眞知"

15) 앞의 책, 2冊, 465쪽. "窮至物理"

16) 앞의 책, 3冊, 185쪽. "論所當然所以然是事是理" 참조.

면 行이 乖謬에 이르지 않는다"[17]고 한다. 퇴계 역시 궁리를 이러한 의미로 해석하고 있다. 그는 "窮究하던 일이 혹 要緊處에서 궁구하고 궁구하여 … 쌓이고 쌓여 깊어지고 익어지면 자연히 마음이 점점 밝아져 의리의 實이 점점 目前에 드러날 것이니"[18]라고 말한다.

결국 퇴계는 우리가 궁리하는 목적은 "마음을 밝히고", "행위의 규범(義理)을 밝히기 위한" 이유 때문이라고 생각함을 알 수 있다. 또한 그는 "人心은 體用을 갖추고 있어서 寂感을 포괄하고 動靜을 일관하고 있다. 그러므로 그것이 사물에 未感하였을 때는 寂然不動하지만 萬理가 다 갖추어져 있으니, 心의 전체가 존재하지 않음이 없다. 사물이 감응되지 않으니 遂通하고 品節함에 틀린 것이 없고, 心의 大用이 행하여지지 않는 바가 없다"[19]라고 밝힌다. 이러한 생각에서 心의 본체는 寂然不動한 靜의 상태이지만 虛靈不昧하여 모든 사물의 이치를 갖추고 있는 것으로 心의 大用은 感而遂通하는 動의 측면에서 모든 사물과 감응하는 것으로 파악함을 알 수 있다. 儒學은 마음을 밝히는 노력 자체는 궁극적으로 자각을 통해서 주체적인 自覺知를 터득하려고 하는 데 있다. 이러한 생각은 퇴계가 知의 대상인 理를 만물 속에 있는 것으로 생각함과 동시에 그것을 우리 마음에 갖추어진 理와 별개의 것으로 생각지 않는 데서도 확인된다.[20]

또한 퇴계가 궁리를 통해서 추구하려는 知는 행위규범을 밝힐 수 있는 실천지라고 하는 사실을 주목할 필요가 있다. 그는 "오직 (窮理의 대상이 되는) 理는 알기가 어려운 것이 아니라 행하기가 어렵

17) 『朱子大全』, 卷64. "知其所以然 故知不惑 知其所當然 故行不謬"
18) 『全書』, 1冊, 371쪽 참조.
19) 앞의 책, 5冊, 205쪽 참조.
20) 앞의 책, 1冊, 465쪽 참조.

다. 행하기만 어려운 것이 아니라 참으로 오랫동안 힘쓰기가 더욱 어려운 것이다"[21]라고 했다. 이는 앞에서도 언급된 것처럼 퇴계가 추구하는 知가 결코 객관적 사실에 관한 理論知만이 아니라 우리가 행위를 통해서 실천하고 삶을 통해서 구현해야 하는 주체적인 實踐知라는 사실을 거듭 말해 준다.

3. 知의 主體와 對象

퇴계도 역시 知는 주체인 우리 마음(吾心)이 대상인 사물의 理를 인식하는 데서 성립되는 것으로 생각한다. 그는 "理와 氣가 합하자 곧 지각할 수 있게 되었다. 所覺者는 理이고, 能覺者는 氣의 靈함이다."[22]라고 말한다. 이 경우 能覺者인 '氣의 靈'은 知의 주체이며, 所覺者는 知의 대상인 것이다.

知의 주체에 관한 퇴계의 견해는 虛靈知覺에 관한 이론에서 고찰될 수 있고, 知의 대상에 관한 사고는 窮理說・格物說 및 理到說 등에서 고찰될 수 있다.

1) 知의 主體(心)

퇴계는 "무릇 마음을 말할 경우에는 원래 方寸을 주로 말하는 것이다. 그러나 그 體와 用은 몸통(腔子)을 채우고 우주(六合)를 채운

21) 앞의 책, 1冊, 372쪽. "惟此理非知難而行難, 非行難而能眞積力久爲尤難"

22) 『全書』, 1冊, 597쪽. "理與氣合, 便能知覺, 所覺者理, 能覺者氣之靈"

다"[23]라고 말한다. 여기서 말하는 方寸은 胸中이라고도 하며[24] 마음의 본질이 발휘되는 곳이라고 한다. 이곳을 장소로 몸통과 우주를 채우는 기능을 발휘하고 體와 用의 본질을 갖는 것이 마음이다.

퇴계는 마음은 虛靈不測하기 때문에 사물에 대한 인식 곧 지각이 가능하게 되므로 마음의 虛靈性은 인식(지각)을 성립시키는 능력이라고 생각한다.[25] 퇴계는 "이 마음이 아니면 理氣가 내재될 곳이 없다. 그러므로 우리의 마음은 虛(理)하며 靈(氣)하여 理氣의 합이 된다."[26]라고 말한다. 마음의 虛한 점은 理의 특성으로 이해된다. 그리고 이러한 특성은 知의 문제와 결부시켜 이해하면 寂然不動하여 衆理를 갖출 수 있는 특성으로 이해된다. 그리고 이러한 특성은 知의 문제와 결부된 지식을 축적할 수 있는 가능성으로 해석될 수 있다. 마음의 靈한 속성은 氣의 精爽함에서 유래하는 것이다. 그리고 그것은 融通·柔軟한 성질을 갖는 까닭에 만물에 감응하여 사물의 理를 궁구할 수 있는 능력이다. 이러한 점을 고려할 때 마음은 虛靈한 특성을 갖기 때문에 사물에 대한 인식을 통해서 지식을 획득할 수 있게 된다. 이와 같은 마음의 虛靈性에 근거한 인식을 퇴계는 知覺이라고 한다.[27]

성리학에서 사용되는 지각은 마음의 본질을 의미하는 경우와 마음이 외부사물에 대한 인식하는 것 등의 두가지 의미를 갖는다. 퇴계 역시 지각을 이 두가지 의미로 사용하고 있다. 마음의 본질로서

---

23) 앞의 책, 2冊, 90쪽. "凡言心固皆主方寸而言, 然其體其用, 滿腔子而彌六合"

24) 尹絲淳, 「退溪의 心性觀에 관한 硏究」『韓國儒學論究』, 73쪽 참조.

25) 同上, 81쪽 參照.

26) 『全書』, 1冊, 579쪽 참조

27) 앞의 책, 3冊, 143쪽. "非此心, 無以寓此理氣也, 故五人之心, 虛(理)而且靈(氣)爲理氣之合"

의 지각은 마음속에 갖추어진 心之德인 지각이고,[28] 사물에 대한 인식으로서의 지각은 지각활동 곧 知覺運用之妙로서의 지각인 것이다.[29]

지각의 활동은 지각의 理(心의 理)와 지각의 氣(心의 靈覺性)가 결합・조화될 때 비로소 시작될 수 있는 것이다. 이렇게 볼 때 퇴계에 의해서 주장되는 知의 주체인 虛靈한 마음으로서의 지각은 대체로 우리 마음의 내부지각이며, 외부적인 감각설적인 지각을 의미하는 것이 아님을 알 수 있다. 그러므로 퇴계가 말하는 虛靈知覺은 인식(知)의 주체에 관한 검토로서 운위됨을 알 수 있다.

2) 知의 대상(理)

우리가 무엇을 안다고 할 때 그것은 앎(知)의 주체인 우리의 인식주관이 지의 대상인 객관적인 사물을 인식(知覺)함으로서 가능한 것이다. 이 경우 지의 대상으로서의 사물은 인식론적인 입장에 따라서 상이하게 파악될 수 있다. 즉 감각론적인 인식론에서는 그 대상을 감각자료(sence data)로 보며 관념론・보편실재론적인 인식론의 경우 인식대상을 관념・보편자로 간주하게 된다.

성리학의 인식론적인 입장은 보편자로서 理를 인식의 대상으로 간주한다. 주희는 "대체로 우리의 마음의 神靈함은 지각능력을 갖지 않는 경우가 없고, 천하의 사물은 리를 갖지 않는 바가 없다. 오직 리에 대해서 궁구함이 투철치 못하기 때문에 우리의 知에 미진

28) 앞의 책, 1冊, 579쪽. "知覺知之事 故謂之心之德"
29) 앞의 책, 2冊, 90쪽. "所謂氣之精爽, 先生就兼包中, 而指出知覺運用之妙言"

함이 있다"라고[30] 밝힌다. 주희의 이 언급에서 우리는 인간의 지각 능력은 마음의 신령한 본질이 발휘된 결과이고, 그 지각의 대상은 바로 사물의 리 곧 물리로 설정되고 있음을 알 수 있다. 그리고 그는 인식대상인 物理를 실재하는 것으로 생각하기 때문에 그의 인식론적인 입장은 보편실재론이라고 말할 수 있다.

이러한 주희의 인식론적인 입장에 동조하는 퇴계도 앞에서 고찰한 바와 같이 인식주관(知의 主體)을 神明 · 虛靈한 心으로 간주하며 인식대상은 所覺者로서 理 곧 物理로 파악한다.[31] 그런데 인식대상을 보는 시각에 있어서 퇴계는 格物說의 입장과 理到說의 입장 간에 차이가 있다고 보여지며, 그러한 차이는 그의 格物 · 物格에 대한 해석의 입장을 수정케 하는 계기가 되었다. 뿐만 아니라 양자 간의 차이는 그의 理를 보는 시각의 변화와 함께 인식이론에 관한 태도의 수정도 가져왔다.

(1) 格物說

16세기 조선의 성리학자들 간에는 『大學』의 八條目 가운데 致知在格物과 物格以後知至에 대한 해석을 둘러싼 논란이 야기되었다. 그런데 이 문제는 사물에 대한 인식과 관련된 知의 문제인 동시에 인식대상인 事理의 실재성에 관계되는 객관적 · 실재론적 진리관과 주관적 · 관념론적인 진리관의 갈림길이 되는 중요한 문제라는 것이다.[32]

---

30) 『大學章句』「傳五章」. "盡人心之靈, 莫不有知, 而天下之物, 莫不有理, 惟於理有未窮, 故其知有未盡也"

31) 주 22) 참조.

32) 李相殷, 「退係의 '格物 · 物格說辯疑' 譯解」 『退溪學報』 4, 46쪽 참조.

본래 이 문제는 程朱系統의 성리학자들 뿐만 아니라 陸王系統의 성리학자들도 중요한 관심거리로 삼았던 문제였다. 다만 程朱系의 학자들은 격물을 해석할 대 格은 至로, 物은 事로 해석하여 格物을 인식(知)의 주체인 우리 마음(吾心)이 '事物의 理'를 궁구하여 物理 및 事理에 도달하는 것으로 해석하며, 致知 역시 물리와 사리에 대한우리 마음의 窮至를 통한 파악으로 해석한다. 그러나 陸王系統에서는 格物의 格을 正으로, 物을 事로 해석하므로 格物을 마음을 바로잡는 일 곧『大學』의 誠意와 같은 의미로 파악한다. 그런 까닭에 陸王의 心學에서는 우리의 마음의 외부에 존재하는 객관적인 理에 별다른 관심을 갖지 않는다. 그 결과 陸王系는 인식(知)의 주체와 대상을 관련시킨 知의 문제를 심각하게 논의하지 않는다. 그러나 知의 대상과 주체(主觀)에 관한 이분법적인 사고가 뚜렷이 자각되고 있는 정주계통의 성리학에서는 격물설을 중심으로 한 지의 문제에 대한 논의가 활발히 전개된다.

특히 「격물설」에서 格物과 致知를 해석함에 있어서 한국식의 토를 붙일 때 주격조사인 '是(시)'를 붙이면 無不到의 到하는 주체가 格物註의 경우 物理之極處가 되며,『大學』의 補亡章의 註에서는 衆理之表裏精粗가 된다. 한편 虛所格助詞인 厓에 吐를 붙이면 致(이른다)의 주체가 나 또는 나의 마음이 된다. 그런 까닭에 이런 어귀들을 해석하는 과정에서 是 혹은 厓를 붙이는 것은 피상적인 문법적 문제만이 아닌 인식과 관련된 문제였다.

퇴계는 이러한 점을 감안하면서 이들 어귀를 다음과 같이 주해한다. 그는 '먼저 格物은 物乙(을) 格함'이며, 그 註는 '欲其極處厓, 無不致也'라고 주해했다.[33] 物格은 '物(厓)에 格함'이며, 그 註는 '物理之極處厓(에) 無不致也'로나 '物理之極處是(가) 無不致也'로

33)『全書』2冊, 37쪽. "格物物格俗說辯疑鄭子仲"

해석할 수 있다고 주장한다.[34] 퇴계의 이 주해들에서 논쟁의 대상이 된 것은 물격과 그 주였다.

이 당시 퇴계의 해석을 반대하는 논거는 다음과 같았다.[35]

첫째, 理는 우리의 마음에 있는 것으로서 理와 나는 피차간으로 이분될 수 없는데, 퇴계와 같이 物理之極處 뒤에 厓是(에가)라고 토를 달면 理와 내(나의 마음)가 피차로 이분되므로 부당하다.

둘째, 格物은 衆理融合 곧 격물을 다하고 나서 사물의 理가 다 알려진 경지 다시 말 해서 知至의 경지(功效)인데 物理之極處厓(에)로 토로 달면 工夫(格物)를 뜻하게 되므로 부당하다.

이러한 반박에 접하자 퇴계는 나 혹은 내 마음은 능동적인 궁리・격물의 주체이지만, 理는 그것의 대상이 되는 객체이며 그것은 無情意・無計度・無造作하는 無爲한 것이므로 致의 主體가 될 수 없다고 생각한다. 뿐만 아니라 경험적인 사물의 세계에서는 物我의 구분이 없을 수 없고 격물은 衆理融合한 知至의 상태가 아니라는 등의 논거를 제시하면서 자신의 註解가 정당하다고 주장한다.[36]

格物說에 대한 이러한 해석을 통해서 退溪는 知覺되는 것(所覺者) 곧 知의 客體를 우리 마음의 理와 일치되는 것으로 파악하고자 한다.[37]

---

34) 同上.

35) 同上.

36) 同上.

37) 앞의 책, 2冊, 129쪽. “理雖散在萬物 而實不外一人之心”

(2) 理到說

퇴계는 物을 格하고, 物理의 至極한 곳에 이르게 되는 것은 우리의 마음이라고 생각하는 까닭에 인식(知覺) 과정에서 인식의 대상인 물리가 스스로 나의 마음에 이른다는 理子到說을 인정하지 않는다.[38] 그는 理自到說을 부인하는 논거로서 '理에는 動靜이 있을 수 없다'는 朱晦庵의 理體에 관한 주장을 들고 있다.[39] 그러나 理到說을 부인하게 되면 중대한 난관에 부딪히게 된다. 즉 理到를 부인하면 인식의 과정에서 대상의 능동성·자발성을 전혀 인정하지 못하게 되는 것이다. 그러므로 인식은 인식(知覺)의 주체인 마음의 활동에 따라서만 이루어질 수 있는 것으로 생각한다. 만일 퇴계의 관심이 객관적인 知만을 탐구하는데 있다고 하면 理到說을 인정하지 않아도 별 문제가 될 것이 없다. 그러나 그의 知에 대한 관심은 주로 虛靈의 결과로 나타나 不測·不昧한 상태 곧 無知·無明의 상태를 벗어나는 自覺知의 탐구에 돌려지고 있다. 그러한 知는 모든 사물에서 그 所當然과 所以然을 窮究하고 그것을 沈潛·反復·玩索·인식하기를 오랫동안 계속하는 客觀知의 탐구를 통해서 하루아침에 자기도 모르게 시원스레 도달되는 '豁然貫通의 知'라는 것이다.[40] 그리고 이러한 豁然貫通의 知는 대상세계에 대한 全知이며[41] 그것은 객관적인 대상을 하나씩 궁구하는 인식망을 통해서 도달되는 것이 아니라, 인식주체인 우리 마음이 비약적으로 성숙됨에 따라 대상이 그 마음속에 비추어져 들어옴으로서 가

38) 앞의 책, 1冊, 465쪽. "答奇明彥" (別紙) 참조.
39) 同上.
40) 『全書』 1冊, 190쪽. 「戍辰六條疏」.
41) 尹絲淳, 앞의 책, 37쪽 參照

능한 것이다. 그런 까닭에 퇴계는 인식대상의 자발성·능동성을 인정하지 않을 수 없었던 것이다.

퇴계는 마침내 그의 理에 대한 실재론적인 사고를 반영하고 있는 理의 體用說을 적용하여 理도 用의 측면에서 보면 動靜이 있을 수 있다는 논거를 제시하고 理到說을 시인한다.[42] 사실 이와 같은 理到說을 인정하기 위해 받아들이게 되는 理用의 합리화에는 그의 四·七說에서 理發을 인정할 때와 같은 상당한 난점이 있을 수 있다.[43]

그러나 理到說을 시인함으로서 인식대상인 理의 객관성과 능동성인 자발성이 인정되며, 豁然貫通의 全知의 가능성이 확보되는 셈이다. 퇴계는 이 全知의 가능성을 확보하기 위해 예상되는 여러 가지 난점을 무릅쓰고 理到說을 시인하였던 것이다.

4. 知의 實現

퇴계는 인간의 완성을 모든 학문적 탐구의 궁극적인 목표로 설정한다. 따라서 그는 객관적인 지식보다 행위규범을 밝혀 주는 實踐知·智慧의 탐구에 더 많은 관심을 갖게 되는 것이다. 퇴계에 의하면 그와 같은 知慧를 제공해 줄 수 있는 학문은 마음에 근본을 두며 사물에 貫通할 수 있어야 한다[44]는 것이다. 퇴계는 그러한 학문을 聖賢之學 혹은 聖學이라 부른다. 그리고 퇴계는 그와 같은 學問(知慧)을 실현할 수 있는 방안으로서 居敬과 窮理를 제시한

42) 주 38)과 같음.
43) 尹絲淳, 앞의 책, 203쪽 참조.
44) 『全書』 2冊, 334쪽, 「傳習錄論辯」. "且聖賢之學, 本諸心而貫事物"

다.[45] 居敬은 그 어원이 말해주듯 居處敬·執事敬과 知의 實踐으로서 行과 깊은 관련성을 갖게되고 窮理는 知의 探究와 관계된다.

1) 知의 探究方法(窮理)

다른 성리학자들의 경우와 마찬가지로 퇴계는 知를 탐구함에 있어서 '知란 어떻게 이루어 지는 것인가?'하는 知(認識)의 기원에 관한 문제보다 '知를 어떻게 이룰 것인가?'하는 知의 탐구방법의 문제에 더 깊은 관심을 표명한다. 퇴계가 밝히는 知의 탐구방법은 格物窮理이며 그 구체적인 方法은 대체로 두가지로 요약될 수 있다.

첫째 대상을 자의로 안배하고 분석하여 羅列하지 않으면서 자연스럽게 按近하고 관찰하는 卽物觀理의 방법이다.

둘째 일정한 대상의 일면만을 파악하지 않고 대상의 전체를 파악하는 周悉의 방법이다.

2) 知의 實踐方案(居敬)

퇴계는 "理는 알기가 어려운 것이 아니라 行하기가 어렵다"라고 했다. 뿐만 아니라 그는 "知는 行을 떠나서 생각할 수 없고, 知의 완성은 行을 떠나서 생각할 수 없기 때문에, 知의 완성은 궁극적으로 그 실천(行)을 통해서 가능하다"라고 하는 유학의 일반적 사고를 투철히 信奉하면서 知行의 관계를 밝히고 있다. 퇴계는 먼저 인간의 본능적·무의지적·감각적인 행동(形氣之所爲)과 윤리적 행위(義

---

45) 『全書』 3冊, 171쪽. "自省錄:答李叔獻"

理之行)를 구분하는 입장에서 앎과 실천이 함께 추구되어야 한다는 (知行幷進說)을 주장함으로서 주체적인 實踐知야말로 참다운 知(眞知)가 될 수 있다고 주장한다.

그러므로 퇴계 입장에서 볼 때 窮理를 통해서 도달된 知는 바람직한 방안으로 실천되어야 한다. 퇴계는 그러한 知의 실천방안을 居敬에서 찾고 있다. 그는 "程子와 朱子가 거경과 궁리 두 말로서 萬世를 위한 大訓을 세웠다."라고 말한다. 뿐만 아니라 퇴계는 거경을 궁리 곧 지적인 탐구의 선행조건으로 파악하기도 한다. 사실 퇴계에 있어서 거경은 궁리와 함께 학문의 조건이 될 뿐만 아니라 일신의 주재자인 心을 主宰함으로서 모든 행위를 올바르게 이끌수 있는 방안이 되며, 그것은 마음을 항상 覺醒狀態에 있게 하는 存養과 講習應接할 때는 규범(義理)을 생각하고 행동할 때는 인욕의 기미를 살피는 省察을 통해서 도달되어 진다는 것이다.

4. 맺음말

격물과 궁리라는 두 용어로 知의 문제를 밝히는 퇴계는 인간의 행위와 관련된 규범적인 實踐知의 탐구를 지적탐구의 궁극적인 목표로 설정했다.

또한 그는 知의 주체를 우리 마음의 內部知覺인 虛靈性을 갖는 마음(心)으로 파악한다. 그리고 知의 대상인 理에 관해 格物說에서는 理의 객관적 실재성을 확고히 했고, 理到說에서는 인식대상인 理의 객관성과 함께 능동적인 자발성까지를 인정함으로서 豁然貫通의 全知에 대한 가능성을 확보케 했다. 아울러 퇴계는 자신이 제시한 實踐知・全知를 실현하기 위한 방안으로서 窮理와 居敬의 방법을 제시했다. 궁리는 知에 대한 탐구방안으로서 卽物觀理와 朱悉의 방법으로 이루어지며, 거경은 知의 실천방법으로서 存養과 省察의 방법으로서 구체화될 수 있었다.

이상과 같은 퇴계의 견해를 통해서 볼 때 그는 유학의 지적인 전통에 굳건히 서서 인격완성을 위한 知의 탐구를 염원했다는 사실을 확인할 수 있다.

Ⅳ. 葛庵 李顯逸의 四端七情論

1. 머리말

李玄逸(字는 翼昇, 號는 葛庵, 仁祖 5년(1627)~肅宗 30年(1704))은 조선조의 성리학이 退溪 李滉과 栗谷 李珥의 性理說을 바탕으로 하여 퇴계학파와 율곡학파로 분화되는 시기인 17세기를 살면서 퇴계학파의 중심인물로 활동한 학자였다. 그는 비록 「栗谷四七書辨」에서 '율곡을 酷論한 것은 독자로 하여금 자못 그의 공평을 의심하게 하는 동시에 실망의 느낌을 가지게 한다.'[1] 라는 평가를 받을 정도로 이황의 성리설에 지나치게 얽매인 나머지 성리학의 학문연구에 별다른 독창성을 발휘하지 못하였으나 퇴계학파의 학문을 계승하여 발전시켜 나가는 과정에서 主理說에 입각한 퇴계의 학설을 철저화하고, 主氣的인 율곡의 학설을 비판함으로써 17세기 중엽 이후 조선조의 성리학에 남긴 그의 영향은 절대로 과소 평가될 수 없다.

본 논문에서는 위와 같은 이현일의 조선조 성리학사에서 차지하는 중요성에 비추어 먼저 그의 학문적 계보를 살펴봄과 아울러 그의 사상 체계를 개관해 보고자 한다. 다음으로 그의 이기설적인 입

---

1) 玄相允, 『朝鮮儒學史』, 254쪽.

장을 살펴본 후 四端七情說 및 그와 관계되는 人心道心說에 관한 이론을 고찰해 보고자 한다.

그런데 이현일의 경우 자신의 성리설을 체계적으로 논술한 경우는 별로 없고 주로 퇴계설에 대한 옹호와 율곡설에 대한 비판이라는 시각에 따라 각 이론을 전개하고 있음으로 그의 학설을 고찰하기 위해 이황과 이이의 이론에 대한 개관이 선행될 수밖에 없다. 아울러 그의 문집은 비록 방대하고 사단칠정에 관한 문답서가 적지 않게 수록되어 있으나 사단칠정과 그에 부수되는 학설에 대한 그의 입장이 가장 명확하게 드러나는 글은 「栗谷李氏論四端七情辨」과 「愁州管窺錄」이라고 할 수 있기 때문에 이 두 편의 내용을 중심으로 하여 고찰함을 밝혀둔다.

2. 學統과 思想體系

16세기 후반을 지나 17세기에 들어오면서 조선조의 성리학은 이황과 이이의 성리설을 철학적 입장의 준거로 삼아 계승하고 발전시켜 학파를 형성하였다. 그로 말미암아 이 시기의 학자들은 성리설의 활발한 토론과 다양한 이론을 제기하고 있지만 이황과 이이로 대표되는 두 입장의 어느 쪽에 속하는가에 따라서 그들의 학문적 위치와 계보가 판단될 수 있게 되었다. 이황의 理氣互發說 내지 理優位論의 입장을 主理論이라 하고, 이이의 氣發理乘一途說 내지 理氣渾融說을 주장하는 입장을 主氣論으로 나누는 분류법이 있어 왔다. 이들 양측의 성리설의 대립된 차이는 그 문하의 추종자들에 의하여 성리학적인 학파의 분화까지를 가져왔다. 그리고 학문적인 견해의 차이를 계기로 학파의 분화와 더불어 정치적인 당

파의 분열이 일어났고 그렇게 되자 학파의 분열양상은 더욱 심화되어 갔다.2)

李滉의 학설을 따르는 학파의 학자들은 주로 영남 지방에 거주하였으며, 黨色으로는 東人에 많이 속하였고, 李珥의 추종자들은 기호지방에 거주하면서 西人에 많이 속하게 됨으로써 조선조의 성리학에서 영남학파와 기호학파의 양대 주류를 형성하고 전개되어 간다. 영남학파의 경우, 이황의 문인들 중에서 趙穆(호는 月川, 1524~1620), 金誠一(호는 鶴峰, 1538~1593), 柳成龍(호는 西厓, 1542~1633), 鄭逑(호는 寒岡, 1543~1620) 등이 가장 잘 알려진 대표적인 제자들로서 퇴계 이후의 영남학파는 이들의 계열을 잇는 제자들에 의해서 자체의 학문적 발전을 주도한다. 더욱이 仁祖反正 이후 曺植(호는 南冥, 1501~1572)의 서부영남학파의 학통이 붕괴되자 조식의 문인들로서 이황의 문하에서도 수학한 바 있는 정구나 金宇顒의 제자들이 이황의 학통에 편입됨에 따라서 영남학파는 이황의 문하를 중심으로 발전되었다. 특히 이들 학통 중에서 김성일의 계통과 유성룡의 계통은 영남학파의 대표적인 학통을 형성하였다. 전자는 虎溪書院이 중심이었던 관계로 虎派로 후자는 屛山書院이 중심이었던 까닭에 屛派라 불린다.3)

조목은 『小學』을 존중하여 모든 경전의 출발점이라 하고 聖人을 이루는 뿌리와 기반이 갖추어져 있다고 보았으며, 『소학』을 知와 行의 두 글자로 집약된다고 이해함으로서 아는 것과 함께 실천의 중요성을 강조하는 유학본래의 지행합일관과 조선 전기의 도학사상의 학맥을 재흥시켰다. 또한 정구는 禮學에 탁월한 인물이었던 까닭에 퇴계학파에서 예학의 발전을 주도하였다.

2) 琴章泰・柳東植, 『韓國宗教思想史』 2-儒教・基督教 篇-, 101쪽.
3) 같은 책, 103쪽.

유성룡은 마음을 신체의 주인으로 보며 靜은 主이고 動은 宰라고 해석하고 우주에서 中은 主이고 和는 宰라고 구분하고 있다. 그는 主宰를 몸을 다스리고 성품을 수양하는 오묘한 방법이라 강조하여 수양론의 원리는 주재를 확고히 하는 데 있다고 역설하였다. 아울러 그는 王陽明의 致良知說이나 '지행합일설'을 비판하여 정주학적 심성설에 따른 수양론과 왕양명의 心學的 수양론 사이의 차이점을 극명하게 밝혀 주었다. 그의 문하에 鄭經世(호는 愚伏, 1563~1593)가 나와 학통을 이어감으로써 김성일의 계통과 병립하여 발전해 갔다.

김성일은 이황의 제자 가운데 대표적인 학통을 형성하였던 인물이다. 그는 문집이 남아 있으나 대부분이 시문이나 언행록이고 학문적인 경향을 알 수 있는 내용이 불충분한 까닭에 사상적인 특징을 파악하기에는 미흡하다. 다만 그의 문하에서 많은 제자들이 배출되어 퇴계학파의 중심적인 학통을 형성하고 있다. 그의 학문은 張興孝(호 敬堂, 1564~1633)에게 전해졌고, 그에게서 시작된 학설은 외손들인 李徽逸(호 存齋, 1619~1672)과 그 동생인 葛庵 李玄逸(1627~1704)에게 전해지면서 주리설에 입각한 퇴계학파의 중심적인 학맥을 형성하게 된다. 그의 학설은 다시 아들 李栽(호 密庵, 1657~1730)에게 전해지고, 이재의 학설은 또다시 외손인 李象靖(호 大山, 1710~1781)을 거쳐 南漢朝(호 損齊, 1744~1810), 柳致明(호 定齊, 1777~1861) 등을 거쳐 金興洛(호 西山, 1827~1899)으로 연면히 전승되었다. 이러한 학통의 전승관계에서 알 수 있듯이 이현일은 영남학파의 학맥을 이어 후진에게 전하는 중추적 역할을 하였다. 이현일은 이황의 학설을 지지하면서 다른 학설을 비판하였고, 그를 통하여 자기의 학설을 밝힘으로써 영남학파의 입장을 정립하는 업적을 남겼다.

李玄逸은 현재의 盈德郡 蒼水面 仁良洞에서 출생하였고, 肅宗

30年(1704)에 卒하니 享年 78세였다. 만년에 安東의 臨河面 綿詔洞에 옮겨살며 후진 양성에 힘써 퇴계학파의 학문발전에 큰 업적을 남겼다. 일찍이 외조부인 경당 장흥효에게 수학하였으며 도덕적 실천을 위한 성리학에 힘써 그 이론을 더욱 심화시켰다.[4)]

이현일의 핵심적인 성리학설은 『文集』 권18의 雜著 가운데 「栗谷李氏論四端七情書辨」과 권 19의 잡저 가운데 「愁州管窺錄」에 실려 있다. 그가 62세 때 저술한 「율곡이씨논사단칠정서변」은 成渾과 토론한 李珥의 四端七情論辨書를 19조목으로 비판한 내용이다. 이 글에서 그는 이이가 이황의 성리설을 비판한 내용을 인용한 후 주리설의 입장에서 다시 비판한다. 먼저 그는 사단을 칠정에 포함시키는 이이의 입장을 渾淪說로서 개념적인 혼란에 빠졌다고 비판하며 이원론적인 분별론을 주장하였다.[5)] 또한 理의 발현을 부인하는 이이의 주장에 대하여 理가 발현할 수 없다면 그러한 理는 공허한 것이 되고 모든 변화의 근원이 될 수 없다고 반박한다. 또한 그가 69세 때 유배지에서 지은 「수주관규록」은 이이에 대한 비판뿐만 아니라 자신과 견해를 달리하는 柳成龍(호 西厓, 1552~1607)·李德弘(호 艮齋, 1541~1591)·張顯光(호 旅軒, 1554~1637) 등 같은 이황의 학통에 대해서도 그들의 성리설을 이황의 주리설과 비교하여 비판하고 있다. 그는 주리론의 입장에서 理는 도덕적인 가치의 기준이며, 만물생성의 근원이 된다고 하였다. 즉 천지만물의 변화가 모두 이 理에 의하여 주재되므로 마땅히 理로서 인간사회의 도덕적 기초를 삼아야 한다고 보았다. 사단과 칠정도 그 所從來의 근본이 다르기 때문에 理가 爲主되는 사단을 말할 때는 반드시 氣가 爲主되는 칠정과 대립시켜 보아야 한다는 이원론적 입장을 견지하

4) 李玄逸, 『葛庵集』 「年譜」.
5) 琴章泰·柳東植, 앞의 책, 104쪽.

였다. 또한 人心과 道心도 비록 같은 心의 지각에서 비롯되지만 人欲과 天理의 분별이 있으므로 마땅히 나누어 보아야 한다는 입장에서 율곡설을 비판하였다.

이현일의 학문은 성리학설에 국한되지 않았고, 또한 이론만을 탐구한 것이 아님은 그의 여러 저술과 실행을 통하여 잘 나타나 있다. 성리학적인 학문적 관심 이외의 이현일의 학문 세계를 보여주는 저작은 『洪範衍義』이다. 28권 13책의 방대한 저술인 이 책은 원래 그의 둘째형인 李徽逸이 34세이고 이현일이 26세 때 공동 편찬으로 착수되었으나 끝마치지 못하였던 것을 그의 60세 되던 해에 완성한 것으로 이 책 가운데는 성리학적인 통치원리를 담고 있어서 조선조 후기의 실학사상과도 상통하는 부문이 많다. 영인 간행된 『葛庵全集』에는 싣지 않은 이 책은 『尙書』 「洪範」편의 九疇의 의미를 부연 설명한 것으로서 天下經論의 大經大法을 밝힌 것이다.6)

또한 「新編八陣圖說後」에서는 隋唐代의 문장과 기법을 중시하기 때문에 文과 武가 두가지로 갈라져 서로 일방만 고수하게 되어 經綸體國之道와 兵謀師律之要를 터득하지 못하였으므로 한번 국가의 변고를 만나면 그것을 구축할 道理를 몰랐으니 비통할 일이라 개탄하고 있으며 이에 그는 草芽에서 讀書明農의 여가를 틈타서 兵家要法을 취하여 한질을 만들었다고 하였다. 이러한 내용을 고려해 볼 때 갈암의 학문은 성리학설뿐 아니라 정치, 경제, 군사 등에 걸쳐 관심 영역이 광범위한 것이었다.7)

이현일이 관리로서 사환의 길에 들어선 것은 다른 학자들에 비해 매우 늦은 52세에 召命으로 工曹正郎에 특채되면서 시작된다.

---

6) 『葛庵集』 「解題」, 5쪽(여강출판사, 1986).
7) 같은 책, 같은 쪽.

그 후 大司憲과 資憲大夫議政府右參贊 및 吏曹判書 등으로 임명되어 두루 高官의 벼슬을 역임하지만 仁顯王后를 私第로 쫓아내는 폐비사건이 발단함에 따른 정쟁의 과정에 휘말림으로서 己巳換局(1689)과 甲戌換局(1694)의 정쟁의 소용돌이 속에서 유배로 연속되는 생애를 마쳐야 했다. 사후에도 復官과 환수를 거쳐 純宗 2年(1908)에 최종적으로 복관되어 文敬이라 시호를 받게 되었다.[8] 이러한 그의 관료로서의 생애는 17세기의 퇴계학파의 남인과 율곡학파의 노론의 정파적 대립의 단면을 보여주며 퇴계학파의 정통적인 학통을 잇는 것으로 자부하였던 그로서는 피할 수 없는 길이었을 것이다. 그의 많은 문인들 가운데 權斗經(호 蒼雪齋, 1654～1726)・權斗紀・權榘(호 霽山, 1684～1747)・金聖鐸(호 霽谷, 1672～1749) 등이 저명하나 그의 학통은 아들은 李栽에게로 이어진다.

3. 理氣互發說의 옹호

1) 理發說의 옹호

퇴계의 理氣相須互發을 지지하는 학파로서 주로 영남 지방에서 발달한 학파가 主理派이다. 앞에서도 밝힌 바와 같이 율곡 이이는 이황의 理發을 부정하고, 다만 氣發만 인정함으로서 사단칠정론은 물론이요 나아가서는 천지의 생성 변화도 氣가 發할 때 理가 그 氣를 타고 이행된다(氣發理乘)라고 하여 氣는 理의 부림(使之)이 없이도 機自爾로서 음양동정하기 때문에 理가 거기에 乘之한다고

---

8)『갈암집』「年譜」.

主張하였다.[9] 그런데 이러한 율곡설을 공격하여 퇴계의 '理氣는 상호 發現한다'는 이른바 互發說을 옹호하기 시작한 것은 퇴계가 죽은 약 100년 후에 등장한 이현일이다. 그는 이이의 주장처럼 理가 氣를 부리지 않는데도 氣가 홀로 動靜한다면 그러한 理는 虛無空寂하므로 萬化의 근원이 될 수 없다고 생각한다. 그런 까닭에 그는 "무릇 理는 비록 無爲이지만 실로 만화의 樞紐이요 品彙의 근저가 된다. 만약 李氏(율곡)의 설과 같다면 그러한 理는 다만 虛無空寂한 것이어서 萬化의 근원이 될 수 없으므로 홀로 陰陽氣化만이 縱橫顚倒하여 그 造化를 이룩한다는 것이니 또한 그릇됨이 아닐까"[10] 라고 말한다. 또한 이현일은 太極을 理로 해석하는 정주계통의 성리학인 이황의 학설을 따르는 까닭에 "太極은 造化之樞紐요 品彙之根柢이다. 그러므로 태극은 動靜之理(原理)를 함유하고 動靜之德(作用)을 俱有하는 것이니, 一陰一陽하는 것을 道(理)라 말한 것이다"[11] 라고 언급한다. 그는 黃幹의(호 勉齋, 1152~1221) 설을 인용하여 理는 감각될 수 없는 추상적인 것이기는 해도 실제로는 모든 우주적인 변화와 실재하는 것들의 근거인 까닭에 陰陽氣化에 乘載만 하고 있는 것이 아니고, 진실로 음양기화를 主宰하는 것이며 理(太極)는 스스로 動靜하는 자체라고 주장한다.[12] 또한 이현일은 이러한 자신의 주장을 朱熹의 학설을 논거로 제시함으로서 확고히

---

9) 『栗谷全書』 卷9, 「答成浩原書 : 四」. "氣發而理乘者 陰靜陽動而機自爾也 非有使之者也…是故天地之化吾心之發 無非氣發爾理乘之也."

10) 李玄逸, 『갈암집』, 권18, 16 - (6), "夫理雖無爲 而實爲造化之樞紐品彙之根柢 若如李氏說 則此理只是虛無空寂低物不能爲萬化之原 而獨陰陽氣化從橫顚 以行其造化也不亦謬乎."

11) 『갈암집』, 권19, 「愁州管窺錄」, 5 - (9). "太極是造化之樞紐 品彙之根柢 是故太極含動靜之理 具動靜之德 所謂 一陰一陽之謂道也"

12) 『갈암집』, 권18, 17 - (1). "太極是理 陰陽是氣 然理無形氣有迹 氣旣有動靜 則所乘之理安得謂之無動靜"

하고자 한다. 그는 주희의 "理에 동정이 있기 때문에 氣에 동정이 있다. 만약에 리에 동정이 없다면, 기에 어떻게 동정이 있을 수 있겠는가?"[13] 라고 한 말과 黃幹이 말한 "태극은 이 리이요, 음양은 기이다. 그러나 리는 무형이요, 기는 有迹이다. 기에 이미 동정이 있으니, 실린 바의 리에 어찌 동정이 없다 말할 수 있으리오?"[14] 라고 한 말을 논거삼아 理發, 理動의 근거를 확립한다.

2) 氣發理乘一途說의 비판

율곡 이이는 퇴계 이황의 互發說을 주장하는 근거는 "사단은 內에서 發하고 七情은 밖에서 생긴다고 생각하는 때문이다"[15] 라고 파악한다. 內는 理로, 外感이라는 것이다. 그러므로 이이는 "반드시 느낌이 있어야 움직이는 것이다. 느끼는 바는 外物이다. … 천하에 어찌 밖에서 느끼지 않고 안으로부터 스스로 發하는 情이 있겠는가?"[16] 라고 반문한다. 이러한 이이의 생각은 두말할 필요없이 외부의 감촉은 氣이고, 기가 아니면 감촉이 있을 수 없다는 뜻이다. 그리고 외부 감촉은 사단의 경우이든 칠정의 경우이든 모든 의식 활동(情)의 기본이라고 생각하는 까닭에 모든 인간의 의식활동은 기가 발현할 때 리가 그 기를 타는 형태로 이루어진다는 氣發理乘一途說을 주장하게 되는 것이다. 이현일도 의식 활동은 外感에

---

13) 『朱子全集』 권56. "理有動靜故氣有動靜 若理無動靜理何自而有動靜乎"

14) 주 12) 참조.

15) 『율곡전서』 권10, 「答成浩原書二」. "竊詳退溪之意 以四端爲由中而發 七情爲感外而發"

16) 같은 책, 권9, 「答成浩原書:一」. "必有感而動 而所感皆外物也 天下安有無感而由中自發"

의한 촉발에 따라 이루어짐을 반대하지 않지만, 그는 이황이 결코 이이의 생각처럼 "사단은 外感에 관계없이 心中으로부터 自發한다고 생각하지는 않았다"고 주장한다. 그는 퇴계가 奇大升에게 보낸 서신에서 밝힌 호발설에 입각한 사단과 칠정의 해석은 그 문맥으로 보아 결코 사단의 發을 外感이 없는 內發만으로 해석하지 않았다고 주장한다. 그는 "퇴계가 사단이 사물에 감응해서 발동하는 점은 실로 칠정과 다르지 않지만, 사단은 理가 發할 때 氣가 따르며, 칠정은 기가 발동할 때 리가 그것을 타는 것이라고 했으니, 외부의 감응에 관계없이 심중에서 自發한다는 말씀을 하시지 않으셨다. 李氏는 어디에 근거를 두고 이와 같은 황당무계한 주장을 하는가?"[17] 라고 말한다. 이어서 그는 "孟子도 본래 '어린 아이가 우물에 빠지려는 것을 보고 깜짝 놀라고 측은해 하는 마음을 갖게 된다'고 했으니, 심중의 理가 감촉에 따라서 발동한다는 뜻을 분명히 했다. 그리고 老先生(이황)도 결코 맹자의 본래 의도와 다른 모순된 이론을 주장하려 하시지 않았다."[18]고 주장한다.

그러나 이이는 외감에 의한 의식의 발현을 믿고 이황이 사단을 잘못 해석하였다고 믿는 까닭에 위의 언급에서처럼 사람의 心은

---

17) 『갈암집』 권18, 10・(8). "今按老先生所與奇大升書 則有曰四端感物而動固不異於七情 但四則理發異氣隨之 七則氣發而理乘之 未嘗有不待外感由中自發之語 則李氏何從而 得此無稽之言乎." 이와 같은 李玄逸의 見解대로 李滉이 과연 理의 自發을 主張하지 않았는가? 하는 문제는 再檢討가 필요하다. 尹絲淳 敎授는 그의 論文 1980, 「退溪哲學의 性格」 『退溪哲學의 硏究』, 고려대학교 출판부, 230쪽에서 "체용설적 합리화를 적용하여서라도 기와 대립하는 理에 자발, 自做하는 능력을 인정하려는 퇴계이다." 라고 밝힘으로써 退溪가 理自說을 主張하였고, 그점이 退溪의 四七論이 갖는 중요한 意義라고 지적한 바 있다.

18) 같은 책. "孟子本以孺子入井 而有朮慽惻隱之心 明在中之理 隨觸而發之義 老先生固不應背却孟子本義 而向別處做出葛藤之說也"

반드시 느낌이 있어야 움직인다고 한다. 이때 느낌의 원인이 곧 理이며, 性인 것이다. 이 느낌이 곧 情인데, 정의 總名이 칠정이다. 그런데 느끼게 하는 바는 외물이다. 외물이 없이는 느끼지 못한다. 정이 발하는 것은 자연히 발하는 것이 아니라, 외물에 접촉되어야 정이 나타나는 것이다. 만약 이때 외물에 감촉되지 않고 안으로부터 나오는 정이 있다고 한다면, 그것은 사람의 眞情이 아니라고 주장한다. 따라서 안으로부터 느끼지 않고 나오는 정은 있을 수 없다. 사단이 理發이라 함은 밖에서 느끼지 않고 안으로 스스로 나오는 것을 말하는 것인데 이는 그럴 수 없다는 것이다. 왜냐하면 "사단을 밖에서 느끼기를 기다리지 않고도 안에서 스스로 나온다 하면, 이것은 부모가 없어도 孝를 잘할 수 있고, 임금이 없어도 충성을 잘할 수 있으며, 형이 없어도 공경을 잘할 수 있다는 말이다. 이것이 어찌 사람의 眞情이겠는가?"[19] 라고 반문하게 된다. 결국 율곡은 사단이나 칠정이 모두 氣가 發하는데 理가 타는 것(氣發而理乘之)이라고 주장하며, "대체로 정이 발할 때 발하는 것은 기요 발하는 까닭은 리이다. 기가 아니면 발할 수 없고 리가 아니면 발할 까닭(所以)이 없다."[20] 라고 말할 뿐만 아니라 다시 自註를 달아 "發者 이하 23字는 성인이 다시 나오시더라도 바꿀 수 없다."[21]고 확언한다. 이러한 이이의 확신에 찬 주장은 理氣는 원래부터 渾淪無間하여 그 先後가 없고 離合이 없는 것이라는 점을 믿는 데 있다. 만약 理氣가 선후가 있게 된다면, 離合이 있게 되고 이합이 있게 된다면, 동정도 끝이 있게 되고 음양도 처음이 있게 된다. 리는 太極이

---

19) 『율곡전서』 권9, 「答成浩原書:一」. "今若以不待外感 由中自發者爲四端 是無父而孝發 無君而忠發 無兄而恭發矣 豈人之眞情乎"

20) 같은 책. "大抵發之者氣也 所以發者理也 非氣則不能發 非理則無所發"

21) 같은 책. "發之以下二十三字 聖人復起 不易斯言"

며 기는 음양인데, 만약 理發이라 하면 태극이 動한다는 뜻이 되니 태극과 음양이 서로 動한다는 뜻이 된다. 음양의 동정은 본래 누가 시켜서 동정이 있는 것이 아니요, 그 음양의 기틀이 스스로 동정을 갖는 것이지만 그 동정하게 되는 이유는 리인 것이다. 이때 리는 동정의 원인이지 스스로 동정하는 것은 아니다. 그러나 理發이라 하면, 그 동정의 원인이 또 동정을 하게 되니 호발론이 성립될 수 없다[22]는 것이다. 율곡은 이와 같이 퇴계의 '四端理發而氣隨'를 비판하고, 오직 氣發而理乘一途만을 인정한다. 그리고 우리 마음도 氣發而理乘이라는 근거를 천지조화에 準據하여 "天地造化가 곧 吾心之發이다"[23]라고 말한다. 결국 율곡에 의하면 천지조화도 역시 氣가 변화할 때 理가 타는 것이다. 그런데 천지조화가 氣發의 理化가 있다면 우리의 마음도 理發氣發이 있다 하겠지만 이미 천지의 조화에 理發氣發이 없는데 어떻게 理發이 있을 것이냐는 생각이다. 우리의 마음은 이미 리와 기를 합하여 된 것이다. 그러나 이 마음이 감촉하는 작용은 기의 작용이고 이 기의 작용은 동시에 원인으로서의 리가 없으면 발할 수 없는 것이다. 이처럼 천지의 조화도 理氣에 의하여 이루어져 氣化하듯, 우리의 마음도 리기로 이루어졌기 때문에 '氣發理乘'이라고 말하는 것이다.[24] 이러한 이유 때문에 이이는 이황의 사단과 칠정에 대한 호발설적인 해석을 반대하는 것이다.

그러나 이이의 이러한 주장에 대해 이현일은 리기는 서로 떨어질 수 없는 관계에 있지만, 역시 구분되어야 하는 두 가지 실체임을 들어서 그 구분과 함께 理의 발현을 주장함으로써 栗谷의 '氣

22) 같은 책, 「答成浩原書 三」 참조.
23) 같은 책. "天地之化 卽吾心之發"
24) 같은 책. 「答成浩原書, 三」 참조.

發理乘一途說'을 부정한다. 그는 리기에 대한 2원적 구분을 염두에 두고 그 개념을 道와 器로 환원해서 파악한다. 즉 그는 "무릇 形而上者를 道라 하고, 形而下者를 器라 한다. 그리고 태극과 음양은 두 가지 이치라고 할 수 없다. 그러나 형상이 없음과 氣가 있는 점으로 말하면 道와 器를 구분하지 않을 수 없다"[25] 라고 말한다. 아울러 그는 朱子의 견해를 예로 들면서 "태극은 음양속에 있는 것이지 음양을 떠날 수 있는 것이 아니다. 그러나 태극을 말할 경우 태극은 태극이고, 음양은 음양이며, 性과 心도 역시 그러하다. 이른바 하나이면서 둘이고, 둘이면서 하나인 것이다"[26] 라고 주장한다. 이러한 그의 생각은 理氣를 분명한 두 가지 실체로 구분함으로써 모든 현상적 변화와 운동에는 이기의 동시적 관여가 이루어져야 함을 강조하며, 그를 통해서 理發의 당위성을 확보하고 나가서 이이의 氣發理乘一途說을 부정하려는 의도가 내포되어 있다고 생각된다. 그는 다시 "天의 陰陽氣化와 인간의 血氣軀殼은 모두 형이하자이며, 뒤섞여서 찌꺼기가 있을 수 있기 때문에 造化가 진행될 때 여름의 寒氣와 겨울의 熱氣 등의 변화가 있을 수 있고, 그에 따라서 생성되는 인간과 사물의 경우도 厚薄과 善惡의 차이가 있고 인간의 마음이 발현될 때도 中節과 不中節의 차이가 있으며 食色의 욕구를 충족시키고자 할 경우도 물욕에 탐익되어 욕구 자체를 상실하게(化物窮欲) 되니 왜 그렇게 되는가? 於穆不已의 命과 純粹至善의 性은 사실상 善하지 않는 바가 없으나, 음양과 태극에 어떻게 形而上下의 구분이 없고 인심과 도심이 未發의 상태라고 해서 어떻게 근거와 맥락이 없을 수 있겠는가?"[27]라고 주장한다.

---

25) 『갈암집』 권18, 4・(14). "夫形而上者謂之道 形而下者謂之器 太極陰陽不可謂有二理 然以無形與有氣言之 則不能無道器之分"

26) 같은 책. "故朱子曰太極在陰陽中 非能離陰陽也 然至論太極 則太極自是太極 陰陽自是陰陽 惟性與心亦然 所謂一而二 二而一者也"

대체로 그의 위와 같은 생각은 氣의 시작은 비록 理에서 연유하지만 그것이 이미 發하면 동정이라고 말하여 기의 독자성을 주장하는 이이의 주장에 대해 理의 主宰性을 강조하려는 데 있음을 알 수 있다. 그러므로 그는 기의 발현에 직접 관여하지 않는 리는 유명무실한 것이고 그와 같은 리를 주장하는 이이는 리의 의미를 알지 못한다고 비판하기를 서슴지 않는다.[28] 아울러 그는 이이가 이황의 호발설을 理氣에 分合과 선후가 있는 것으로 해석하는 생각에 대해 리기의 양자는 서로 그들 가운데 있다는 말인데, 이는 퇴계의 말을 제대로 이해하고 조용히 숙고할 줄 모르는 병폐로 말미암아 오해를 초래하였다고 주장하며[29] 理氣互發說의 정당성을 옹호하고자 했다.

결국 이현일은 理와 氣는 이합도 없고 선후도 없으나 사단과 칠정은 그 所從來의 根柢가 각기 있으므로 그것을 혼동하거나 혼합해서는 안된다는 입장에서 율곡의 氣發理乘一途說과 理無發說을 반박하는 것이다.

---

27) 같은 책. "若天之陰陽氣化 人之血氣軀殼 皆是形而下 而雜以查滓 故造化之施 或有夏寒冬熱之變 而所生人物 便有厚薄善惡 人心之發 或有中節不中節之差 而食色攻取 至於化物窮欲 此何爲而然哉 於穆不已之命 純粹至善之性 固無有不善 而以氣化騰倒 好惡無節 而有此常變淑慝之分也 夫然則豈可爲 陰陽太極終無形而上下之殊 而人心道心 果無根柢苗脈於未發之前耶"

28) 같은 책, 6 - (13). "蓋其意以爲氣之始 雖自理發 及其旣發則動靜云爲機自爾也 而理無與焉 殊不知理之所以爲理者"

29) 같은 책. "李氏又譏老先生 理氣互有發用之說 謾罵虛喝前後重沓 然竊詳老先生當日所論 則以二者相須互在其中爲說 初無理氣有分合先後之意 而李氏勒加把持障斷 人話頭亦可見其不能盡乎人言 從容玩索之病也."

4. 四端七情說의 내용

주지하는 바와 같이 퇴계학파에서는 이황의 理氣互發說 내지 理優位論의 입장을 견지하는 까닭에 주리론이라 불리운다. 원래 이황은 測隱·毒惡·辭讓·是非의 사단과 喜怒哀懼愛惡欲이라는 칠정을 이기설적으로 해석할 때 처음에는 "사단은 리가 발현된 것이고, 칠정은 氣가 발현된 것"30) 이라고 주장했으나, 기대승으로부터 "사단과 칠정을 理氣에 分屬시켜서 별개의 情이라고 할 수 없지 않는가?" 라는 반문이 제기되자, 사단은 "리가 발현할 때 기가 따르는 것이고, 칠정은 기가 발현될 때 리가 (그 氣를) 타는 것"31) 이라고 자신의 처음 주장을 수정했다. 이러한 이황의 수정해석은 사단과 칠정을 待對로 파악하려는 입장을 강화하기 위한 의도에서 착안된 해석으로서 주희 이후의 理氣決是二物論과 理氣不可分開論에 토대를 두고 있으나 理氣決是二物論에 편중된 해석으로서 理氣를 不相離(不可分開)로 해석하는 관점과는 모순됨을 벗어날 수 없다. 그런 까닭에 이 해석 속에는 성리학의 기본 전제와 배치되는 이율배반성이 내재되어 있다. 그럼에도 불구하고 이황은 "(體用說의 立場에서 보면) 理에도 用으로서의 발출(發現)이 있다32)고 주장함으로서 사단과 칠정에 대한 호발설적 해석을 합리화하려고 한다.

그러나 이러한 이황의 理의 체용설에 입각한 주장도 당시의 성리학자들간에 일반적으로 통용되고 있는 위의 기본전제를 충족시

---

30) 改訂「天命圖」,「天命圖說」및「論四端七情第一書」. "四端理之發 七情氣之發"

31)「聖學十圖」및「論四端七情第二書」. "四端理發而氣隨之 七情氣發而理乘之."

32) 尹絲淳,『退溪哲學의 硏究』, 55쪽 참조.

켜 줄 수 없었다. 그 결과 사단을 리의 발현(發出)이라고 주장함으로써 '본성의 자발적인 발현'을 역설하며, 그를 통해서 윤리 도덕적 행위가 우주의 理法과 인간의 본성이 조화되는 본성의 발현에 의해서 이루어짐을 밝힘으로써 본성에 대한 자각과 그를 통한 주체적인 인격의 함양을 주창하고자 하였던 이황의 의도[33]에도 불구하고 그 철학 체계에 내포된 모순점들에 대한 논쟁이 계속될 수밖에 없었다.

한편 퇴계의 '理氣互發說'을 승인하지 않는 율곡 이이(1536~1584)는 그의 氣發理乘一途說의 입장에서 사단과 칠정을 모두 氣發로 해석한다. 뿐만 아니라 그는 理와 氣는 一物도 아니고, 二物도 아닌 一體兩面으로 해석하는 관점에 따라서 "發하는 것은 氣이고, 發하는 까닭은 理이다"[34]라고 해석함으로써 理發을 부정하며 오직 氣發만을 주장하는 氣發理乘一途說을 주장한다. 이러한 理氣에 대한 해석을 토대로 하여 사단의 정이 따로 있는 것이 아니라 칠정 중의 善한 부분이 곧 사단이라는 '七情包四端說'을 주장하게 된다. 즉 이이는 사단과 칠정의 관계에 대해 "정은 하나인데 사단으로 말하고 칠정으로 말하는 것은 오로지 리만을 말할 때와 기를 겸해서 말할 때의 차이가 있다. … 사단은 칠정을 다 겸하지 못하나 칠정은 사단을 포함할 수 있다."[35]고 규정한다. 이와 같은 李珥의 생각은 칠정 역시 인간의 구체적인 정감임을 인정하고 그것이 비록 선악의 두 가능성을 지니는 정감이지만, 그것을 지나치게 부정적인 것으로 간주함으로써 인간의 구체적인 감정의 세계가 거세될 것을 우려하며 그로 말미암아 윤리도덕적인 허위의식에 사로잡히고 감정이 매

33) 같은 책, 216쪽 참조.
34) 『율곡전서』 권10, 「答成浩原書 二」. "發之者氣也 所以發者理也"
35) 같은 책, 권9, 「答成浩原書一」. "情一也 而或曰四或曰七 專言理兼言氣之不同也 是故 … 四端不能兼七情 而七情則兼四端"

말라 버린 인간을 초래함으로써 형식적 禮式主義의 사고를 낳게 될 것을 경계해 주는 의의를 지녔다고 해석될 수 있다.

위와 같은 사단칠정에 대한 理氣說的인 해석은 앞에서도 언급했듯이 퇴계 이황의 사후 100여년이 경과한 17세기 중엽부터 주리파와 주기파의 학파적 분화까지를 불러오면서 본격적인 논쟁으로 등장한다. 주리파에 해당하는 영남학파(퇴계학파)의 중심 인물인 이현일은 이이의 사단설을 비판하기 위해 「율곡이씨논사단칠정서변」을 저술하였다. 갈암의 「율곡이씨논사단칠정서변」은 퇴계의 이기호발설에 입각한 사단칠정설을 옹호하고 율곡의 氣發理乘一途說을 비판하는 내용이다. 이 글의 내용은 종래 이황과 기대승·이이와 성혼의 경우처럼 사단과 칠정을 체계적인 이론 구조로 해석하는 과정을 밟지 않고 이이가 언급한 내용을 인용한 후에 그 내용에 대한 비판을 시도하고 있다. 19조로 나누어 논평의 형식으로 전개되는 이 論辨書의 전체적인 내용의 구성은 율곡의 학설을 실질적으로 능가하거나 만족할 만한 설득력을 갖춘 이론은 못된다. 단지 퇴계의 학설을 철저히 신봉하고 그 철학적 의미를 주리설의 입장에서 밝히려고 하였을 뿐이다.

1) 七情包四端說의 비판

이현일은 이이가 사단과 칠정을 인심과 도심처럼 대비해서 파악할 수 없다고 주장하는 견해와 칠정은 사람의 정 전체를 뜻하고 사단은 그 善한 측면만을 의미한다고 해석함과 아울러 칠정이 사단을 포괄하는 것으로 주장하는 견해를 인정하지 않는다.[36] 그는 "칠

36) 『갈암집』, 권18, 2 - (12) 이하 참조.

정은 性에서 말미암는 욕구이다. 그러나 形氣의 觸發과 대상에 따라서 우러나는 것이기 때문에 절도의 유무와 中節과 不中節의 차이가 있게 된다. 사단은 氣를 타고서 발현하지만 인의예지의 性으로부터 직접 발현되기 때문에 맹자가 말한 '자기의 성정에 따라서 한다면 善해질 수도 있다'[37]라는 말과 같다. 그러나 대체로 그 소종래를 따질 것 같으면 각기 주목할 점이 있다. 근본의 입장에서 그 발현되지 않은 점을 볼 것 같으면 一途이지만 발현된 후 善의 측면만을 지적해서 말하면 사단이다. 그런 까닭에 사단과 칠정은 개념화할 때 혼동해서 견강부회해서 一說로 볼 수 없다"[38]고 주장한다. 결국 그는 칠정이 사단을 포괄하는 것으로 해석하는 기대승이나 이이의 견해를 따를 수 없다는 것이다. 그리고 이현일은 이러한 자신의 견해를 확고히 하기 위해 주희의 사단과 칠정에 대한 해석 중에서 자신의 주장과 부합되는 내용을 논거로서 제시한다. 그에 의하면 주희는 "喜怒는 인심이고, 惻隱·羞惡·辭讓·是非의 마음은 도심이다"[39] 라고 했다는 것이다. 이러한 주희의 언급을 근거로 할 때 "주자는 사단과 칠정을 인심과 도심으로 대비해서 말하는 것이다"[40] 라고 주장한다. 즉 이현일은 주희마저도 칠정(喜怒)을 인심으로 사단을 도심으로 해석하여 양자를 대비해서 파악하고 있는데 칠정과 사단을 엄밀히 구분하지 못할 이유가 없다는 것이다.

---

37) 『孟子』, 「告子 上」. "乃若其情則可以爲善"

38) 『갈암집』, 권18, 2·(6). "愚謂七情固是性之欲 然却觸形氣緣境而生 故有有節與無節中節與不中節 四端固是乘氣 而發 然以其直出於仁義禮智之性故曰 … 蓋其所從來各有所主 自其根本而已 然初非發則一途而旣發之後 擇善一邊而爲四端也 愚故曰四端七情立言命意自不和蒙不必牽引配合而强爲一說也"

39) 같은 책, 8-2-(11). "朱子曰喜怒人心也 惻隱·羞惡·辭讓·是非道心也"

40) 같은 책, 2-(14). "朱子固 以四端七情分屬人心道心 而相對說下矣"

그러나 이이는 사단과 칠정을 인심과 도심처럼 대비해서 파악할 수 없을 뿐만 아니라 本然之性과 氣質之性의 관계를 밝힐 때 "본연지성은 기질을 兼하지 않고 말한 것이고, 기질지성은 바로 본연지성을 兼한다"[41]고 파악하며, 아울러 "기질지성은 바로 본연지성을 겸하기 때문에 사단은 칠정을 겸할 수 없으나 칠정은 사단을 겸할 수 있다."[42] 라고 주장한다. 이러한 이이의 주장에 대해 이현일은 이이의 주장과 같이 해석한다면 그 실례를 제시하고 그와 같이 주장을 하여야 할 것이라고 말한다. 아울러 그는 이이가 사단과 칠정을 무리하게 동일시하려는 견해의 불합리성을 간파하고, "왜 인의예지의 단서를 血氣・勞攘・人欲・膠擾 등에서 찾으려 할 것인가?"[43] 라고 반문하면서 사단과 칠정은 맹자와 자사가 전혀 다른 측면에서 해석한 까닭이 있다고 주장한다. 그리고 맹자가 사단을 따로 언급한 의도는 사단이 인의예지의 발현임을 밝히고자 한 까닭에 氣(곧 칠정)에 대해서는 언급하지 않았다는 것이다. 그리고 주자는 이와 같은 맹자의 의도를 충실히 파악했던 까닭에 사단을 주해할 때 기품에 관계되는 칠정에 대해서는 언급하지 않고, 天命을 도출해서 말함으로써 인간의 본성이 선함을 밝히려 하였을 뿐이라는 것이다. 그런데 맹자의 사단설을 자의로 해석함으로써 칠정이 사단을 겸하고 사단과 칠정이 모두 氣發이라고 주장할 수 있는 증거라고 생각한다면 이는 주자의 뜻에 어긋나는 해석이 된다는 것이다.[44] 그러나 이이는 인간의 惻隱・羞惡・辭讓・是非 등

41) 『율곡전서』, 권9, 「答成浩原書 一」. "本然之成不兼氣質之成則却兼本然之成"

42) 같은 책. "氣質之成則却兼本然之成 故四端不能兼七情 七情則兼四端"

43) 『갈암집』, 권18, 3 - (4). "何必强爲牽合 壽覓仁義禮智之端於血氣勞攘人欲膠擾之中乎"

44) 같은 책, 권18, 3 - 13. "今必曰七情兼四端 欲明四端七情同爲氣發之驗

의 사단의 감정을 확대 해석하여 칠정 속의 선한 측면들임을 밝히려 하였다. 예컨대 그는 "무릇 인간의 감정은 기뻐해야 할 때는 기뻐하고(喜), 상례(喪)에 임하면 슬퍼하고(哀), 혈육에게는 慈愛의 情을 느끼고(愛), 이치를 보면 궁구하려 하며 賢者를 만나면 그와 같아지려고 하는(欲) 것은 仁의 단서이다. 또한 화낼 일이 생기면 화를 내고(怒), 싫어할 일이 생기면 싫어하는(惡) 것은 義의 단서이다. 존귀한 사람을 만나면 그를 존중(畏懼)하는 것은 禮의 단서이다. 또한 기뻐하고 화내고 슬퍼하고 존중할 대상에 대해서 그렇게 할 줄을 알고 그렇게 해서는 안 되는 줄을 아는 것은 또한 智의 단서인 것이다"[45]라고 말했다. 이와 같은 이이의 사단에 대한 범위를 넓힌 해석은 사단과 칠정을 일관된 인간의 감정으로 해석하려는 의도에서 내려진 해석임을 알 수 있다. 이이의 "이러한 善端의 발현을 일일이 다 열거할 수는 없으나 대개 이와 같고 칠정 밖에 사단이 달리 없는 것이다."[46]라는 언급은 그의 의도를 잘 대변해 준다. 그러나 맹자의 사단을 좁은 의미의 선의식으로만 해석하는 이현일의 생각은 이이의 위와 같은 사단에 대한 확대된 해석을 용인할 수 없다. 이현일은 자신의 사단과 칠정을 엄격히 구분해야 한다는 주장을 확고히 하기 위해 주희의 해석을 제시한다. 그에 의하면 "주희도 이미 '칠정을 사단에 분속시킬 수 없다'라고 하였다. 그러므로 '칠정과 사단은 대등한 위치에 있으며, 소종래가 다른 까닭에 각기 주장하는 바가 있다. 그러므로 혼동할 수가 없으며 억지로 비유해

其亦異乎朱子之旨矣"

45) 같은 책. "夫人智情當喜而喜 臨喪而哀 見所親而慈愛 見理而欲窮智 見賢而欲齊之者仁之端也 當怒而怒 當惡而惡義之端也 見尊貴而畏懼之者 禮之端也 當喜怒哀懼 知其當喜怒哀懼 又知其不當善怒哀懼者 智之端也"

46) 같은 책. "善端之發 不可枚擧 大槪如此 七情之外更無四端矣"

서 합할 수 없다."[47]는 것이다.

그러나 이이는 『中庸』에서 희로애락만을 언급했을 뿐 사단을 거론하지 않았음을 지적하면서 子思가 인간의 善한 본성을 언급하지 않을 리가 없는데 칠정만 언급하고 사단을 언급하지 않은 것은 칠정이 사단을 포함하므로 칠정만 언급해도 사단에 대한 언급이 내포되기 때문에 사단에 대한 언급을 굳이 하지 않은 것이라고 결론짓고, 칠정이 사단을 포함한다고 주장하였다. 그러나 이현일은 이러한 주장은 타당한 것같으나 그렇지 않다고 반박한다. 그는 자사와 맹자가 칠정과 사단을 언급한 데에는 각각의 의도가 있다고 생각한다.

이현일에 의하면 "子思는 인간의 情을 전체적으로 말함으로써 마음이 未發한 상태에서는 한 가지 이치가 渾然하지만 그것이 발현된 후에는 眞妄이 나누어진다는 것을 밝히고자 했다."[48]는 것이다. 그러나 "맹자는 선한 정만을 뽑아서 언급함으로써 性만을 언급하였을 뿐 기질은 언급하지 않았다. 이는 우리들로 하여금 마음의 본래 상태(原流)가 모두 선함을 알게 하고자 하는 데 있었다."[49]라고 주장한다. 이러한 그의 주장의 배후에는 이이가 칠정이 사단을 포괄한다고 주장하는 데 대한 반론을 제기하려는 의도가 깔려 있다. 그런 까닭에 "자사의 학설은 자사의 학설이고 맹자의 학설은 맹자의 학설이어서 그 의미가 서로 같지 않다"[50]는 것이다. 그런데

47) 같은 책. "七情不可分屬四端 七情自於四端橫貫過了 蓋其所從來各有根柢 所以爲說 各有地頭 不可混而同之"

48) 같은 책, 권18, 12 - (1). "蓋子思是渾淪言之 以明未發之前一理渾然 旣發之後眞妄始分"

49) 같은 책, 12 - (2). "孟子始挑出言之 只論其性不及氣質 要人見得源流皆善"

50) 같은 책. "子思說自是子思說 孟子說自是孟子說 語意自不相蒙"

"맹자가 자사가 말한 희노애락 중에서 선한 측면만을 택해서 사단이라고 했다고 한다면 맹자의 독창성이 인정될 수 있겠는가"[51]라고 반문한다. 아울러 그는 "맹자가 性善만을 언급한 것은 그 주장에 있어서 각각 경우들이 다른 것이다. 그런 까닭에 천착을 해서 해석하지 말아야 한다"[52]라고 주장한다. 결국 자사의 생각과 맹자의 생각은 같을 수 없으며, 사단과 칠정은 서로 다른 의미를 지니는 인간의 감정이라는 것이 이현일의 생각임을 알 수 있다. 그러므로 칠정이 사단을 포괄하는 것으로 해석할 수 없다고 생각하는 것이다. 그리고 이현일은 "칠정과 사단을 대비해서 말하기 때문에 主理와 主氣의 구분이 있게 된다"[53]고 주장한다.

2) 互發說的 해석의 옹호

사단을 純善한 인간의 정감으로 해석하고 칠정을 선악이 확정되지 않은 감정 혹은 두 가능성을 다 내포한 감정으로 해석하는 퇴계의 생각은 규범적인 인간의 의식을 여타의 욕구적인 의식 곧 칠정과 구분함으로써 인간의 규범의식에 대한 자각을 유도하고자 하는데 있었다고 할 수 있다. 그런 까닭에 그는 사단을 선의 원천인 理로부터 발현되는 것이라고 해석할 수밖에 없었던 것이다. 그 결과 사단은 리와 관련된 순선한 것이고, 칠정은 氣와 관계된 有善惡한 것으로 해석하는 입장을 끝까지 포기할 수 없었다고 생각된다. 이

51) 같은 책. "若孟子只就 子思所說喜怒哀樂中 擇取善一邊而爲四端 則其誰曰孟子專指其發於理者言之 而爲發前聖所未發乎"

52) 같은 책. "孟子却只說得性善 其所言地頭 各自不同 必要去牽合便成穿鑿"

53) 같은 책. "今以七情對四端說 故爲有主理主氣之分也"

러한 퇴계의 견해가 바로 "사단은 리가 발현함에 기가 따르고 칠정은 기가 발하는데 리가 탄(乘)다"[54]라는 해석이고, 고봉으로부터 수많은 반론에 직면하면서도 끝까지 이 입장을 포기하지 않았고 주희의 언급 가운데서 자신을 뒷받침해 주는 견해를 발견하자 자신의 해석을 확신하기까지 하였던 것이다.[55]

그러나 이이의 입장은 理氣說에서도 드러나는 바와 같이 理發을 인정할 수 없었던 까닭에 "(칠정에 관한 해석인) 기가 발하는데 리가 탄다고 하는 말은 옳다. 그러나 칠정만 그러한 것이 아니라 사단도 기가 발하는데 리가 타는 것이다"[56]라고 주장한다. 뿐만 아니라 이이는 "주자의 '理에서 發한다(發於理)', '氣에서 發한다(發於氣)'라는 말의 참다운 의미는 '사단은 리만을 말하고 칠정은 기를 兼해서 말해야 한다'라는 말이지, '사단은 리가 먼저 發하고 칠정은 기가 먼저 발한다'는 말이 아닌 것이다"[57]라고 해석한다. 이러한 이이의 해석은 이황의 "四端理發而氣隨之 七情氣發而理乘之"를 해석함에 있어서 '理發而氣隨之'를 '理先發而氣後發'로 해석하는 데서 연유한 해석이다.[58]

---

54) 「聖學十圖」 및 「論四端七情第二書」. "四端理發而氣隨之 七情氣發而理乘之"

55) 자신의 해석에 대한 확신은 退溪가 朱熹의 "四端理之發 七情氣之發"이라는 언급을 확인한 후에 이루어진다.

56) 『율곡전서』, 권10, 「答成浩原書 二」. "所謂氣發而理乘之者可也 非特七情爲然 四端亦是氣發而理乘之也"

57) 같은 책. "朱子發於理發於氣之說 意必有在 亦不過曰 四端專言理 七情兼言氣云爾 非曰四端則理先發 七情則氣先發也"

58) 이이는 '氣發而理乘之'는 인정하면서 '理發而氣隨之'는 '理先發而氣後發'로 해석하여 理氣에 先後를 인정하게 되는 결과라고 비판한다. 『栗谷集』, 권10, 「答成浩原書 二」. "若理發而氣隨之說, 則分明有先後矣 此豈非害理乎" 그러나 엄밀히 따진다면 "理發而氣隨之"의 '隨之'만 發現으로 해석할 수 있는 것이 아니라 "氣發而理乘之"의 '乘之'도 발현

그러나 이황의 호발설의 입장을 따르는 이현일은 '理發而氣隨之'를 '理先發而氣後發'로 해석하는 이이의 해석에 동의할 수 없다. 이현일은 먼저 이이의 해석에 대해 주희가 정말로 "사단은 리만을 말하고 칠정은 기를 겸해서 말해야 한다"고 생각했다면 "사단은 리만을 말하는 것이며 칠정은 氣를 겸해서 말하는 것이라고 말했을 것이지, 하필 사단은 리의 發이고 칠정은 기의 發이라고 불분명하게 말했겠는가?"[59]라고 반론을 제기한다. 아울러 그는 호발설을 주장하는 이황의 주장을 나름대로의 논거를 제시하면서 理氣先後로 해석한 것이 아니라고 주장한다.

이이는 이황의 사단에 대한 해석인 '理發而氣隨之'에 대해서 "理가 발현할 때 氣가 따른다는 주장은 분명히 理氣에 선후를 인정하는 말이니 이 말은 어찌 이치에 어긋나는 말이 아니겠는가?"[60]라고 비판했다. 그러나 이현일은 먼저 '理發而氣隨之'나 '氣發而理乘之'의 경우 어느 경우든지 理發과 氣發이 동시에 이루어지는 것이지 결코 선후의 시차를 가지고 발현되는 것이 아니라고 주장한다. 그는 "무릇 리가 발현할 때 기가 그것을 따르는 것이 '태극이 동해서 양을 생성하고 靜해져서 음을 생한다'고 말하는 것과 같다. 리가 동하자 기가 곧 따르는데 어찌 선후의 간격이 있다고 말할 수 있겠는가?"[61]라는 사실을 지적한다. 즉 『太極圖說』에서 태극이 동정함과 음양의 생성이 선후의 간격을 두고 이루어지는 것이 아니

으로 解釋해야 한다.

59) 『갈암집』, 권18, 7 - (6). "四端專言理 七情兼言氣云爾 則其言闊疎無情理 若朱子之意果出於此 則其命辭措語必不如此 安有欲說四端專言理七情兼言氣之故 而謂四端是理之發 七情是氣之發乎."

60) 『율곡전서』 권10, 「答成浩原書 二」. "若理發氣隨之說 則分明有先後矣 此豈非害理乎"

61) 『갈암집』 권18, 7 - (20). "夫所謂理發而氣隨之者 猶太極動而生陽靜而生陰之謂也 理動氣便隨之 豈猶先後之可言乎"

라 동시적으로 이루어진다는 사실이다. 이러한 사실에 비추어 볼 때 사단과 칠정에 대한 互發說的 해석이 결코 理氣를 선후로 구분하는 오류에 빠지지 않는다는 것이다. 아울러 이현일은 "주자가 말하기를 '태극이 動해서 양을 생성하고 靜해서 음을 생성한다는 것은 동한 후에 양이 있게 되고 정한 후에 음이 있게 되어서 완전히 두 단락이 있고, 이것이 있은 다음에 저것이 있다는 것을 말하는 것이 아니다'라고 말했다. 이 말은 그 표현이 확연히 분명해졌으니 '理發氣隨가 이합과 선후가 없다는 의미에 대한 명증이라 할 수 있지 않겠는가?"[62]라고 주희의 견해를 인용하여 사단칠정에 대한 호발설의 타당성을 밝힌다.

또한 그는 "勉齊黃氏가 말하기를 '未發할 때는 우리 마음은 湛然하고 그것이 사물에 감응해서 발동하면 氣가 動해서 理가 따르거나 理가 動해서 氣가 그것을 끼고(挾) 가는 것과 같다'라고 했으니, 사실상 '理發而氣隨之'나 '氣發而理乘之'의 이론과 일치하는 것이다"[63]라고 논거를 제시하며 이황 이전에 黃幹의 호발설적 해석의 실례가 있었음과 "면재의 학문은 아주 精微하고 엄밀하니, 학문의 핵심에 있어서 절대로 오류를 범하거나 남을 잘못되게 인도하지 않을 것이다. 이제 퇴계(退陶)의 학설이 틀렸다고 할 것 같으면 이는 면재의 학설도 아울러 잘못이라고 하는 결과가 된다"[64]라고 주장한다. 이러한 논거의 제시와 함께 그는 "사람이 말을 타면

---

62) 같은 책, 8 - (6). "朱子曰 太極動靜而生陽 靜而生陰 非是動而后有陽 靜而后有陰 裁然有陽段 先有此而後有彼也 此其爲說較然明甚 其於理發其隨無離合無先後義可不爲明證乎"

63) 같은 책, 8 - (12). "勉齊黃氏之言曰 方其未發 此心湛然 及其感物而動 則或氣動而理隨之 或理動而氣挾之 實與理發氣隨 氣發理乘之說 同條而共貫也."

64) 같은 책, 8 - (15). "勉齊之學 精微縝密 其於義理源頭處 不應亂道而誤人今若以退陶之說爲非 則又將指摘勉齊追論而幷案耶"

말이 사람을 따르게 되니, 사람이 막 움직이면 말도 그를 따라서 나간다. 사람은 이미 문을 나섰는데 말은 아직 마구간에 있고 채찍과 고삐에 따라서 끌린 다음에 나가는 것이 아니다"65)라고 말함으로써 이황의 '人乘馬'의 비유의 적정설과 사단칠정에 대한 호발설적 해석의 타당성을 역설한다.

5. 四七說과 人心道心說

'사단칠정론'과 함께 조선조의 중기에 성리학의 열띤 논쟁으로 등장한 논변 중에서 '人心道心說'을 빠뜨릴 수 없다. 그리고 이 '인심도심설'은 퇴계학파와 율곡학파의 해석의 입장이 다르고 '사단칠정론'과도 밀접하게 관련성을 갖는 논쟁이다.

원래 人心과 道心은 『書經』의 「大禹謨」篇에서 舜이 "인심은 언제나 위태롭고 도심은 미묘한 것이다"66)라고 최초로 언급하고 있다. 그런데 정주계통의 성리학에서는 道心을 순수한 규범의식으로 간주하며, 人心을 개인의 생리적인 욕구로 해석하는 까닭에 善惡의 가능성을 지닌 의식으로 이해해 왔다. 물론 이때의 도심과 인심은 어느 경우이든지 우리 마음에서부터 우러난 마음 곧 의식의 작용인 것이다.

한편 주희는 '인심'과 '도심'에 대한 견해를 밝힘에 있어서 후대의 학자들이 오해를 불러일으킬 수 있는 해석을 하고 있다. 즉 그는 『中庸』 서문에서 "인심은 形氣에서 생기고 도심은 性命에서 근원한

---

65) 같은 책, 8 - (4). "又如人乘馬馬隨人 人纔動著馬便隨出 非謂人已出門 馬尙在廐 待驅策牽引而后從之也"

66) 『書經』 「大禹謨」. "人心惟危 道心惟微"

다"[67]라고 했고, 『書經』의 大禹謨의 주해를 낼 때는 "형기의 私에서 생한 것을 인심이라 하고 義理(규범)의 公에서 발한 것을 도심이라 한다"[68]라고 하였다. 이러한 주희의 해석으로 말미암아 '인심'과 '도심'의 발현(발동)하는 곳을 달리 보게 되는 결과를 가져왔다.

조선조의 퇴계 이황은 그의 '理氣互發說'의 입장과 '理氣二分'의 기준에 따라 '사단칠정'과 '인심도심'을 일치되는 점이 있는 것으로 보게 된다. 그리하여 그는 '도심'을 '사단'과 같은 理發로 '인심'을 '칠정'과 같은 氣發로 해석한다. 그런데 성리학에서는 기발 곧 기의 작용으로 말미암는 인간의 심정은 대체로 악의 경향을 갖는 것으로 이해한다. 그러므로 퇴계는 인심을 人欲 즉 物慾과 같은 天理(道義)에 위배되는 惡의 결과를 가져오는 私慝한 감정으로 생각하게 되었다. 그래서 인간의 도의적인 양심을 제외한 모든 욕구적인 감정을 배제하는 '遏人欲存天理'(人欲을 버리고 天理를 따름)라는 이론을 주장하게 된다.[69]

한편 퇴계의 '理氣互發說'을 승인하지 않는 율곡 이이는 그의 '氣發理乘一途說'과 '氣包理說'의 입장에서 '인심'과 '도심'은 모두 우리 마음의 동일한 근원(性命)에서 우러나는 것으로 이해하고 '인심'과 '도심'은 상호 전환될 수 있는 것으로 본다. 다시 말해서 이이는 理氣의 불상리의 입장에서 심성을 해석하는 까닭에 인심과 도심의 근원을 모두 性(理)으로 생각한다. 그 결과 그는 인심과 도심의 차이가 있게 되는 원인을 설명할 때 河川에 비유해서 '원천(源)은 하나이나 流는 둘이다"[70]라고 주장한다. 즉 인심과 도심은 흐르는 두 줄기 물(流)이고, 그 원천은 모두 마음의 본체인 性이라

67) 朱熹, 「中庸章句序」. "人心生於形氣 道心原於性命"
68) 『서경』 「대우모」. "生於形氣之私爲人心 發於義理之公爲道心"
69) 尹絲淳, 1980, 『韓國儒學論究』, 玄岩社, 118~120쪽.
70) 『율곡전서』 권9, 「答成浩原書 三」. "源一而流二"

는 것이다.

원천이 동일한 하천은 두 줄기의 흐름 중에 어느 방향으로든지 그 물줄기를 전환할 수 있다. 율곡은 아마도 이러한 생각을 가졌기 때문에 근원이 동일한 '인심'과 '도심'간의 상호 전환이 가능하다고 생각한 것 같다. 그렇기 때문에 그는 "인심과 도심은 서로 始와 終이 될 수 있다. … 처음에는 도심으로 발하였다가도 인심으로 끝날 수도 있고, 인심으로 발하였다가 도심으로 끝날 수도 있다"[71]라고 주장한다. 이와 같은 생각을 갖기 때문에 율곡은 '인심' 곧 인간의 욕구적인 심정을 단지 악하기만 한 것으로 보지 않는다.[72]

한편 이현일은 인심과 도심은 그 근원에서부터 다르다고 주장한다. 그는 주희가 그의 제자인 蔡元定(호 西山, 1135~1198)에게 답한 글을 근거로 이러한 자신의 견해를 확신한다. 그에 의하면 주희는 "인간은 태어날 때 본성(性命:性)과 신체(形氣:氣)를 갖고 나기 때문에 도덕적인 양심(天理)의 구현인 도심과 신체적인 욕구(人欲)인 인심을 갖게 된다"[73]고 생각한다. 그리고 그러한 마음의 두 가지 양상이 있게 되는 원인에 대해 도심은 그 근원이 본성(性命:理)이고 인심은 신체(形氣:氣)인 데 있다고 이해한다.[74]

이처럼 인심과 도심의 근거(根源)에 대한 이이 측과 이황 측의 해석이 일치하지 않는다. 사단칠정에 대한 해석의 경우처럼 호발설에 동의하지 않는 이이는 "인심과 도심의 근원은 둘일 수 없다"고

---

71) 『율곡전서』 권9, 「答成浩原書 一」. "人心道心相爲終始也 始以道心而終以人心也 … 始以人心而終以道心也."

72) 『율곡전서』 권14, 「人心道心圖」.

73) 『갈암집』 권18, 14 - (12). "人之有生性與氣合而已 … 此所以有人心道心之別"

74) 같은 책. "人之有生性與氣合而已 即其已合而析言之 則性主於理而無形 氣主於形而有質 主理故公而無不善 主形故 私而或不善 公而善故其發皆人欲之所作 此所以有人心道心之別"

주장한다. 그런 까닭에 그는 "인심과 도심은 비록 두 가지 명칭이지만 그 근원은 다만 하나의 마음(一心:性)일 뿐이다."[75]라고 말한다. 그런데 이이는 "心의 未發時는 성이고, 已發한 것은 정이다"[76]라고 밝힌 바가 있으므로 그의 입장에서 볼 때 인심과 도심의 근거는 다름아닌 성이다. 그러므로 우리의 마음에 두 성이 있을 수 없기 때문에 사단칠정의 근원이 둘이 아니라고 주장하게 되는 것이다.

한편 인심과 도심의 두 가지 정이 있게 되는 원인을 규범의식(性命之正)과 감각적인 욕구(形氣之私)에서 찾으려는 이황 측의 입장을 옹호하는 이현일의 경우 두 가지 정의 촉발은 결코 같을 수 없다고 주장하게 된다. 즉 그는 인심과 도심의 출발점이 상이하다고 주장하는 호발설적 해석이 타당하다고 생각하는 것이다.[77] 이러한 주장과 함께 그는 이이의 "心이 발할 때에 正理에서 바로 나와 氣가 用事하지 않은 것은 도심이니 곧 칠정의 선한 一邊이요, 발할 때 기가 이미 용사하는 것은 인심이니 칠정의 선과 악을 합한 전부이다"[78]라고 한 주장은 호발설을 부정하기 위한 모순된 주장이라고 비판한다.

즉 그는 이이가 "칠정이 사단을 포함하기 때문에 인심과 도심처럼 서로 대비해서 말할 수 없다"라고 말했던 점을 상기하면서 다시 "도심을 칠정 중의 선한 측면(善一邊)이라고 생각하며 또한 氣가 用事한 후에 인심이 된다."고 말하는 것은 도심을 칠정 중의 선한 측면이라고 규정한 사단과 일치시키고, 인심을 칠정과 일치시키는 결과가 되는 것이니 앞의 주장과 서로 모순됨을 면할 수 없

---

75) 『율곡전서』 권9, 「答成浩原書 一」. "人心道心雖二名 其原則只是一心"
76) 『율곡전서』 권9, 「答成浩原書 一」. "心之未發爲性也 已發爲情也"
77) 『갈암집』 권18, 13 - (18) 이하 참조.
78) 『율곡전서』 권9, 「答成浩原書 一」. "其發而直出於正理 而氣不用事則道心也 七情之善一邊也 發之之際 氣已用 事則人心也"

다[79]고 주장한다. 이러한 주장과 함께 이현일은 이이가 리기의 不相離한 측면에만 시각을 고정 "리기를 渾然하여 分開할 수 없다고 보기 때문에 인심과 도심의 發을 본래 한 가지라고 주장하게 되는 것이다. 이는 天理와 人欲을 구분하지 않고 한 곳에 두어 性과 氣 두 字를 구별하지도 못하는 허물을 남기게 된다"[80]고 지적한다. 이러한 주장을 통해서 알 수 있는 바와 같이 이현일은 인심도심설을 해석하는데 있어서도 이황과 같이 호발설의 입장에서 양자를 2원적으로 해석하는 것이다.

위에서 살펴본 바와 같이 퇴계학파의 '인심도심설'은 본성의 자발적인 발현을 통해서 인간의 행위를 理(禮)와 일치시킬 수 있다고 믿었던 조선조 전기 성리학의 禮治主義的 이념을 확립시킬 수 있었고, 율곡류의 '인심도심설'은 이황적인 '인심도심설'에서 초래될 수 있는 인간의 구체적인 감정의 세계가 배제되는 형식적 예식주의를 배격하려는 의도를 엿볼 수 있다.

6. 맺음말

17세기에 들어오면서 조선조의 성리학은 이황과 이이의 성리설을 철학적 입장의 준거로 삼아 계승하고 발전시킴으로서 학파를 형성하였다. 그 가운데서 이황의 성리설을 학문적인 논거로 채택한 학파가 영남학파였다. 이현일은 영남학파의 학맥을 이어 후진에게 전하는 중추적 역할을 수행한다. 그는 이황의 학설을 지지하

79) 『갈암집』, 권 18, 3 - (19) 이하 참조.
80) 『갈암집』 권18, 13 - (19). "今以理氣渾淪不可分開之故 而謂人心道心之發 本是一途云爾 則是以天理人欲渾爲一區有辨別性氣兩字不出之病"

면서 다른 학설을 비판했고, 이를 통하여 자기의 학설을 밝힘으로써 영남학파의 입장을 정립하는 데 공헌하였다. 그는 리기설에 있어서 이황의 理氣相須互發을 지지하는 주리파의 대표적인 학자였다. 그에 의하면 理는 감각될 수 없는 추상적인 것이기는 해도 실제로는 모든 우주적인 변화와 실재하는 것들의 근거인 까닭에 陰陽氣化에 乘載만 하고 있는 것이 아니고 진실로 음양기화를 主宰하는 것이며, 理(太極)는 스스로 동정하는 자체라는 것이다. 또한 리기는 서로 떨어질 수 없는 관계에 있지만, 역시 구분되어야 하는 두 가지 실체임을 들어서 그 구분과 함께 理의 發現을 주장함으로써 율곡의 '기발리승일도설'을 부정한다.

뿐만 아니라 그는 理氣에 대한 2원적 구분을 의중에 두고 그 개념을 道와 器로 환원해서 파악한다. 그의 이러한 생각은 리기를 분명한 두 가지 실체로 구분함으로써 모든 현상적 변화와 운동에는 理氣의 동시적 관여가 이루어져야 함을 강조하며 그를 통해서 理發의 당위성을 확보하고 나가서 이이의 '기발리승일도설'을 부정하려한다.

아울러 이현일은 사단과 칠정은 서로 다른 의미를 지니는 인간의 감정이라는 견해를 토대로 칠정과 사단을 대비해서 말할 수 없다는 이이의 주장을 반박하며 사단과 칠정을 호발설로서 해석하는 이황의 견해를 지지한다. 또한 그는 '인심도심'을 해석하는 입장에 있어서도 인심과 도심은 그 근원에서부터 다르다고 주장하며, 人心과 도심의 두 가지 情이 있게 되는 원인은 규범의식(性命之正)과 감각적인 욕구(形氣之私)가 있기 때문으로 생각한다. 나아가서 인심과 도심은 그 출발점이 상이하다고 보아 호발설적 해석이 타당하다고 주장한다.

그는 주리설의 입장에서 이황의 이기설과 사단칠정설을 철저히 합리화함으로서 퇴계학파의 학문적 발전에 공헌하였을 뿐만 아니라 17세기 이후의 영남·기호학파의 사단칠정설을 중심으로 하는 성리설의 발전에도 크게 이바지하였다.

Ⅴ. 人性·物性 同論者의 四端七情論

1. 머리말

사단칠정론은 惻隱·羞惡·辭讓·是非의 四端과 喜·怒·哀·懼·愛·惡·欲이라는 七情에 대한 리기론적인 해석과 그 해석에 대한 可否論 및 사단과 칠정에 대한 선악 여부를 따지는 이론임은 주지의 사실이다. 이 논쟁은 李滉(號 退溪, 字 景浩, 1501~1570)과 奇大升(號 高峰, 字 明彦, 1527~1572)간에 1558년부터 1566까지 행해진 논변을 시작으로 해서 한국 성리학에서 빼놓을 수 없는 중요한 논쟁점이 되었다.[1)]사단과 칠정에 대한 이기론적인 해석을 둘러싸고 발단된 이 논쟁은 이황의 '互發說'과 李珥(1536~1584, 호는 栗谷, 자는 叔獻)의 '氣發理乘一途說'을 중심으로 人心道心說 등의 논쟁점들과 함께 조선 전기의 성리학계의 가장 핵심적인 논쟁으로 전개된다. 더욱이 이 논쟁은 17세기를 통해서 이황의 학통인 영남학파와 이이 계통의 기호학파라고 하는 두 학파를 형성하기까지 된다. 사단칠정설에 대한 논쟁이 본격화되고 師承關係를 중심으로 형성되기 시작한 이들 학파들간의 정파적인 이해 관계가 첨예하게

---

1) 윤사순, 1980, 『韓國儒學論究』, 玄岩社, 71쪽의 주 1) 참조.

대립됨에 따라 이 논쟁은 순수한 학술 논쟁의 단계를 넘어서 어느 정도 政爭的인 성격을 띠게까지 되었다. 그 결과 이 논쟁은 학술적인 객관성을 의심받을 정도로까지 치열하게 전개된다.

한편 17세기 후반으로 접어들면서 이 논쟁에 대한 객관적인 반성의 시각이 등장함에 따라서 절충적인 입장이 나타난다. 특히 이러한 영향을 받아 율곡 계통에 속하면서 近畿 지방에 학파적인 뿌리를 형성하였던 金昌協(1651～1708, 호 農巖, 자 仲和, 又號 三洲)과 金昌翕(1653～1722, 호 三淵, 자 子益, 시호 文康)의 두 형제의 학통을 계승하는 학자들 중에서 퇴계와 율곡의 양측의 학설을 비판적으로 파악하는 경향이 나타난다. 이어서 이러한 경향은 율곡의 학통을 계승하는 黃江書院의 權尙夏(1641～1721, 호 遂菴 혹은 寒水齊)의 제자들에게까지 확대되어 마침내 四七論에 대한 전면적인 재검토가 이루어진다.

이 논문에서는 특히 18세기초부터 본격화되는 人物性同異論에서 인성과 물성의 같음(同)을 주장하는 人物性同論者들의 사단칠정설을 개관해 봄으로써 18세기의 '사단칠정론'의 전개 양상을 고찰해 보고자 한다. 일반적으로 조선 후기에 속하는 18세기의 한국성리학에서는 '사단칠정설'보다 '인·물성동이론'이 철학적 관심의 초점이 되기 때문에 '사칠론'에 대한 관심이 미약해지는 것으로 생각되기 쉽다. 실제로 이 시기의 학자들의 저술들을 검토해 보면 이 논점에 대한 논의의 빈도는 16·17세기 그것과 '인물성동이론'에 비해 현저히 감소되는 추세를 보여준다. 그러나 이 시기의 '사칠론'은 이전의 논쟁들에 비해 결코 과소하게 평가될 수 없다. 왜냐하면 이 시기의 '사칠론'은 이미 '사칠론'의 논의의 범위를 확대하며 지나치게 도식화되었던 17세기까지의 '사칠론'을 경전에 의거하여 범위를 넓혀 해석하는 경향이 나타나기 때문이다. 특히 이 시기의 사칠론은 종래까지 인간의 情感의 세계를 선과 악이라는 한정된 범주에 국한시켜서 파악하던 양상을 바꾸어 인간이 지닐 수 있는 모든 감정과 정서에로 확대해서 해석하는 경향이 드러남으로써 도덕적인 당위론의 범주에 함몰된 듯했던 당시의 사상계에 인간의 삶은 도덕·윤리적인 세계 이외에도 추구되어야 할 많은 세계가 존재함을 일깨워주는 역할을 하였을 것으로 추정해 볼 수 있다. 이 논문에서는 이러한 점을 염두에 두고 특히 18세기의 '인·물성동론'의 대표자들이라 할 수 있는 李柬(1677~1727, 자는 公擧, 호는 巍巖)과 魚有鳳(1672~1744, 자는 舜瑞, 호는 杞園)의 학설을 고찰해 보며, 이들의 사단칠정론을 지각론과 결부해서 해석하는 견해와 같은 그 특징적인 측면을 밝히는 시각에서 고찰하고자 한다. 물론 이들 이외에도 특징적인 견해를 갖는 경우가 다른 인물성동론자들의 견해에서도 발견될 경우 선별적으로 고찰할 것이다.

2. 理氣說의 입장

18세기의 조선 성리학계의 최대의 논쟁점으로 등장한 '인·물성동이' 논쟁은 李珥 계통에 속하는 학자들을 중심으로 제기되었던 까닭에 대체로 主氣說의 입장을 취하고 있는 것으로 알려지고 있다. 그러나 이 논쟁에 참가하는 학자들의 리기설의 입장은 결코 氣에 대한 理의 우위를 주장하는 李滉 계통의 주리설에 대해 氣의 우위를 주장하는 주기설이 아니다. 그들의 주기설은 심성과 선악의 문제를 보는 시각에 있어서의 氣를 중심으로 그것을 해석하는 경향이라는 데 주목하지 않을 수 없다.[2] 이 점이 율곡학파를 주기

2) 李愛熙, 1990, 『朝鮮後期 人性·物性에 대한 論爭의 硏究』, 高麗大學

설로 분류하는 의미이고, 율곡학파 내부에서 분류되는 주리파의 의미도 이러한 의미에서 파악되어질 수 있다. 또한 '인·물성동이' 논쟁에 참여하는 학자들의 경우 리기에 대한 개념과 특성을 이해하는 시각에 있어서는 이황과 이이에 의해 이루어진 해석의 관점을 크게 벗어나지 않는다.[3] 왜냐하면 이들이 의거하고 있는 리기에 관한 개념은 기본적으로 주희에 의해 체계화된 리기설을 근간으로 하고 있기 때문이다. 또한 그들은 성리학의 수용 이후 한국 성리학에서 정립된 리기의 개념과 특성에 대한 사고를 그대로 답습하고 있다. 이러한 이유로 말미암아 대부분의 인성과 물성을 언급하는 학자들의 경우 理氣의 개념과 특성에 대한 생각이 대체로 일치된 경향으로 드러난다. 개념과 특성에 대한 생각이 기본적으로 일치하기 때문에 리기설적인 차이를 예상하고 이들 학자 집단이 사용하는 리기에 대한 개념적인 검토를 진행하는 작업은 필요하지 않을 수도 있다. 이러한 이유 때문에 이 논쟁을 전개하는 학자들의 경우 리기의 개념이나 특성에 대해 조선 전기의 이황이나 이이처럼 심각하게 논의하지 않았던 것이다.

원래 조선 중기의 퇴계학파와 율곡학파의 논쟁은 리기 개념에 대한 이해의 차이에서 기인한다기보다는 리기의 관계를 이해하는 각자의 입장이 다른 데에 원인이 있다. 조선조의 대부분의 성리학자들은 "리는 형이상의 도로써 사물을 생성하는 근본이요, 기는 형이하의 器로써 사물을 생성하는 재료(資具)이다"[4] 라고 규정하는 朱熹의 리기 개념을 따르고 있다. 그런 까닭에 대부분의 조선조의 성리학자들의 경우 리기의 개념에 대해서는 대체로 의견의 일치를

校 大學院 博士學位論文, 51쪽 참조.

3) 이애희, 앞의 논문, 51~57쪽, 참조.

4) 『朱子大全』 卷58, 「答黃道夫」. "理也者 形而上之道也 生物之本也 氣也者 形而下之器也 生物之具也"

보이고 있다. 비록 리기 개념에 대해서는 의견의 일치를 보이지만 그 관계를 해석하는 입장에 있어서는 견해의 차이를 보인다. 다만 리기를 인간의 의식(心)과 관련시켜 분석하는 과정에서 첨예한 견해의 차이를 드러낸다. 주지하는 바와 같이 이이은 사단과 칠정을 모두 '氣發理乘一途說'로써 해석함으로써 이황의 호발설을 부정하는 경우가 그 좋은 예인 것이다. 이황의 호발설은 리기의 관계를 '不相雜'의 관점에 따라서 해석할 수 있다는 입장인 데 반하여, 기대승과 이이의 입장은 그 관계를 '불상리'의 관점에서 理氣無先後로 해석하기 때문인 것이다. 이로써 볼 때 양측의 사단과 칠정에 대한 해석의 차이는 결국 理와 氣의 관계를 어떻게 설정하느냐에 달려 있음을 알 수 있다. 조선조의 성리학자들이 의거하는 주희의 리기설에서 리기의 관계를 가장 잘 설명해 주는 내용은 다음과 같은 주희의 언급이다. "이른바 리와 기는 결단코 二物이다. 다만 사물 위에서 보면 二物이 섞여 있어서 나누어져 각기 一處에 있을 수 없다. 만약 리 위에서 본다면 비록 物이 아직 있지 않더라도 이미 물의 리는 있다. 그러나 또한 단지 그 리만 있을 뿐으로 실제로 이 사물이 있지는 아니하다"[5] 라는 이 주희의 언급은 얼핏 보기에는 리기 관계를 매우 확실히 규정해 주는 것처럼 보인다. 그러나 이 언급은 잘 따져보면, 리기를 하나이면서 둘이요, 둘이면서 하나라는 매우 이율 배반적인 관계로 설명해 주는데 불과함을 알 수 있다. 그리고 이러한 리기 관계는 결코 사실적인 관계가 아니라 요청되는 관계로서의 가치 지향적인 관계로 이해할 수 있다.[6]

---

5) 『朱子大全』 卷46, 「答劉叔文」. "所謂理與氣 決是二物 但在物上看 則二物渾淪 不可分開各在一處 然不害二物之各爲一物也 若在理上看 則雖未有物而已有物之理 然亦但有其理而已 未嘗實有是物也"

6) 이러한 점에서 理氣 관계는 사실적·존재론적인 이원 구조라기보다는 요청되는 관계로 해석함이 적절하다고 생각된다.

그러면 인물성동론자들은 이러한 리기관계를 어떻게 해석하는가? 李柬은 리기의 관계를 설명할 경우 기에 대한 리의 先在를 인정한다. 그는 "그 미연한 근원을 찾아서 말한다면 리가 있어야 기가 있으며, 그 已然에 나아가서 말한다면 기가 있어야 리가 집짓고 깃든다. 대개 천지만물이 未然할 때는 먼저 리가 있고 난 뒤에 기가 있다고 해야 옳으며, 元氣는 원래 未然할 때가 없으므로 선후로는 아마도 말할 수 없을 것 같다"[7]고 하였다. 여기서 말하는 未然한 근원이란 현상적인 작용에 앞선다는 의미이다. 그런 까닭에 그의 이러한 주장은 존재론적 의미에서 리의 일차성·근원성을 주장하는 것이다. 이러한 주장은 程朱系統에 속하는 모든 성리학자들의 공통된 견해로서 주기설에 속하는 율곡의 경우도 예외일 수 없다. 이간에 의하면 율곡은 "리기는 혼융하여 원래 不相離라 하고, 發之者는 기요 發하는 所以者는 리이며, 기가 아니면 능히 발하지 못하고 리가 아니면 발할 바탕이 없다고 하였으며, 道心은 비록 기를 떠나지 아니하고 인심도 또한 理에 근본한다. 또 도심을 발하는 것은 기요 인심의 근원은 리이다."라고 주장하였다. 李柬은 이러한 율곡의 견해를 논거로 제시하면서 모든 심성적인 작용(활동)에 대해서 리기의 不相離의 입장에서 '氣發理乘一途說'을 주장하는 율곡의 입장을 지지한다.[8] 이러한 그의 입장은 퇴계학파의 '互發說'을 반대하는 율곡학파의 리기설의 일반적인 경향을 대변하고 있다. 어유봉의 리기설도 이러한 이간의 학설과 다르지 않다. 그 역시 리와 기는 混融無間하다고 생각한다.[9]

---

7) 『巍巖遺稿』 卷9, 「答辛夢與問目」. "原其未然而言之 有此理斯有此氣 就其已然而言之 有此氣方寓物 則有未然之時 謂之先有理 而後有氣可也 元氣則元無未然之時 先後字恐不可下得也"

8) 『巍巖遺稿』 卷13, 6－(9)～13－(12). "題林趙二公理氣之辨後"

9) 『杞園集』 卷32, 16－14－(3). "盖理與杞本混融而無間"

3. 四端七情에 대한 해석

1) 李柬의 四端七情說

18세기 당시의 사상계를 주도하였던 기호학파의 학문적 경향은 宋時烈의 직계 제자로서 황강서원[10]에서 학파를 형성하였던 권상하와 서울 · 경기 지역에서 학문적인 뿌리를 형성한 김창협으로 대표된다고 할 수 있다. 그리고 이 두 학파의 제자들을 중심으로 '인물성동이론'의 논쟁이 격렬하게 전개되었다. 이러한 새로운 논쟁이 등장함에 따라 16세기까지 전개되어 왔던 '사단칠정설'에 대한 관심도 상대적으로 약화되어 이 논변에 관심을 표명하는 학자도 줄어들었다. '인 · 물성동론'을 주장했던 학자들 중에서 '사단칠정설'에 관심을 갖는 대표적인 학자가 이간과 어유봉이다.

이간은 '사단칠정설'의 전말에 대해 "文純公 퇴계 이황 선생은 사단은 理發로 보아 道心에 부속시켰고, 칠정을 氣發로 보아 人心에 부속시켰다". 그 결과 文成公 율곡 이이 선생은 이에 관해 논변하였다. 첫째는 사단과 칠정이 모두 '氣發理乘一途'일 뿐이므로 理氣는 결코 互發할 수 없음을 밝혔고, 둘째 칠정은 인심과 도심을 겸하기 때문에 사단과 함께 둘로 구분할 수 없음을 밝혔다"[11]고 이해한다. 아울러 그는 李珥의 견해를 찬성하는 입장에서 이이가 주장한 '사단은 칠정 중의 선한 측면'이라는 七包四說이 타당하다고 생각한다.[12] 그러나 이간은 주희가 "惻隱 · 羞惡는 中節과 不中

10) 현재 충북 提川郡 寒水面에 위치했던 당시 조선의 대표적인 서원이었다.

11) 『巍巖遺稿』 卷4, 28 - (8).

節이 있다"고 주장하였음을 상기하면서 사단은 언제나 선하다고 볼 수만 없다고 생각한다.[13] 즉 그는 사단의 내용을 상세히 언급하려면 "반드시 맹자는 四性의 善端만을 언급했고, 주자는 한 걸음 더 나아가서 '惻隱 · 羞惡는 中節과 不中節이 있다고 했으니 그 학설이 더욱 엄밀하다'고 말해야 사단의 의미에 대한 해석이 매우 적절할 수 있다"[14]고 말한다.

이간의 "사단의 의미에 대한 해석이 매우 적절할 수 있다"라는 이 주장은 맹자는 四性의 善端만을 언급하고자 했기 때문에 맹자가 언급하는 사단은 사성으로부터 中節해서 발현된 선한 情만을 말하는 것이라고 생각하는데 근거를 두고 있는 것이다. 다시 말해서 맹자가 본래 의도한 뜻은 인간의 본성에 선한 성이 내재되어 있음을 밝힘으로써 성선을 논증하기 위해 인간의 情 중에 中節해서 발현된 사단만 한정해서 제시한 것이라는 말이다. 그는 주희의 "惻隱 · 羞惡는 中節과 不中節이 있다"고 언급한 주장을 맹자의 의도를 적절하게 해석한 견해로 평가하기 때문이다.[15] 이간의 이러한 주장처럼 사단도 不中節한 모습으로 발현될 수 있다고 해석할 경우 사단을 순선한 점으로 봄으로써 선과 불선의 두 가능성을 지닐 수 있는 칠정에 포함시키는 율곡의 견해를 받아들일 수 없게 된다.[16] 그런 까

---

12) 앞의 책, 28 - (11). "蓋四端是七情中善一邊而孟子所言本旨然也"

13) 앞의 책, 28 - (14). "朱子則又言惻隱羞惡也 有中節不中節其說又密云云 則恐釋四端之義似甚平正也"

14) 앞의 책. "又必若備論四端情理 則當曰孟子則專言四性之善端 朱子則又言惻隱羞惡也 有中節不中節其說又密云云 則恐釋四端之義似甚平正也"

15) 앞의 내용.

16) 人物性異論者인 한원진은 그와 같은 이이의 입장을 수긍하지 않기 때문에 실제로 새로운 해석을 제시한다.『南塘集』卷29, 雜著「示同志說」참조.

닭에 이이의 그러한 견해에 대해 17세기의 林泳(1649~1696, 호는 滄溪, 자는 德涵)과 趙聖期(1638~1689, 호는 拙修齊, 자는 成卿) 등의 반론이 제기되고 있었다. 李柬의 사단칠정에 대한 본격적인 견해의 표명은 그가 율곡을 비판하는 임영과 조성기의 견해에 대항해서 율곡의 해석을 옹호하는 해석에서 드러나고 있다. 그런 까닭에 이간의 견해를 살피기 위해서 먼저 이들 두 사람의 견해를 간략히 고찰하지 않을 수 없다.

임영은 '이기호발설'을 주장하는 이황과 '기발리승일도설'을 주장하는 이이의 견해를 절충한다. 그는 먼저 이이의 '기발이승일도설'을 理氣不相雜의 전제를 어기는 해석이라고 생각한다. 그는 "善心도 氣가 없는 것이 아니다. 理로 말미암아 발하기 때문에 理發이라고 한다. 악(惡心)도 리가 없는 것이 아니다. 그 악됨은 실로 기의 과불급으로 말미암고 리로 말미암지 않기 때문에 氣發이라고 한다. 이와 같아야 리기가 不相離한 것이라고 할 수 있다. 선악을 모두 '氣發理乘'한다고 말하는 것은 아마도 잘못일 것이다"[17]라고 주장하였다. 즉 그는 사단은 리가 원인이 되어 발현하는 情이고, 칠정은 기가 원인이 되어 발현하는 정이라고 생각하는 것이다. 아울러 그는 정의 발현은 리로 말미암든지 기로 말미암든지 우리 마음이 아닌 것이 없으므로 李珥처럼 사단과 칠정을 모두 '기발이승'으로 해석하면 "리의 본체는 끝내 밝혀지지 않을 것이고, 오직 기의 작용을 좇기만 하게 될 것이니 주재할 수 없게 될 것이다"[18]라고 비판한다.

---

17) 『滄溪集』 卷25, 「日錄」. "是故善心非無氣也 以其爲善由理而發 故謂之理發 惡亦非無理也 以其爲惡實由氣之過不及而非由理也 故謂之氣發 … 如此則謂理氣不相離者得矣"

18) 『巍巖遺稿』 卷13, 8 - (12). "理氣之本體終不能自明 惟氣所爲茫無主宰矣"

졸수재 조성기 역시 이이의 '기발이승일도설'을 비판하기 위해 율곡이 주장하는 氣發理乘은 리와 기가 서로 분리될 수 없다는 理氣觀에 근거해 볼 때 '리가 기를 타고'(理乘氣), '기가 리에 깃든다'(氣寓理)는 두 측면을 내포하게 된다고 생각한다. 그리고 '理가 氣를 타는 것'(理乘氣)은 리가 主動이 되어 발하는 것이고, 기가 리에 깃드는 것(氣寓理)은 기가 주동이 되어 發한다고 세분하였다.[19] 그러나 이처럼 조성기가 理發과 氣發을 주장한다고 해서 이황과 같이 "마음의 리인 性이 스스로 작용하고 스스로 발동하는 것으로 생각하는 것"은 아니다. 그의 경우 특히 사단과 결부해서 理發을 인정한다고 하나 그 의미는 心의 리인 性이 心의 기인 정서의 발동・발현을 주재한다는 정도의 의미 이상을 뜻하지 않는다.[20] 그런 까닭에 조성기가 비록 理發과 氣發을 모두 인정한다고 해도 그는 궁극적으로 人性의 작용을 보는 시각에 있어서 '氣發理乘'을 주장하는 이이의 입장을 부정하지는 않는다. 그렇지만 기발이 모든 마음(心)의 작용의 실상이기는 해도 리의 주재를 받지 않는 정서란 존재할 수 없기 때문에 리발을 동시에 인정하는 것이지 理의 독자적인 발현을 인정한 입장은 아닌 것이다. 이 점에 있어서 조성기는 이황의 '理氣互發說'과 이이의 '氣發理乘一途說'의 두 입장에 대한 절충적인 입장을 취한다고 평가될 수 있다. 또한 조성기는 우리의 마음에서 드러나는 선악의 원인을 기에만 돌리는 종래의 견해들을 불합리하다고 생각하기 때문에 "만약에 理가 無爲하기 때문에 心의 선악을 氣에만 돌린다면 리는 선악과 아무런 관계를 갖지 않게 된다. 그렇게 되면 리는 하나의 확실한 것이 못 되기 때문에 有라

19)『拙修齊集』卷11, 190쪽, 6 - (13). "已有理乘氣而動 與氣寓理而發者之不同 盖同一氣發理乘而 一則理爲之主 … 一則氣爲之主"
20) 앞의 책, 189쪽. "理宰乎氣而氣不能蔽乎理故謂之理發"

해도 되고 無라 해도 될 것이니, 어떻게 만물과 만사를 주재할 수 있겠는가?"[21]라 주장한다. 즉 이러한 조성기의 주장은 우리 마음에서 우러나는 모든 정서는 그것이 선한 것이든 악한 것이든지를 막론하고 모두 리기와 동시적인 관계를 맺고서 표출된다고 보아야 한다는 입장인 것이다. 그런 까닭에 그는 "善은 사실상 淸氣가 발한 것이고, 惡은 濁氣가 발한 것이다"[22]라고 말한다. 이러한 이기관과 선악을 보는 관점에 입각해 있기 때문에 조성기는 이황의 '이기호발설'에 입각한 사단설을 "사단과 칠정을 지나치게 분석해서 파악하는 나머지 리기를 분리된 두 가지로 간주하는 결과를 빚게 된다"[23]고 비판한다. 아울러 그는 이이의 사단설은 리의 주재적인 기능을 간과한 나머지 선악의 원인을 기에만 돌리는 결과가 초래될 수 있다고 비판하는 것이다. 그러나 조성기는 사단과 칠정을 해석하는 기본 입장에 있어서 율곡의 입장인 '七情包四端說'과 "칠정이 인심과 도심을 포함한다"는 견해를 따르고 있다.

이간은 위와 같은 임영과 조성기의 견해를 이이의 학설을 오해하는 점이 많다고 비판하며, 이이의 사칠론을 옹호하는 입장에서 '氣發理乘一途說'을 정당화하는 자신의 견해를 피력한다. 먼저 이간은 임영이 이이의 '기발이승일도설'을 비판하는 주장에 대해 임영과 같이 이발을 주장할 경우 리의 주체성을 기와 같은 작용과 유위성으로 해석하는 결과를 빚게 된다고 반박한다. 그는 "작용과 有爲한 것이 리가 될 수 있겠는가? 조화하고 만물을 발육하게 하며

21) 앞의 책, 191쪽, 7 - (10). "若槪以理無所作爲 而心之善惡之屬乎氣之淸濁 則是理無所與於善惡 而所謂理者直是一個儱侗物事 有亦可無亦可烏足爲萬物萬事之樞紐主宰"

22) 앞의 책, 190쪽, 6 - (19). "善者爲淸氣之發 … 惡者爲濁氣之發"

23) 앞의 책, 190쪽, 6 - (16). "於理氣相循不相離處 終不能分明說出 故理發氣隨之說 失於名言之間"

혼연하여 형적이 없는 것이 리이고, 인간의 마음으로 하여금 여러 활동을 하여 수많은 변화를 있게 하지만 寂然해서 無爲한 것이 리이다. 하게 하는 것은 본래 하지 않음으로써 하게 하는 것이니, 이것이 이른바 주재인 것이다"[24]라고 주장한다. 그리고 이간은 조성기가 이이의 '기발리승일도설'을 인정하면서도 氣發理乘에서 리가 기를 타는 것(理乘氣)은 리발이고, 기가 리에 깃든다(氣寓理)는 것은 기발이라고 세분하는 해석을 애매한 주장이고, 임영이나 종래의 호발설들과 다를 바 없는 주장이라고 비판한다. 또한 이간은 조성기의 "마음의 악은 사실상 濁氣에서 유래하며, 그 선한 것은 리의 본체가 그와 같기 때문에 淸氣를 얻은 마음이 본연의 선을 바로 수행한 것일 뿐이다"[25]라는 주장에 대해서도 "理는 자신의 주장하는 천리가 본래 스스로 주장할 수 있다는 주장이다. 아! 天理가 과연 스스로 주장할 수 있다면 기의 청탁을 불문하고 바로 그 본래 선함을 구현하게 될 것이며, 스스로 주장하는 실상을 알 수 있을 것이다. 청기를 얻어야 바로 그 본래 선함을 구현하게 할 수 있고 청기를 얻지 못하면 그 본래 선함을 구현하게 할 수 없게 되니 악도 스스로 주장할 수 있는가? 성리의 선함이 비록 심기에 근본을 두지 않는다 해도 그 선의 유무는 사실상 심기가 선한가의 여부에 관계된다. 마음이 바르지 않아도 성은 스스로 中의 상태를 유지하고, 氣가 순하지 않아도 리는 和의 상태를 유지하는 경우가 있을 수 있

---

24) 『巍巖遺稿』 卷13, 9 - (15). "作用有爲者是理乎哉 使造化發有萬物而渾然無迹者理也. 使人心酬酢萬變而寂然無爲者理也 其使也本以不使使之 此其所謂主宰也." 이 언급에서 이간이 주장하는 주재의 의미는 Aristorteles의 '不動의 動者로서 운동의 원인인 神'을 규정하는 언급과 유사함을 알 수 있다.

25) 앞의 책, 10 - (5). "又其言曰 心之惡固由於濁氣以其善者乃是理之本體者當如是 故得氣之淸者直遂其本然之善"

는가? 그런 까닭에 본선한 體를 物理와 함께 말하면서 器와 함께 언급하지 않을 수 있는가? 이제 인심과 도심의 발용하고 수작하는 기미를 언급함에 있어서 性理에 본래 주장하는 묘가 있다고 말한다면 나는 그러한 말에 대해 동의할 수 없다"[26]고 비판한다.

결국 이간은 "天理가 본래 스스로 주장할 수 있다"고 주장할 경우 이는 이황 이래의 리발설의 내용과 다를 바가 없다고 생각하는 것이다. 그런 까닭에 이간은 리기의 不相離한 측면을 강조하면서 기가 발현할 때 리가 탄다(氣發理乘)는 말에 대해서 무슨 말을 하겠는가?[27]라고 주장한다. 이처럼 '기발이승일도설'의 입장에서 사단칠정을 해석하는 이이의 학설을 따르기 때문에 이간은 임영과 조성기의 주장에 동조하는 김창흡의 태도를 더욱 강한 어조로 비판한다.[28]

2) 魚有鳳의 四端七情說

18세기의 人物性同論을 주장하는 학자 중에서 이간을 제외하고 사단칠정론에 관심을 표명하는 학자로 어유봉이 있다. 그는 학문적인 계파에 있어서 황강서원의 권상하의 문인으로 분류되기도 하

---

26) 『巍巖遺稿』 卷13, 10 - (17). "此卽自家所意 天理本有自主張一途也 噫 天理果能自主張 則不論氣之淸濁 而直遂其本善方可見其自主張之實也 今必得淸氣而直遂 不得淸氣則不能直遂 惡在其自主張歟 性理之善 雖則不本於心氣而其善之存亡實係心氣之善否 心之不正而性能自中 氣之不順而理能自和天下有是乎 故其本善之體 若汎論物理則可自不涉其器 而言矣 今論人心道心發用酬酌之機 而謂性理本有自主張之妙云 愚誠不思其說也"

27) 앞의 책, 卷13, 12 - (13). "氣發而理乘 又何說乎"

28) 앞의 책, 12 - (18) 이하 참조.

나 학문적인 입장에 있어서 주로 농암 김창협의 영향을 많이 받은 것으로 파악된다.29) 특히 그의 문집을 검토해 보면 그는 '사단칠정론'에 있어서 김창협의 학설을 그대로 답습하고 있다. 그의 문집인 『杞園集』에 수록된 「農巖先生四端七情說」의 내용과 『農巖續集』 권2의 사단칠정설은 몇몇 곳의 문자적인 표현이 다를 뿐 내용은 완전히 일치하고 있다. 『기원집』의 내용 중에서 사단칠정을 단편적으로 언급하는 몇몇 경우들을 제외하고 이 문제를 집중적으로 언급하는 경우는 바로 김창협의 학설을 소개하는 '농암선생 사단칠정설'이 유일한 자료이다. 그런 까닭에 어유봉의 사단칠정론은 사실상 김창협의 학설을 그대로 답습한다고 해도 지나친 말이 아니다.30) 그러므로 어유봉의 학설과 김창협의 학설을 비교하는 시각에서 그 학설의 면모를 살펴보기로 한다.

김창협은 사단과 칠정을 별개의 情으로 보아 사단과 칠정을 대비시켜서 七對四로 파악하는 이황의 입장과 칠정을 인간의 정감의 全體로 보며 사단을 칠정에 포함시켜 七包四로 이해하는 이이의 입장에서 어느 쪽의 견해도 따르지 않고 독자적인 견해를 제시한다. 그는 먼저 『중용』과 『예기』 「禮運」篇, 『대학』 「正心」章 등에서 언급되는 칠정이 각각의 내용마다 다르게 언급되는 점을 근거로 해서 칠정이 인간의 情 전체를 뜻한다는 이이의 견해를 따르지 않는다.31) 그런 까닭에 김창협은 이이가 "사단은 칠정을 겸할 수 없지만, 칠정은 사단을 겸한다"32)고 주장하는 데 대해 칠정은 그저 일곱 가지의 情에 불과하기 때문에 사단이 칠정을 겸할 수 없는 것

29) 이애희, 앞의 논문, 부록 「人物性同異論과 관련된 師承淵源表 : (3)」 참조.
30) 물론 이는 『農巖續集』 卷2의 「四端七情說」과 「農巖先生 四端七情說」을 김창협의 독자적인 이론으로 간주하고 내리는 판단이다.
31) 『農巖續集』 卷2, 및 『杞園集』 卷32, 16 - 88 - (8) 16 - 89 - (5) 이하 참조.
32) 『栗谷全書』 卷9, 書一. "四端不能兼七情 而七情則兼四端"

과 마찬가지로 칠정도 사단을 겸할 수 없다고 주장한다.[33] 뿐만 아니라 김창협은 이이가 사단과 칠정의 관계를 운위할 경우 칠정을 四德에 분속시킬 수 있다고 주장하는 데 대해 그 타당성이 인정될 수 없다고 주장한다. 그는 칠정에는 사덕에 분속시킬 수 있는 것도 있고 분속시킬 수 없는 것도 있기 때문에 이이처럼 칠정을 일일이 사덕에 분속시키는 것은 잘못이라는 것이다. 즉 김창협은

> 기쁨(喜)을 예로 들어 말하면 부모를 보고 기뻐하는 것은 仁의 드러남이요, 못된 짓(惡逆)을 하는 자를 죽이는 것을 기뻐하는 것은 義의 드러남이요, 제사지내는 일(俎豆)을 배우기를 기뻐하는 것은 禮의 드러남이다. 걱정함(憂), 두려워함(懼), 즐거워함(樂)도 모두 이와 같다. 이것이 어찌 하나의 성에만 속할 수 있겠는가? 무릇 性은 經이 되고 情은 緯가 되어 經緯가 錯綜하여 서로 체용이 되니 반드시 이렇게 보아야 비로소 적절하고 타당할 수 있다.[34]

라고 주장한다. 왜냐하면 사단과 같이 性과 확실히 대응될 수 있는 情을 제외한 다른 情들은 性과 일대 일로 대응될 수 없기 때문이라는 것이다. 그런 까닭에 그는 性과 情의 관계를 위에서처럼 경위의 관계로 설명한다. 즉 그는 측은과 같은 사단의 마음은 특정한 性이 드러난 情이지만 喜欲憂懼樂과 같은 情은 어느 하나의 性이 드러난 것이라고 말할 수 없다는 것이다.[35] 다시 말해 같은 喜지만 仁이 드러나서 된 것이 있는 가 하면 義나 禮나 智가 드러나서 된 것도 있기 때문이다. 그러므로 性과 情의 관계를 경위로 설명할 때

33) 『農巖續集』 卷2, 「四端七情說」. “其實七情亦不能兼四端”
34) 앞의 책. “今且喜言之 則見父母而喜自 仁之發也 誅樂逆而喜自 義之發也 喜習俎豆之事者 禮之發也 喜分別事物是非者 智之發也 憂懼樂亦皆方此豈可專屬一性 蓋性爲經而情爲緯 經緯錯綜 迭爲體用 須如此看方爲活絡且似周盡”
35) 앞의 책. “更詳愛惡哀怒 却難與喜欲憂懼樂同例”

情은 그 근거가 되는 性(經)에서 유래한다고 설명할 수 있다는 것이다. 이 경우 情의 근거는 특정한 한 가지 性이라고 한정할 수 없다는 것이다. 성과 정을 해석하는 이러한 김창협의 '경위설'은 사단과 칠정을 대비해서 설명하는 '퇴계설'이나 포함 관계로 설명하는 율곡의 학설을 모두 벗어나서 가능할 수 있는 모든 정을 성과 관련시켜 설명해 주었다는 점에서 그의 사단칠정설이 갖는 특색이라고 지적될 수 있다. 또한 이러한 그의 학설은 인간의 정감의 세계를 善과 惡이라는 한정된 범주에 국한시켜서 파악하던 종래의 사단과 칠정을 해석하는 시각을 바꾸어 인간이 지닐 수 있는 모든 감정·정서에로 확대해서 해석하는 경향이 드러남으로써 도덕적인 당위론의 범주에 함몰된 듯했던 당시의 사상계에 새로운 충격을 가해주었다는 의의도 가질 수 있다고 생각된다.

김창협의 위와 같은 '사단칠정설'을 계승하는 魚有鳳은 사단칠정에 대한 이기설적 논쟁은 쉽게 해결될 수 없는 논쟁점임을 지적하면서 퇴계 이후 영남학파에서 사단을 本然之性에 칠정을 氣質之性에 분속시키는 견해는 잘못된 견해라고 주장한다. 그는 "나는 情의 四·七과 性의 본연과 기질에는 상이한 점이 있는 것으로 생각한다"[36]고 말한다. 또한 그는 리기는 不相離한 것임을 전제로 性을 기를 겸해서 말하면 氣質之性이고, 기를 제외하고 理만 고려해서 말할 경우 本然之性이라고 생각한다. 그리고 性 자체는 기질지성과 본연지성으로 二分할 수 있는 것이 아니라고 생각하기 때문에 性으로부터 발현되는 情을 이분해서 사단을 본연지성에 칠정을 기질지성에 분속시키는 퇴계의 견해를 비판한다.[37] 또한 "사단

---

36)『杞園集』卷32, 16 - 13 - (14). "然竊意 情之四七與性之本然氣質 有不同者"

37)『杞園集』卷32, 16 - 13 - (18) 이하 참조.

의 발현(感發)은 깊이 차이가 있고, 칠정의 感發은 過不及의 차이가 있으나 모두 기질의 차이로 말미암는 결과이다"[38]라고 주장한다. 아울러 그는 사단과 칠정은 의미하는 바가 다른 情이라고 생각하기 때문에 이들을 서로 대비할 수 있는 情으로 보지 않는다. 그는 "정의 발현은 사단이 되는 것과 칠정이 되는 것이 있다. 그런 까닭에 서로 待對해서 말하는 것이다"[39]라고 주장한다. 그리고 사단이든 칠정이든 모두 리기를 내포하는 정이라고 생각하는 까닭에 사단과 칠정의 발현은 모두 본연지성과 기질지성의 두 측면을 갖는다고 생각하게 된다. 그러므로 그는 "사단만이 본연이 되고 칠정만이 기질에 偏屬되는가?"[40]라고 반문한다. 이어서 그는 사단과 칠정의 관계에 대한 새로운 해석을 시도한다. 그는 무엇보다도 사단과 칠정을 포함 관계로 파악하든지 대비 관계로 파악하든지 종래의 해석들은 두 상이한 인간의 정감을 동일한 의미로 이해하려는 데 문제가 있는 것으로 파악한다. 그리고 사단과 칠정의 의미를 새롭게 해석하고자 한다. 그는 사단과 칠정을 사계절과 그 사계절 상에 나타나는 기후의 관계로 해석한다. 그는

> 나의 생각에 본연과 기질에는 모두 태극과 음양이 있다. 사단이란 봄은 나게 하고, 여름은 자라게 하며, 가을은 멈추게 하고, 겨울은 저장하게 하는 것과 같다. 칠정은 따뜻하고(溫), 서늘하고(凉), 춥고(寒), 덥고(署), 우레치고(電), 바람불고(風), 서리 내리고 · 눈 내리는(霜 · 雪)것과 같으니 모두 태극과 음양을 벗어나지 않는다.[41]

---

38) 『杞園集』 卷32, 16 - 13 - (19). "四端之感 或淺或深 七情之發 或過或不及皆氣質之爲也"

39) 『杞園集』 卷32, 16 - 13 - (18). "若情之發 則有爲四端者焉 有爲七情者焉 是以彼此而對待說者也"

40) 『杞園集』 卷32, 16 - 14 - (2). "然則四端安得獨爲本然 而七情安得偏屬氣質乎"

41) 『杞園集』 卷32, 16 - 14 - (3). "竊謂本然氣質猶所謂太極陰陽也 四端者

라고 말한다. 이러한 그의 생각은 사단과 칠정을 사계절과 각 계절 속에서 일어나는 기후의 변화로 파악하여 둘의 관계를 밝히려는 의도인 것이다. 사실상 사계절과 기후는 불가분의 관계를 갖는 것이기는 해도 전혀 다른 두 현상들이다. 어유봉 역시 종래의 전통적인 계절의 의미를 그대로 따르는 까닭에 그는

> 四時에서 봄은 싹트게 하고, 여름은 자라게 하며, 가을은 맺고(멈추게 하고), 겨울은 저장하게 하는 데 기가 없지 않다. 그리고 원형이정의 본체가 유행하는 것을 理에 주안해서 태극의 용이라고 해도 옳다고 할 수 있다. 그리고 따뜻하고(溫), 서늘하고(凉), 춥고(寒), 덥고(署), 우레치고(雷), 바람불고(風) 서리 내리고・눈 내리는(霜・雪) 데에 理가 없지는 않다. 다양하게 변화하는 二氣 중에서 氣에 주안해서 음양의 운행이라고 해도 옳다고 할 수 있다. 그런 까닭에 사시(四時)가 봄은 싹트게 하고, 여름은 자라게 하며, 가을은 맺고(멈추게 하고), 겨울은 저장하게 하는 것은 만고에 불변하며, 이기(二氣, 음양)가 따뜻하고(溫), 서늘하고(凉), 춥고(寒), 덥고(署) 하는 것에도 계절을 잃고 하는 기후가 없게 되니, 사단과 칠정을 이기로 나누어서 하나는 확충을 하나는 중절을 주장하게 되는 것은 위와 같은 이유 때문인 것이다.42)

라고 주장한다. 그의 시각에서 볼 때 봄・여름・가을・겨울로 이어지는 계절의 변화는 종래의 다른 성리학자들과 마찬가지로 그 원리를 원형이정이라는 태극의 원리에 따른다고 생각한다. 그리고 각 계절들의 기능 곧 역할은 봄은 싹트게 하고, 여름은 자라게 하

猶春生夏長秋遂冬藏也 七情者猶溫凉寒署 雷風霜雪而皆不外乎太極陰陽也"

42) 『杞園集』 卷32, 16 - 14 - (8). "四時之生長遂藏非無氣也 以元亨利貞本體所流行則主理而曰太極之用可也 溫凉寒署雷風霜雪非無理也 而實二氣之紛錯變化者則主氣而曰陰陽之運可也 是故四時之生長遂藏則亘萬古而不差 二氣之溫凉寒署雷風霜雪則不能無失節乘常之候 四端七情之分理氣而一主於擴充一主於中節 其說恐如是也"

며, 가을은 맺고(멈추게 하고), 겨울은 저장하게 하는 것이라고 생각한다. 그리고 기후에는 따뜻하고(溫), 서늘하고(凉), 춥고(寒), 덥고(署), 우레치고(雷), 바람불고(風), 서리 내리고·눈 내리는(霜·雪)는 변화가 있다. 이러한 그의 생각의 배후에는 사단과 칠정은 계절과 기후처럼 별개의 다른 의미를 지닌다는 주장이 숨어 있는 것으로 이해될 수 있다. 그가 김창협의 견해를 좇아서 사단과 칠정을 하나는 확충을 해야 하는 것으로 다른 하나는 중절을 해야 하는 것이라고 주장하고자 한다는 주장을 보아도 종래와 같이 해석하지는 않음을 알 수 있다. 무엇보다도 어유봉 역시 종래의 호발설과 '기발이승일도설'의 논쟁을 벗어났음을 알 수 있다.

인물성동론의 대표자들인 아간과 어유봉의 눈으로 볼 때 사단과 칠정은 그것이 기발·리발이 문제가 아니라 중요한 것은 사계절의 변화가 어김없이 지속되고 기후의 변화도 그 본래의 원리대로 진행됨으로써 만물이 혜택을 입을 수 있는 것과 같이 우리 인간의 정서와 감정도 그 본래의 모습을 찾아서 적절하게 발휘되는 것이 중요하다고 생각하였다. 그러한 의미가 바로 사단을 확충하고 칠정을 중절하게 해야 한다는 주장인 것이다.

4. 四端과 知覺의 관계

18세기의 인물성동이론자들은 조선 전기의 사단칠정설에서 사단과 칠정을 리기와 관련해서 대비적으로 해석하는 논의를 지양하려는 경향이 나타남을 보았다. 그 결과 그들은 사단과 칠정은 비록 情이라는 점에 있어서는 일치하지만 그 의미가 전혀 다른 情이라고 생각하게 된다. 그런 까닭에 종래처럼 사단과 칠정의 대비 관계나 포함 관계 등에 대한 관심보다 사단과 같은 정의 발현에 더 많은 관심을 표시한다. 이들의 입장에서 볼 때 사단과 칠정은 의미가 다른 정인 까닭에 사단은 사단이고, 칠정은 칠정이므로 동일한 차원에서 논의하는 것 자체를 잘못이라고 생각한다.[43] 그들의 관심은 오히려 어떻게 사단과 같은 선한 의식을 적절하게 발휘할 수 있겠는가에 집중되고 있다. 그러한 논의가 바로 사단과 지각의 관계에 대한 논의로 전개된다. 이 문제는 李柬의 스승인 권상하와 김창협 및 동문인 한원진, 尹混(1676~1725, 호 泉西, 자 晦甫)등에 의해서 주로 논의되었다.[44]

이간의 경우 이 문제는 윤혼에게 보낸 기축년의 두 편지에서 논의되고 있다.[45] 그는 性體情用의 논리에 입각해서 마음이 未發 상태에서 인의예지라고 하는 四性을 갖추고 있는 虛靈으로 이해하며, 그러한 사성의 발현인 사단의 정이 의식의 상태에서 제 기능을 발휘하게 해주는 것이 의식의 작용인 지각이라고 주장한다. 그는 "心은 총명이며 그 體를 性이라 하고 그 用을 情이라 한다. 이는 리기를 합해서 말하는 것이다. 혼융무간한 곳에서 개념을 분석해서 말하면 심은 氣이며, 虛靈은 그 體이고, 知覺은 그 用이다. 性은 理이고, 사성은 그 體이며, 四端은 그 用이다. 虛靈이 사성을 갖추고, 지각이 사단을 운용케 하는 것은 한 가지이다"[46]라고 주장한다. 그의 이 주장은 虛靈知覺이라고 하는 인간의 인지적인 의식 및

---

43) 이 글, 3, 사단칠정에 대한 해석 참조.

44) 『南塘集』 卷7, 「上師門 : 庚寅 閏七月」 및 『巍巖遺稿』 卷8, 「與尹晦甫」 참조.

45) 『巍巖遺稿』 卷8, 「與尹晦甫 : 己丑」, 1 - (4)~4 - (12).

46) 『巍巖遺稿』 卷8, 「與尹晦甫」, 1 - (4). "心是摠名 而其體謂之性 其用謂之情 此則合理氣而言者也 就其混融無間處 分別名理而言 則心是氣也 而虛靈其體也 知覺其用也 性是理也 而四性其體也 四端其用也 虛靈之具四性知覺之運四端一也"

그 작용을 규범적인 의식 및 그 작용과 구분하려는 사고에 근거를 두고 있다고 생각된다. 왜냐하면 그는 허령지각을 氣라 하고 사성과 사단을 그 속에 담겨 있는 리라고 보아 지각이 사단을 운용한다[47]고 주장하기 때문이다. 그런데 이러한 그의 주장은 사단을 氣로 해석해 왔던 종래의 성리학의 입장을 부정하고 理로 해석함으로써 한원진과 윤혼 등의 즉각적인 비판을 받게 된다. 그러나 그는 확신을 가지고 "허령지각은 氣이고, 사성과 사단은 그들에 담기고 타는 바 理이다. 허령이 사성을 갖추고 지각이 사단을 운용하는 것은 心의 전체와 大用이다. 저의 견해의 핵심은 이와 같을 뿐이다"[48] 라고 주장한다. 이러한 이간의 주장에 대해 한원진은 사단과 지각을 理氣에 분속시키려는 견해라고 파악한 후 心의 已發에서는 지각은 사단의 총칭이요, 사단은 지각을 나누어 말한 것으로써 이는 관점에 따른 표현상의 차이일 뿐 사실은 하나라고 강조하면서 心의 未發에서는 지각만이 있고, 心의 已發에서는 사단이 곧 지각이라고 주장한다. 그러나 이간은 많은 비판들에 직면하면서도 "무릇 惻隱과 羞惡가 지각을 수반하지 않으면 어떻게 측은과 수오할 수 있겠는가?"[49]라고 주장하는 자신의 입장을 포기하지 않는다. 이와 같은 그의 주장은 앞에서 언급한 바와 같이 인간의 인지적인 의미의 의식 및 그 작용을 규범적인 의식 및 그 작용과 구분하려는 사고에 근거를 두고 있다고 생각된다. 즉 이간은 사단과 같은 도덕적인 의식을 적절하게 발현하고 그 의식에 따라 올바른 행위를 실행할 수 있기 위해서는 올바른 인식이 뒤따라야 함을 강조한다고

47) 앞의 책, 卷8, 2 - (5). "虛靈知覺氣也 四性四端卽所盛所乘之理也 虛靈之具四性 知覺之運四端"

48) 앞의 책. "虛靈知覺氣也 四性四端卽所乘之理也 虛靈之具四性 知覺之運四端 此心之全體大用 鄙說宗旨不過如此"

49) 앞의 책, 3 - (12). "夫惻隱羞惡 不待知覺而何以能惻隱羞惡也"

해석될 수 있다.

인물성동론을 주장하는 어유봉은 이러한 사단과 지각에 대한 견해를 피력하지 않는다. 단지 윤혼의 경우 이간의 『巍巖遺稿』에서 이간이 사단과 지각에 대한 그의 학설을 비판하는 내용이 수록되어 있고,[50] 한원진의 『남당집』에도 역시 같은 식으로 소개되고 있다.[51] 그러나 이들의 내용은 매우 단편적인 까닭에 그의 견해에 대한 전체적인 파악이 불가능하다.

5. 맺음말

사단과 칠정에 대한 理氣論的인 해석과 그 해석에 대한 可否論 및 그의 善惡與否를 따지는 이론으로 출발한 '사단칠정설'은 16세기의 발단 시기로부터 조선 전기의 성리학계의 가장 핵심적인 논쟁으로 전개되었다. 더욱이 이 논쟁은 17세기를 통해서 이황의 학통인 영남학파와 이이 계통의 기호학파라고 하는 두 학파를 형성하면서 본격화되었고, 師承關係를 중심으로 정파적인 이해 관계까지 결부되면서 치열하게 전개된다. 그러나 17세기 후반으로 접어들면서 임영과 조성기 등의 학자들을 중심으로 이 논쟁에 대한 객관적인 반성의 시각이 등장함에 따라서 절충적인 입장이 나타난다. 특히 이러한 영향을 받아 율곡계통에 속하면서 근기 지방에 학파적인 뿌리를 형성하였던 김창협과 김창흡의 두 형제의 학통을 계승하는 학자들 중에서 퇴계와 율곡의 양측의 학설을 비판적으로 파악하는 경향이 나타난다. 김창협은 『중용』과 『예기』「禮運」篇,

---

50) 『巍巖遺稿』 卷8, 1 - (3) 4, (12) 참조.
51) 『南塘集』 卷9, 「附李公學答尹晦甫」 참조.

『대학』「正心」章 등에서 언급되는 칠정이 각각의 내용마다 상이하게 언급되는 점을 근거로 해서 칠정이 인간의 정 전체를 뜻한다는 이이의 견해를 따르지 않는다. 그런 까닭에 김창협은 이이가 "사단은 칠정을 겸할 수 없지만 칠정은 사단을 겸한다"고 주장하는 데 대해 칠정은 그저 일곱 가지의 정에 불과하기 때문에 사단이 칠정을 겸할 수 없는 것과 마찬가지로 칠정도 사단을 겸할 수 없다고 주장한다. 뿐만 아니라 김창협은 이이가 사단과 칠정의 관계를 운위할 경우 칠정을 사덕에 분속시킬 수 있다고 주장하는 데 대해 그 타당성이 인정될 수 없다고 주장한다. 그는 칠정에는 사덕에 분속시킬 수 있는 것도 있고, 분속시킬 수 없는 것도 있기 때문에 율곡처럼 칠정을 일일이 사덕에 분속시키는 것은 잘못이라고 주장한다. 김창협에 의해서 제기된 이러한 경향은 율곡의 학통을 계승하는 황강서원의 권상하의 제자들에게까지 확대되어 마침내 사칠론에 대한 전면적인 재검토가 이루어짐을 고찰해 보았다.

한편 18세기의 한국 성리학에서는 사단칠정설보다 인물성동이론이 철학적 관심의 초점이 되기 때문에 사칠론에 대한 관심이 미약해지고, 이 논점에 대한 논의의 빈도는 16・17세기 그것과 인・물성동이론에 비해 현저히 감소되는 추세를 보여준다. 그러나 이 시기의 사칠론은 이전의 논쟁들에 비해 결코 과소하게 평가될 수 없다. 왜냐하면 이 시기의 사칠론은 이미 사칠론의 논의의 범위를 확대하고 지나치게 도식화되었던 17세기까지의 사칠론을 경전에 의거하여 범위를 넓혀 해석하는 경향이 나타나기 때문이다. 특히 이 시기의 사칠론은 종래까지 인간의 정감의 세계를 선과 악이라는 한정된 범주에 국한시켜서 파악하던 양상을 바꾸어 인간이 지닐 수 있는 모든 감정・정서에로 확대해서 해석하는 경향이 드러남으로써 도덕적인 당위론의 범주에 함몰되었던 당시의 사상계에 인간의 삶은 도덕·윤리적인 세계 이외에도 추구되어야 할 많은 세계가 있음을 일깨워 주는 역할을 해주었다. 또한 18세기의 성리학자들은 종래처럼 사단과 칠정의 대비 관계나 포함 관계 등에 대한 관심보다 사단과 같은 정의 발현에 더 많은 관심을 표시한다. 그들은 사단과 칠정은 의미가 다른 별개의 정인 까닭에 사단은 사단이고 칠정은 칠정이므로 동일한 의미에서 논의하는 것 자체가 잘못이라고 생각한다. 그들의 관심은 오히려 어떻게 사단과 같은 선한 의식을 적절하게 발휘할 수 있겠는가에 집중되고 있다.

그러한 논의가 바로 사단과 知覺의 관계에 대한 논의로서 전개된다. 이 문제는 李柬의 스승인 권상하와 김창협 및 동문인 한원진·윤혼 등에 의해서 주로 논의되었다. 특히 이간은 인간의 인지적인 의미의 의식 및 그 작용을 규범적인 의식 및 그 작용과 구분하려는 사고에 근거를 두고 사단과 같은 도덕적인 의식을 적절하게 발휘하고 그 의식에 따라 올바른 행위를 실행할 수 있기 위해서는 올바른 인식이 뒤따라야 한다고 주장하였다. 이러한 사칠설에서의 경향은 당시의 인·물성동이론에서 인간으로 하여금 도덕적인 자기 본성을 자각하게 함과 동시에 그 본성을 구현할 수 있는 방안으로서 인성에 근거를 두는 禮의 실천을 강조하는 경향과도 일치한다고 평가될 수 있다.

제3장

規範的 世界觀

Ⅰ. 河西 金麟厚의 誠敬思想

1. 머리말

조선조의 건국이념으로 출발한 性理學이 철학적인 면모에 있어서 중국의 영향을 벗어나 한국적인 독창성을 지니기 시작한 것은 16세기 초의 性理學者인 花潭 徐敬德(1489~1546)과 晦齊 李彦迪(1491~1553)으로 거슬러올라갈 수 있다. 그러나 뚜렷한 주제를 제시하면서 논쟁을 풀어나감으로써 철학적인 깊이를 심화시켜 나가기 시작한 것은 退溪 李滉(1501~1570)과 高峰 奇大升(1527~1571)이라는 철학자간의 사단칠정에 관한 논쟁을 통해서 비롯되었다는 점은 이미 잘 알려진 사실이다.

본고에서 고찰하게 될 河西 金麟厚(1510~1560)의 誠敬論은 바로 이러한 한국의 성리학이 철학적인 심화의 단계에 돌입하게 되는 시기인 16세기를 살면서 성리학적인 가치를 자신의 삶의 지표로 삼으면서 객관적인 사회질서, 특히 도덕질서에 부합된 삶을 구현하려고 노력했던 하서의 인간완성을 향한 실천이론이다.

현존하는 그의 문집과 여타 자료들을 통해서 볼 때 그의 理氣와 心性에 관한 견해는 독자적인 학문세계를 정립하였던 것으로 볼 수 있다. 그러나 그가 한국의 성리학이 退溪와 高峰의 8년간의 논쟁을 거치면서 본격적인 발전의 단계로 접어드는 시기(1558~1566)의 초반에 타계하였고(1560) 그의 학문세계를 엿볼 수 있는 중요한 저작들이 逸失되어, 그 단편적인 내용만이 남아 있는 관계로 그의 성리학적인 사상의 맥락을 추적하기가 용이하지 않다. 그러나 退溪와 함께 四端七情의 논쟁을 발단시킨 高峰이 자신의 四端·七情에 관한 입장을 밝힐 때 河西의 가르침을 받았다고 언급하고 있는 점으로 미루어 볼 때 한국 성리학의 발전에 미친 河西의 역할은 결코 과소 평가될 수 없음을 알 수 있다.

또한 그의 문집을 분석해 보면 그의 性理學者적인 면모가 당시의 어느 성리학자의 그것과 다르지 않다는 점을 알 수 있다. 그가 비록 성리학적인 이론을 체계적으로 언급한 글을 남기지 않았다고는 해도 그의 문집에 수록된 몇 편의 글들 예컨대 「復性賦」 「與盧寡悔論夙興夜寐箴解別紙」 등과 그의 1598首에 달하는 도학적인 정신세계를 읊은 시들은 그의 성리학자로서의 면모를 보여주기에 손색이 없음을 알 수 있다. 특히 그의 性理說 가운데 그의 수양을 위한 이론인 誠敬說은 자신의 道學者的인 인간됨을 잘 반영해 주는 만큼 체계적으로 연구할 필요가 있다고 생각된다.

이에 본고에서는 그의 규범론이라고 할 수 있는 誠敬觀을 고찰하기 위하여 먼저 그의 철학체계를 종합적으로 이해하기 위해 그의 성리학적인 이론을 학문관·세계관·인간관·성경설로 나누어 고찰하고자 한다.

2. 誠敬의 經學史的 意味

河西의 誠·敬에 관한 고찰에 앞서서 유학이 지향하는 규범적 자아실현의 방안이라 할 수 있는 誠·敬에 관한 이론은 원시유학의 여러 경전과 宋代 성리학자들의 철학체계에서 어떻게 논의되었는지를 고찰할 필요가 있다. 유학은 그 학문의 목표를 천인합일의 구현에 두고 있다. 그런 점에서 객관적인 지식의 탐구를 목표로 하는 현대과학과는 眞理觀부터 다를 수밖에 없다.

유학의 이러한 학문관(眞理觀)은 이미 공자와 맹자로 대표되는 원시유학의 단계에서 정립되었다. 맹자의 "학문이란 별다른 것이 아니라 잃어버린 본심을 찾아서 회복하는 것일 뿐이다."[1]라는 언급에서 그 점을 확인할 수 있다. 그리고 인간의 잃어버린 본심은 하늘의 원리를 담고 있기 때문에 본심에 담겨 있는 그 원리를 깨달아 실천하는 길을 유학은 목표로 삼아 왔다. 그러한 목표가 실현될 때 하늘의 원리와 인간의 내심의 본성이 일치되는 경지 곧 천인합일의 경지가 실현된다는 것이고, 유학은 그러한 경지를 실현하는 데 최종적인 목표를 두어왔다.

그렇기 때문에 유학자들은 일찍부터 하늘과 인간의 본질에 관해 깊은 관심을 가져왔다. 그러한 관심의 결과로서 정립된 내용이 바로 유학의 修己安人과 內聖外王의 道라는 이상으로 집약될 수 있다. 그런데 이러한 유학의 이상은 유학의 여러 經典 속에 포함되어 있다. 특히 『周易』과 『大學』 및 『中庸』은 그러한 원리들을 가장 폭넓게 함축하고 있다.

잘 아는 바와 같이 유학의 이상적인 원리들은 여러 가지 용어로

---

1) 『孟子』, 告子 上 篇 11章. "學問無他也 求其放心而已矣"

표현될 수 있다. 예를 들어서 공자에 의해서 정립된 仁이라든가 맹자의 仁義 개념은 후대의 모든 유학자들이 중요시해온 개념이다. 그런데 이들 개념은 공자와 맹자에 의해서 제시된 원만한 인간관계와 이상적인 사회를 실현하기 위해 추구되는 개념들이다. 그리고 이러한 이상을 실현하기 위해 각 개인의 자기완성이 뒤따라야 한다고 생각하는 것이 유학을 비롯한 모든 규범철학이다.

유학이 제시하는 그러한 개인의 자기완성에 필요한 규범의 원리가 바로 『周易』과 『中庸』 그리고 『大學』에서 언급되는 誠과 敬이라고 할 수 있다.

河西의 誠·敬에 관한 고찰에 앞서서 유학이 지향하는 규범적 자아실현의 방안이라 할 수 있는 誠·敬에 관한 이론이 원시유학의 여러 경전과 宋代 성리학자들의 철학체계에서 어떻게 논의되었는지를 고찰할 필요가 있다.

1) 원시유학의 성경론

유학은 인간이 올바른 삶을 영위하기 위해 구현해야 할 규범적 원리의 근거를 자연(天)의 질서에서 찾는 유학 특히 『中庸』은 자연히 질서를 성실함(誠)이라고 파악한다.[2] 그리고 그 질서를 온전하게 본받아 구현하기 위해 요구되는 인간의 자세는 성실하려고 노력함[3]에 있다고 규정한다. 뿐만 아니라 그러한 인간의 노력을 규범적인 입장에서 정의할 경우 경이라고 규정될 수 있다. 성을 실현하려는 인간의 노력이 바로 경인 것이다. 성리학에서는 경이란 성을 실

---

2) 『中庸』 20章. "誠者 天之道"
3) 위와 같은 곳, "誠之者 人之道也"

현하기 위해 요구되는 인간의 태도로 이해될 수 있다[4]고 한다.

그런 까닭에 유학은 전통적으로 인간이 바람직한 인간됨을 실현하기 위해 자연의 질서인 하늘의 도를 본받아 구현하도록 노력해야 하며, 그러한 일에 매진해야 함을 강조할 경우 성을 강조한다. 그리고 하늘의 道에 일치하기 위한 인간의 진실한 자세를 요구할 때 敬을 강조하게 된다.[5] 물론 '誠'과 '敬' 중에서 어느 것을 더 강조하는가 하는 문제는 시대와 사상가의 입장에 따라 어느 정도 차이를 보이지만 역대의 모든 유학자들은 이 두 가지 개념에 관심을 갖지 않는 경우가 없었다.

성리학에서는 성인의 경지에 이르는 것을 학문과 인격수양의 목표로 하고 있거니와 그 경지에 이른다는 것은 하늘의 도인 '誠'을 구현하는 것이며, 그러기 위해서는 '敬' 해야 한다는 것인데 바로 그 성과 경에 관한 이론이 誠敬說인 것이다.

규범적 의미의 誠에 관한 가장 완벽한 해석은 원래 『中庸』의 "誠은 하늘의 道요 誠하는 것은 사람의 道이다.(誠者 天之道也 誠之者 人之道也)"라는 말에서 비롯되었는데 뒤에 주자를 비롯한 많은 학자들이 이 하늘의 道를 성인의 경지로 해석하였다. 다시 말해서 인간이 수양을 통하여 성인의 경지에 도달하면 天道인 誠에 합일할 수 있다고 보는 것이다.

그러면 인간이 어떻게 성인의 경지, 즉 천도인 성에 이를 수 있는 것인가. 그에 관하여 중요에서는 "誠으로 말미암아 밝아짐(明)을 誠이라 하고, 明으로 하여 誠해짐을 敎라 한다. 誠하면 밝아지고, 밝으면 誠해진다."[6]고 하였다. 말하자면 인간에게는 天으로부터

4) 『栗谷全書』「聖學輯要 三」. "敬用功之要 誠是收功之地 由敬而至於誠矣"

5) 『性理大全』 卷47, 「學五」. "誠者 天之道 敬者 人事之本 敬道之成則天而天矣"

주어진 性인 천성과 규범법칙인 道德律(敎)를 지킬 수 있는 능력 '明'이 있다고 전제하고, 인간이 그 천성과 도덕율인 敎를 원래의 상태로 유지할 수만 있다면 天道인 誠에 도달할 수 있으며, 그 경지가 바로 성인의 경지라는 것이다. 그리고 그러한 경지에 도달하려고 노력하는 인간의 자세가 다름 아닌 誠之로서의 敬이라는 것이다. 특히 대부분의 성리학자들은 이러한 견해를 갖고 誠敬에 관한 규범적인 해석을 내리고 있다.

한편 敬은 원래 기본적으로 공경하다(恭也), 존경하다(尊重也), 공손하다(恭遜也), 엄숙하다(肅也), 경계하다(警也), 삼가고 신중하다(謹愼也), 경건하다(虔也) 등의 다양한 의미를 가지고 있는 개념이었다. 뿐만 아니라 敬의 이러한 의미들은 수식적인 의미로 발전하여 많은 복합어를 형성하게 된다. 특히 敬은 敬虔 · 敬謹 · 敬待 · 敬德 · 敬老 · 敬慕 · 敬拜 · 敬愼 · 敬仰 · 敬畏 · 敬意 · 敬忠 등과 같은 많은 도덕적 의미를 지니게 된다.

이와 같은 도덕적 의미를 지닌 '敬'의 관념은 유학의 경전들에서 수 없이 云謂되고 있다. 그 중에서도 『書經』의 '덕을 높이 삼는다(敬德)'는 언급[7]과 『書經』의 '몸을 조심하다(敬身)'와 '조심스레 그 덕을 밝히다(敬明其德)' 및 '威儀를 삼가 신중히 하다(敬愼威儀)'[8] 등은 敬의 규범적인 의미의 原形들이라고 할 수 있다. 이들 경우의 '敬'의 의미는 '삼가고(勤愼)', '조심하고(警)', '높이 받든다(恭)'는 의

---

6) 『中庸集註』 21章. "自誠明 謂之性 自明性 謂之敎 誠卽明矣 明則誠矣"

7) 「召誥」. "그 德行을 삼가 實行하지 않았기 때문에 그 나라의 운명을 일찍이 상실한 것이다(惟不敬厥德, 乃早墮厥命)"

8) ① 「小雅:爾無正」, 몸을 조심하다 '모든 관원들은 제각기 그대들의 몸 조심하라(凡百君子, 各敬爾身)'. ② 「魯頌:泮水」, '훌륭하신 노나라 임금님 조심스레 그 밝히신다. 威儀를 삼가고 신중히 하여 백성들의 모범이 된다(穆穆魯候 敬明其德 敬愼威儀 維民之則)'

미임을 알 수 있다.

敬의 이러한 의미들은 孔子에 의해 계승되었고, 『孟子』와 『周易』과 『中庸』 및 『大學』의 경우에 그 의미가 더욱 규범적인 의미로 발전하여 인간의 德性까지를 의미하게 되었다. 그러한 의미를 우리는 맹자가 恭敬(辭讓)의 마음을 本性 중의 하나인 禮의 구체적인 표현이라고 주장하는 견해[9]에서 찾아볼 수 있다.

(1) 孔孟의 誠敬說

공자는 禮를 상담하고 조언해 주는 자들인 儒者들의 이상을 유가사상으로 定立한 인물답게 인간의 규범적인 태도를 강조하기 위해 誠敬의 개념을 사용한다.

그러나 논어에서 誠字은 두 번 등장하는데 모두 副詞的 의미인 '진실로'를 의미할 뿐이다.[10] 즉 『論語』의 「顔淵」 篇에서는 『詩經』의 小雅篇을 引用하면서 子張이 덕을 높이고 迷惑됨을 조심하는 것에 대해 답변하면서 "진실로(誠) 富도 이루지 못하고 이상하게만 될 뿐이다."[11]라고 언급하고, 『論語』의 「子路」 篇에서는 "선한 사람이 이어 백년 동안 나라를 다스리면 殘暴을 敎化해 없애고 死刑을 폐지할 수 있다."고 하더니, 진실되도다(誠) 이 말은![12]이라고 했다.

---

9) 『孟子』 「告子」 上篇 6章. "恭敬之心 人皆有之 … 恭敬之心 禮也' ; 「公孫丑」 上篇 6章, '辭讓之心 禮之端也'

10) 「顔淵」 篇. "愛之欲其生 惡之欲其死旣欲其生 又欲其死 是惑也 誠不以富 亦祇以異" ; 「子路」 篇. "子曰 善人爲邦百年 亦可以勝殘去殺矣 誠哉是言也"

11) 『論語』 「顔淵」 篇. '誠不以富 亦祇以異'

12) 『論語』 「子路」 篇. "子曰 善人 爲邦百年 亦可以勝殘去殺矣 誠哉是言也"

그런 까닭에 孔子의 경우 誠은 아직 『周易』이나 『中庸』이나 『大學』의 경우와 같은 규범적인 의미로 사용되지 않는다. 그러나 敬은 매우 다양하게 사용되며, 보다 규범적인 의미로 云謂되고 있다. 즉 『論語』의 경우 敬은 인간의 규범적인 태도인 '恭敬스러움'과 '경건함' 혹은 '恭遜함', '신중함' 등을 의미한다.

그 실례들을 살펴보면 "진실된 자세(恭敬)"[13], "예의바른 태도(恭遜)"[14], "존경하는 태도(尊敬)"[15], "신중한 태도"[16] 정성되고 진실한 태도(誠敬)[17]등으로 언급되고 있다. 『論語』에는 敬이 21차례 언급되는데 그 중에서 규범적인 의미로 사용되는 경우는 대략 9번 정도이다.

맹자도 '誠'과 '敬'을 보다 규범적인 의미로 사용하고 있다. 『孟子』에 등장하는 12章의 誠字는 모두 '진실로' 혹은 '진정으로'라는 副詞的 의미로 사용되고 있다.[18]

다른 2章에서 언급되는 誠字가 규범적인 의미로 사용된다. 즉 孟子에 의하면 "하위의 관리가 자신의 상관에게 신임을 받기 위해서는 부모의 즐거워함을 얻어야 하며, 그 조건으로서 자기를 돌이켜보아 성실함을 보여야 한다."[19]는 것이다. 그리고 성실하기 위해서는 善을 밝혀 실천하여야 한다고 주장한다. 善을 밝혀 성실함을 구현하는 것은 바로 자신을 돌아봄으로써 가능하다. 맹자는 모든 만사만물의 원리는 우리의 규범적인 의식속에 갖추어 있고, 그러

---

13) 『論語』「顔淵」篇. "君子敬以無失" ; 「憲問」篇. "子曰修己以敬"
14) 同上, 「顔淵」篇. "君子敬而無失 與人恭而有禮"
15) 同上, 「子路」篇. "上好禮則民莫敢不敬"
16) 同上, 「衛靈公」篇. "言忠信 行篤敬" ; 「衛靈公」篇. "事君敬其事而後其食" ; 「子路」篇. "樊遲問仁 子曰 居處恭 執事敬"
17) 同上, 「子長」篇. "祭思敬"
18) 『孟子』「梁惠王」上篇, 6章 등 參考.
19) 『孟子』「離婁」上篇 12章 參考.

한 원리란 『中庸』에서 제시되는 하늘의 道인바 誠(誠者)이라고 생각하며, 그러한 하늘의 道를 본받고자 하는 것(思誠者)이 바로 인간이 추구해 가는 규범인 誠(誠之者)이라는 것이다.[20]

(2) 『周易』의 用例

『周易』에는 誠개념이 직접 언급되는 경우는 매우 드물다. 그러나 誠개념에 해당하는 용어가 몇 번 등장한다. 易은 무엇보다 인간의 도덕적인 자세를 요구하기 때문일 것이다.

「乾卦 九三爻辭」에 "君子가 종일토록 부지런히 노력하고, 저녁이 되어 반성한다면,"[21]라는 내용에서 종일토록 부지런히 노력하는 것은 바로 성실하고 경건한 자세로서 誠敬의 태도로 해석될 수 있다. 또한 「乾卦 象辭」의 "하늘의 운행은 건실(剛健)하다. 君子는 이것을 본받아 스스로 굳세고 조금도 쉬지 않는다."[22]라는 언급은 하늘의 건실한 運行은 『中庸』의 誠을 의미하고, 군자가 그를 본받은 자세인 '스스로 굳세고 조금도 쉬지 않음'은 '誠之'와 '敬'에 해당한다고 볼 수 있다. 그 이외에 『周易』에서 언급되는 誠은 「乾卦 文言九二」의 "간사한 것을 막아서 그 정성스러운 마음을 가지며, 세상에 대하여 착한 일을 하고서도 자랑하지 않고, 자기 덕을 넓혀서 강화시킨다."[23]는 내용이다. 결국 『周易』은 誠을 간사함을 버리고(閑邪), 착한 일을 하고서도 자랑하지 않는 것으로 생각하는 것이다. 그러한 誠은 바로 하늘이 만물을 생성시켜 주면서도 자랑하거

---

20) 同上.
21) 『周易』「乾卦九三爻辭」. "君子 終日乾乾 夕惕"
22) 同上, 「乾卦 象辭」. "曰 天行健 君子以自彊不息"
23) 『周易』「乾卦 文言九二」. "閑邪存其誠 善世而不伐"

나 자기 공으로 내세우지 않음이라고 보는 것이다. 그러므로 「乾卦 文言九三」에서는 '말을 닦고, 그 정성을 세우는 것은 곧 業에 있기 때문이다. 그런 까닭에 윗자리에 있어도 기만하지 않고, 아랫자리에 있어도 근심하지 않는다.[24]라고 군자의 정성스러운 태도를 높이 평가하는 것이다.

또한 敬에 관해 언급하면서 『周易』은 敬(恭敬 · 敬虔 · 剛直)과 함께 義(方直)를 대비시켜 설명한다. 즉 「坤卦 文言」에서 "곧다는 것은 바르다는 말이다. 그리고 바르다는 것은 옳다는 말이다. 군자는 공경함으로 안을 곧게 하고, 옳은 것으로 밖을 바르게 한다. 공경하는 것과 옳은 것이 확립되면 덕이 외롭지 않다. 곧고 바르고 크다는 것을 익히지 않아도 외롭지 않음이 없다는 것은 그 행하는 바를 의심하지 않기 때문이다."[25]라고 밝히고 있다. 또한 「需卦 九三: 象」에는 "내가 도둑을 오게 하지만 恭敬하고 삼가면 되지 않음이 없다."[26]라고 하고, 「需卦 上六」에서는 "청하지 않은 손님이 셋이 올 것이다. 이 사람을 恭敬하게 대하면 마침내는 길할 것이다."[27]라고 했고, "訟事 때문에 옷이나 띠를 받는다는 것은 역시 좋아할(恭敬하다) 것이 못된다."[28]라고 했으며, 「禽卦 初九爻」에서는 "초구는 행동이 착잡하다. 공경하면 허물이 없을 것이다."라고 하고, 그 「象辭」에서는 말하기를 "행동이 착잡하고 공경해야 한다는 것은 그것으로 허물을 피할 수 있다는 말이다."[29]라고 했다.

---

24) 同上,『乾卦 文言九三』. "修辭立其誠 所以居業也 居上位而不驕 在下位而不夏"

25) 同上,『乾卦 文言』. "… 直其正也 方其義也 君子 敬以直內 義以方外 敬義立而德不孤 直方大不習无不利 則不疑其所行也"

26) 同上,「需卦 九三 : 象」. "自我致寇 敬愼不敗也"

27) 同上,「遺挂 上六」. "有不速之客三人來 敬之終吉"

28) 同上,「訟卦 上九:象」. "象曰 以訟受服 亦不足敬也"

29) 同上,「禽卦 初九」. "初九履錯然 敬之无咎象曰履錯之敬 以辟咎也"

그리고 이러한 敬의 의미에 상응하는 개념으로서 몽매함(순진)이 언급되고 있다. "蒙(어리석고 純眞함)으로써 바른 것을 기르는 것은 聖스러운 공이다."[30]라는 언급도 敬에 해당하는 의미라고 할 수 있다. 그런 점에서 공경하고, 공손함은 순진하면서도 조금은 어리석음을 동반하는 것이다. 진정한 의미의 誠敬은 지나치게 자기 이익에 밝은 자세를 극복하고, 타인을 고려하여 때에 따라서는 손해도 감수하는 순박함과 몽매함이 요구된다고 할 수 있다. 그러한 점이 상황을 호전시킬 수 있는 촉매제의 역할을 할 수 있기에 「蒙卦」는 어린아이의 몽매함을 높이 평가하며, 그 속에서 敬의 의미를 발견하는 까닭에 성인의 경지(聖功)를 운위하게 되는 것이다. 이 점은 『周易』에서 발견되는 誠敬의 의미인 것이다.

(3) 『中庸』과 『大學』의 誠敬說

『書經』에 의하면 귀신도 정성을 다하는 자의 제사를 歆饗한다고 했다.[31] 무슨 일이든지 정성을 기울이지 않고 처리될 수 있는 것이 있겠는가? 더욱이 개인의 자기 수양에 정성됨이 없이 그 결과를 기대할 수 없다.

'誠' 字가 도덕 규범적인 덕성을 의미하기 시작한 것은 『中庸』에서부터 비롯되었다고 할 수 있다.[32] 그런데 『中庸』에서 云謂되는 誠은 본체와 덕성의 두 가지 의미를 가지고 있다. 자연질서라는 측면에서 보면 그것은 본체적인 의미이고, 인간의 규범적이라는 측면에서 볼 경우 덕성을 의미한다. 『中庸』의 이 誠은 『大學』에서

30) 同上, 「蒙卦:辭」. "蒙以養正 聖功也"
31) 『書經』 「商書:太甲 下」. "鬼神無常亨 亨于克誠 天位艱哉"
32) 『周易』, 乾卦, 文言, 九二.

는 誠意·愼獨으로 표명되고, 『論語』에서는 忠信으로, 『孟子』에서는 '反身而誠」으로 언급되고 있다. 그리고 이 誠은 그 의미에 따라 다른 개념으로 대치될 수 있다. 즉 誠은 이 천도로서의 천명과 일치되고 誠之의 誠은 執中과 일치된다.[33] 그리고 精一은 誠工夫(敬) 즉 誠之와 일치된다. 그런 까닭에 「十六字心傳」이야말로 誠의 가장 실질적인 근원이라 할 수 있다.

한편 『中庸』에서 가장 포괄적으로 정립된 誠의 개념은 「誠者天之道也 誠之者 人之道也」[34]라는 내용이다. 전자의 誠은 本體的誠으로서 天道요 天德이며, 후자의 誠(誠之)은 人道요 人德이다. 그리고 후자의 誠之는 敬과 같은 뜻을 갖는다. 즉 그것은 인도 인덕을 통해서 천도 천덕을 실현하는 것을 의미한다. 인간이 誠을 실현할 수 있는 까닭은 인성에 그 誠을 구비하고 있는 때문이다. 그리고 그러한 誠의 실현은 擇善固執, 즉 精一을 통해서 가능할 수 있다. 誠 그 자체는 天道인 까닭에 誠者의 誠은 聖人의 誠이고, 誠之의 誠은 凡人의 誠이라고 해석된다. 따라서 天道와 天德으로서의 誠은 人道와 人德으로서의 誠의 목표가 되고 전형이 된다. 그러므로 誠之하면 天人合一의 縱的 功效[35]와 內外合一의 횡적 功效가 이루어진다고 한다.[36] 전자는 天道實現이며, 후자는 현실적 수기치인의 도덕적 실현이다. 따라서 誠은 諸德의 근원이요 百行의 根本이 되는 것이다.

그러면 誠을 어떻게 실현할 것인가의 문제 곧 誠之를 어떻게 하느냐가 문제가 된다. 『中庸』은 誠의 실현 擇善固執을 통해서 가능하다고 밝힌다.[37] 즉 顔淵과 같이 "中庸을 택해서 한 가지 善을 얻

---

33) 朱熹, 『中庸』 序文, 參照.
34) 『中庸』, 第20章.
35) 『中庸』 第22章.
36) 上同, 第25章.

으면 받들어 마음속에 깊이 간직하고 잃지 않는"[38] 것이 誠을 실현하는 방안인 것이다. 이는 天道의 流行이 '自强不息, 生生不已'하는 것처럼 한 순간에도 쉼이 없어야 하고, 한순간에도 끊어짐이 있어서는 안 되는 것이다.

또한 잘 알려진 바와 같이 『大學』에서는 인간의 자기 완성을 위해 '明德을 밝혀야 하며, 治國해야 하고 … 致知해야 하며 致知는 格物에 있다.'[39]라고 한다. 그리고 올바른 格物을 이루기 위해서는 居敬해야 한다고 주장한다.[40] 왜냐하면 居敬을 통해서 마음을 참되고 바르게 가져야 올바른 격물과 치지가 가능할 수 있기 때문이다. 결국 『大學』도 중용과 마찬가지로 敬을 실천함으로써 天道인 誠을 올바로 터득하여 구현할 수 있다고 생각한다. 『大學』에서 언급되는 경우 『中庸』의 誠之者로서의 敬과 일치하는 것이다.

2) 宋代의 誠敬論

誠과 敬은 유학이 지향하는 仁·義 등과 같은 규범을 실천하기 위해 요구되는 인간의 노력으로 해석되는 개념이다. 그런데 이 두 개념은 오랜 기간을 통해서 철학적인 개념으로 정립되어 왔다. 특히 유학 가운데서도 형이상학적인 체계를 가장 잘 갖추고 있는 성리학에서 이 두 개념은 매우 중요시되었다.

原始儒學은 이 두 개념을 함께 중요시했으나 宋代 성리학에서

37) 上同, 第20章.
38) 上同, 第8章. "擇乎中庸 得一善則拳拳服膺"
39) 『大學』 首章.
40) 朱熹, 『大學章句大全』 수장 擇明明德 : 『朱子語類』 卷5. 性情心意等各義 등 참조.

는 '敬'을 더 강조한다. 그리고 한국의 성리학자 중 퇴계는 '敬'에 치중하였고 율곡은 '誠'을 더 중요시했다. 그러나 誠敬의 개념을 별개로 보지 않고 혼용해서 사용하기도 하고, 誠敬의 합성어로 사용하는 경우도 있었다.[41] 아울러 " '誠敬'을 합쳐서 사용하면 가장 高度의 敬이 된다."[42]는 주장도 대두된다. 그렇기 때문에 宋代의 성리학자들의 誠과 敬에 관한 사고를 고찰해 볼 필요가 있다.

朱熹는 '敬은 收歛·畏懼·不縱放이고, 誠은 朴直·慤實·不欺誑이다.'라고 정의하였다.[43] 즉 敬은 항상 정성을 다지고 삼가며 警戒하여 放縱하지 않는 것을 말하고, 誠은 마음이 소박하고 곧아서 정성되어서 거짓됨이 없는 것을 말한다. 결국 誠은 '거짓됨이 없는 것이고', 敬은 '방자함이 없는 것'이다. 그래서 朱子는 '誠은 진실하고 망령됨이 없어 속이지 않는 것이고, 敬은 근신하고 두려워하여 함부로 하지 않는 것'이라는 말이다. 또한 朱熹는 '誠은 實일 뿐이며, 敬은 畏일 뿐이다.'[44]고 하였다. 즉 誠은 진실하고 망령됨이 없어 속이지 않는 것이고, 敬은 근신하고 두려워하여 함부로 하지 않는 것이라는 말이다. 또한 朱熹는 '誠은 實일 뿐이며, 敬은 畏일 뿐이다.'[45]라고 했다. 결국 진실하지 못하여 속임이 있으면 誠이 되지 못하고, 게을러서 함부로 하면 敬이 되지 못한다. 이점이 '誠과 敬의 구별이다.'[46]라고 한다. 즉 망령되고 거짓되면 성실

---

41) 『二程全書』 卷2, 「遺書」. "學者 須先識仁 仁者 渾然與物同禮 義禮智信 皆仁也 識得此理 以敬存之而已"

42) 張其昀, 1981, 「孔子學說의 現代的 意義」『華崗校友會譯』, 螢雪出版社, 117쪽.

43) 上同, 卷37. 性理9 誠. "敬只箇收歛畏懼不縱放, 誠是箇朴直慤實不欺誑"

44) 上同. "誠是不欺妄底意思 敬是不放肆底意思"

45) 『朱子語類』 卷9, 性理3. "誠只是一箇實 敬只是一箇畏"

46) 『性理大全』 卷37, 性理 9 「誠」. "妄誕欺詐爲不誠 怠慢放肆爲不敬 此

할 수 없고 게으르고 放恣하면 敬畏할 수 없다. 따라서 敬의 극치가 誠이고, 誠은 敬이 투철한 것이다.

결국 朱熹의 이러한 생각은 天道(誠禮)로서의 誠은 人道(誠之)의 誠이 지향하는 목표이고, 인간은 誠之라는 노력을 통해서 天道(誠)를 실현할 수 있다고 본 것이다. 한걸음 더 나아가서 그는 인간의 노력인 誠之를 敬으로 해석한다.

이러한 주희의 생각은 程伊川이 周易의 '閑邪存其誠'[47]을 해석하는 과정에서 誠을 敬으로 해석하는 견해와도 일치한다. 伊川은 '敬은 邪念을 막는 방법이다. 邪念을 막으면 誠을 보존할 수 있다. 이 일은 두 가지인 것 같으나 별개의 일이 아니다. 사념을 막으면 저절로 誠이 되는 것이다.'[48]라고 하였다. 즉 誠을 보존하려면 사념을 막아야 하며, 사념을 막는 일이 바로 敬이라는 것이다. 그렇기 때문에 敬은 誠을 보존하는 방법이라는 말이다. 또한 程伊川은 敬을 主一無適이라고 해석한다. 그리고 '主一은 敬을 말하며, 이 경우 一은 誠을 말하고, 主란 뜻을 두는 것이다.'[49]라고 해석했다 즉 敬이란 誠(一)에 뜻을 둔다는 의미라는 말이다.[50] 이와 같이 정이천은 경을 '主一'로 해석하는 과정에서 성은 경의 완성 내지는 실현해야 할 목표라고 이해한다. 그렇기 때문에 성은 경의 목표가 되고, 경은 성을 실현하는 방법 내지 과정이라는 해석이 가능하다. 정이천은 "성은 通體가 되고 경은 공용이 된다. 경하면 내심이 저

誠敬之別"

47) 周易』, '乾卦:文言', 九二.

48) 『二程全書』 卷19. "敬是閑邪五道 閑邪存其誠 雖是兩事 然亦是一事 閑邪則誠自存矣"

49) 上揭書, 卷27, 遺書 24. "主一者謂之敬 一者謂之誠 主則有意在"

50) 『二程全書』 卷31, 「外書」. "誠爲通禮 敬爲用 敬則內自直 誠合內外之道 則萬物流形 故義以方外"

절로 곧게 된다. 성은 내외를 통털은 도이기 때문에 만물이 流形되며, 그렇기 때문에 義로써 밖을 바르게 할 수 있다."라고 말한다. 誠은 統體이며, 內直의 敬과 方外의 義는 用으로 해석된다. 또한 이 셋을 體用關係로 해석할 경우 誠體敬用, 敬體義用의 관계로 해석할 수 있다. 그는 또 '誠하면 敬하지 않음이 없고, 아직 성에 이르지 못했으면 경한 연후에 성해진다.'[51]라고 말한다.

이러한 생각은 성을 경보다 우위에 두고 성인은 성을 쉽게 실현하지만 범인은 경이라는 노력이 뒤따라야 그것을 이룩할 수 있다는 주장에 따른 것이다. 성은 고도의 경 혹은 경의 목표가 된다. 그렇기 때문에 성이 실현되면 경이 필요치 않을 수 있지만, 그렇지 못할 경우 성을 실현하기 위한 절차인 경이 요청되는 것이다.

朱熹는 그러한 생각에서 '먼저 경한 다음에 성을 기대할 수 있다.'[52]고 말한다. 확실히 성과 경을 상대적으로 비교하면 성은 경보다 상위 개념이라 할 수 있다. 왜냐하면 성은 천도에서 터득된 개념이고, 敬은 인간의 후천적이 노력을 요구하는 개념이기 때문이다. 이러한 생각은 주자의 문인 南軒 張氏의 견해에서 확인할 수 있다. 그는 말하길 '성은 천도요, 경은 인사의 근본이다. 敬道가 이루어진 것이 성이요 天이다. 그렇기 때문에 군자의 學은 始終으로 한다.'[53]고 하였다.

주희의 다른 무인 眞德秀(1178~1235)도 마찬가지로 誠敬關係를 설명한다. 그는 '학자의 노력은 모름지기 一에 主力해야 한다. 이 경우 主라는 것은 끊임없이 一을 지켜서 뜻을 변치 않는 것이다. 그 함양이 충분히 이루어져 우리 마음의 본체가 담연해지기 때문

---

51) 上同, 卷40, 「二先粹言」. "誠則無不敬 未至於誠 則敬然後誠"
52) 『性理大全』 卷37, 「性理9:誠」. "問誠敬二字如何看, 輔廣云, 先敬後誠"
53) 上同, 卷47, 學5, 「存養」. "南軒張氏曰 誠者天之道 敬者人事之本 敬道之成 則誠而天矣 然則君子之學 始終乎敬者也 人之有是心也"

에 자연히 두 가지 생각이나 혼잡되지 않는다. 그렇기 때문에 노력하지(主) 않아도 저절로 一이 된다. 노력하지(主) 않아도 스스로 一이 되는 것이 바로 誠이다. 敬은 인사의 근본이요 학자가 힘써야 할 핵심이다. 성에 이르면 天道에 달한다. 이 점이 바로 誠敬의 차이인 것이다.'[54] 라고 말한다.

경은 성에 도달하기 위해 우리가 힘써야 할 핵심이고, 그 경은 또 성에 뜻을 두고 끊임없이 노력하는 것(主一)이다. 그러한 노력이 충분히 결실을 거두면(涵養旣熟) 경하는 노력이 없이도 자연스럽게 성이 실현될 수 있다는 생각이다. 이처럼 程朱學에서는 경을 성보다 강조하는 것 같지만, 그 이유는 성을 실현하기 위해서는 경이라는 인간의 구체적인 실천성이 요구되기 때문이다. 이러한 생각은 조선의 16세기 성리학자들에게서 보다 철저히 합리화된다.

3. 河西 誠敬思想의 根幹

1) 學問觀

유학의 학문적 목표는 개인의 본능적인 욕구를 극복하고, 행위가 규범을 벗어나지 않게(克己復禮) 하는 데 있다고 할 수 있다. 유학의 창시자인 공자는 이러한 경지에 도달하기 위해 평생을 통해서 노력하였다고 피력하고 있다. 그리고 그러한 경지에의 도달을 위해서 그가 거쳐야 했던 과정은 철저한 수양을 통한 자기 극복(不

---

54) 上同. "學者用功 須當主於一 主者念念守此 而不雜之意 及涵養旣然 此心湛然 自然無二無雜則不持主而自一矣 不持主而自一則所謂誠也 敬是人事之本 學者用功之要 至於誠 則達乎天道矣 此又誠敬之分也"

惑), 천명에 대한 철저한 파악과 그 구현(知天命), 그러한 수양과 실천을 통해서 도달된 마음의 평정(耳順)을 거쳐야 비로소 모든 규범적인 질서에 어긋나지 않을 수 있었다(從心所欲不踰矩)고 술회하고 있다.[55] 결국 유학은 객관적인 理論知의 탐구보다 도덕적으로 올바른 생활을 가능케 할 수 있는 규범적인 가치를 지향하는 實踐知의 탐구를 목표로 하고 있음을 알 수 있다. 孟子도 이러한 유학의 학문적 성격을 분명히 밝혀 주었다.

河西가 자신의 올바른 삶을 실현하기 위해 추구했던 조선조의 유학은 철저한 자기수양을 통해 본래의 자신을 찾는다는 의미와 함께 올바른 인간의 도리를 窮究한다는 의미에서 성리학이라고 불리우기도 하고, 그 의로운 도리를 탐구한다는 데 그치지 않고 몸소 실천함과 동시에 堯舜孔孟의 道統을 고수하는 정신이 강하다는 점에서 道學이라 불리기도 한다.

조선중기인 成宗朝에서 中宗朝까지의 성리학자들은 특히 도학의 실천에 주력하였다. 그 결과 당시의 성리학자들은 『小學』의 律身·修己의 실천에 주력함으로써 성리학 본래의 위민·민본정신의 구현을 자신들의 필생의 과제로 생각하였다.

河西 역시 이러한 실천적인 학문에 뜻을 두고 있었던 까닭에 "방만한 博學은 平凡·質朴한 학문의 담담한 맛보다 못하다."[56]라고 주장한다. 당시에 실천 유학의 學風이었던 『小學』중심의 유학을 적극적으로 주도하던 河西였기에 그는 학문을 추상적인 개념의 탐구가 아닌 인격의 수련을 통한 인간완성에 있다고 생각했다. 즉 그는 모든 학문의 목표를 맹자와 마찬가지로 인간의 자기수양에

---

55) 『論語』「爲政」. "吾十有五而志于學 三十而立 四十而不惑五十而知天命 六十而耳順 七十耳從心所欲不踰矩"

56) 『河西集』. "孝賦次梁 兄彦鎭韻"

있다고 생각한다.[57] 아울러 그는 이러한 인간 수양을 위한 노력은 끝없는 자기 수양을 통해서 이루어진다는 점을 강조한다. 그가 학문하는 방법을 '흘러가는 물길을 거슬러 배를 젓는 것'에 비유한 詩(吟示景范仲明 其三)[58]는 학문에 대한 그의 생각을 가장 적절히 대변해 주는 詩인 것이다. 흐르는 물에 떠 있는 배는 물길을 거슬러 올라가지 못하면 제자리에 있는 것이 아니라 끝없이 흘러가서 제자리마저 찾을 수 없는 것이 되기 때문에 河西는 학문연구와 자기 수양을 굶주린 자가 밥을 먹듯이 목마른 자가 물을 마시듯 하지 않을 수 없다고 주장했던 것이다.[59]

2) 世界觀

河西는 程朱계통의 성리학을 참다운 학문(眞理)으로 신봉하는 까닭에 그의 세계를 인식하는 체계인 세계관은 성리학적인 그것에 토대를 두고 있다. 즉 하서도 세계의 가장 근원적인 실재를 理와 氣로 이해한다. "가만히 생각건대 천지의 사이에는 理와 氣일 뿐이다."[60]

뿐만 아니라 그는 우주(천지)와 모든 사물은 理氣라고 하는 두 가지의 실체로 이루어진다고 주장한다. 결국 理와 氣는 세계의 가장 근원적인 實體라는 말이다. 그렇기 때문에 理와 氣는 양자의 속성에 있어서 차이가 있을 뿐이라고 생각한다. 理는 氣에 비해 恒久性을 갖는 것이고, 완전한 것이라고 설명한다.[61] 이러한 理에 대한

57) 『河西集』 卷7, '示仲明.'
58) 『河西集』 卷10.
59) 위의 詩.
60) 『河西集』 卷12. "竊謂天地之間理與氣而已"

그의 생각은 氣의 속성과를 비교하는 관점에서 내려진 판단이다.

일반적으로 程朱계통의 성리학에서는 氣에 대한 理의 우월성을 인정하는 까닭에 모든 현상적인 다양성은 理가 아닌 氣를 통해서 설명한다. 그런 까닭에 理는 없는 곳이 없고, 항구성을 지니는 데 반해 氣는 사물에 따라 다양한 형태로 존재하므로 보편성과 항구성을 인정받을 수 없다는 것이다. 바꿔 말하면 理는 언제 어디서나 똑같은 것이므로 그 속성이 同一한 반면 氣는 그러한 동일성이 없고 오히려 다양성 내지는 차별성이 있다는 것이다. 왜냐하면 氣는 자체의 질적인 차별성으로 말미암아 존재의 양태가 다양하게 변하기 때문이라는 것이다.

河西는 이러한 氣의 변화는 그것이 消息·盈虛하는 다양성을 내포하기 때문이라고 주장한다.[62] 그 뿐만 아니라 그는 理에는 明暗·通塞·偏正과 같은 차이가 없지만 氣는 그렇지 않다는 것이다. 通塞의 차이가 있는 것은 氣이고 偏正한 차이가 있는 것은 質이다. 잘 알려진 대로 氣는 구체적으로 음양이고 質은 五行이며, 이들을 통틀어서 氣라고 지칭하기도 한다. 하서를 비롯한 성리학자들이 理에 氣와 같은 질적인 차이가 존재하지 않는다고 주장하는 이유는 理가 감각적 경험의 대상이 아니기 때문이고 현상계의 존재들이 보이는 다양성 내지는 차별성과는 구별되는 속성을 갖고 있다고 생각하기 때문이다. 그러나 이러한 理는 氣를 떠나서 존재할 수 없다는 것이 성리학의 일반적인 생각이다. 理와 氣의 관계를 설명함에 있어서 '理氣不相離', '理氣不相雜'이라고 하는 命題가 그 의미인 것이다. 하서는 이러한 理氣의 관계를 다음과 같은 내용

---

61) 同上. "理則可常而氣則不可常 理無日亡亦無一毫欠缺而氣有消息盈虛之不齊"

62) 同上.

으로 밝히고 있다. '氣가 존재하는 곳을 理라고도 할 수 있지만 또한 전적으로 理만을 가리킬 수는 없다.'[63] 氣가 존재하는 곳을 理라고 한다는 말은 理가 氣의 존재 근거라는 말이다. 그럼에도 불구하고 그는 氣와 관계를 고려한 나머지 理를 氣와 분리해서 생각할 수 없기 때문에 '전적으로 理만을 가리킬 수는 없다.' 라고 말한 것이다. 이 말은 理가 있는 곳에 氣가 동시에 존재한다는 의미인 것이다. 곧 河西는 理와 氣는 '不相離'의 관계를 갖는다는 의미를 이렇게 언급한 것이다.

그런데 그의 이러한 언급의 또 다른 한 의미는 氣가 있는 곳에 理가 있지만 그렇지 못한 경우가 있을 수 있다는 의미인 것이다. 이는 理가 자기의 主宰者의 노릇을 못할 경우가 있을 수 있다는 의미인 것이다. 원래 理氣는 그들의 관계를 규정하는 성리학적인 전제들에 의하면 同時竝存의 관계에 있어야 한다. 그럼에도 불구하고 하서가 '氣의 존재하는 곳을 理라고도 할 수 있지만 또한 전적으로 理만을 가리킬 수는 없다.'라고 말한 이유는 무엇일까? 그 이유는 理가 氣를 주재하지만 그렇지 못할 경우가 있을 수 있다는 점을 의식하고 이렇게 말했을 것으로 생각된다. 실제로 성리학에서는 理가 氣를 주재하지 못하는 경우를 정상적이지 못한 관계로 보며 인간의 心性의 경우 惡을 초래하는 경우로 보아 수양의 필요성을 이끌어 내기도 한다. 그러나 理氣의 기본적인 관계로 볼 경우 이러한 사고는 사실적으로는 용인될 수 없는 관계이다. 그럼에도 불구하고 조선조의 성리학자들은 자신의 이론을 수정해 가면서까지 理氣의 관계를 설정하고, 그로부터 자신의 심성이론의 정당성을 확보하기 위해 고심하고 있음을 본다.[64]

---

63) 同上. "氣之所在抑可謂之理而亦不可專指乎理也"

64) 退溪는 互發說을 주장하기 위한 體用說에 의한 '理發'의 合理化 과정

河西를 비롯한 성리학자들은 理氣라는 개념을 토대로 체계화한 이기설적인 세계관에 따라 세계의 形相적인 차이를 설명하고자 한다. 그리고 이러한 理氣觀을 인간의 다양한 모습 특히 氣質的인 差異와 심성적인 差異를 해명하는 틀로서 이용함으로써 인간의 자기수양의 필요성과 그 가능성을 확보하고자 한다. 그러한 修養을 통한 자기실현을 유학은 이상으로 표방하는 것이다.

3) 人間觀

河西에 의하면 인간은 다른 동물에 비해 氣質의 측면에서 뛰어난 특성을 갖지만 그러한 특성도 청탁과 粹駁(純駁)의 質的인 차이를 내포한다는 것이다(『河西集』「大學講義跋」). 그리고 인간은 이 기질적인 차이로 말미암아 知愚나 賢不肖라고 하는 정신적인 능력의 차이와 함께 규범적인 실천능력의 차이까지를 갖는다고 생각한다. 아울러 그는 禽獸와 草木은 氣質이 偏塞하기 때문에 인간의 氣質과는 다르다고 생각한다. 곧 하서를 비롯한 성리학자들의 견해에 의하면 인간과 초목·금수는 전자가 氣質이 정통한데 반해 후자는 편색하다는 차이를 드러낸다. 이러한 氣質의 차이는 인간과 다른 사물간의 차이뿐만 아니라 인간과 인간 및 사물과 사물간에도 존재한다는 것이다. 그런 까닭에 금수는 바르지 못한(偏) 氣를 타고난 중에서도 조금은 통할 수 있는 氣를 타고났고, 草木은 바르지 못할 뿐만 아니라 완전히 막힌 氣를 타고났다는 것이다. 이러한 사고는 궁극적으로 인륜이라는 규범적인 가치를 실현할 수 있는 가능성을 가지고 있느냐의 여부를 염두에 두고 이루어진 생각이

이 좋은 實例이다.

다. 인간은 아무리 열등하고 완악한 경우라도 도덕적인 규범이 무엇인지를 이해한다. 그러나 다른 사물은 그렇지 못하다는 것이다. 지능이 인간에 방불할 수 있는 동물이 있다고 해도 동물은 가장 열등한 인간보다 못하다는 생각이 성리학자들의 견해인 것이다.

이러한 기질의 차이를 중심으로 구분된 인간과 사물과의 차이는 한걸음 더 나가서 인간과 사물의 형태에까지 확대되어 설명된다. 즉 인간은 원형인 하늘을 본받아 머리가 둥글고, 방형인 땅을 본받아 발이 방형으로 형성되었다는 것이다. 이러한 천지를 본받아 인간의 모양은 頭圓足方하다는 설명과 함께 인간은 기질과 형상의 뛰어남 때문에 平正直立의 자세로 살아간다고까지 주장한다. 반면에 동물과 식물(草木)은 氣質이 열등하기 때문에 그들의 형상도 인간에 비해 열등할 뿐만 아니라 살아가는 형태도 동물은 하늘을 향한 방향이 아닌 橫生으로, 초목은 인간과 정반대인 逆生(下向)의 자세로 살아간다고 주장한다.

이 점에서 하서는 다른 성리학자와 마찬가지로 靈長觀的인 인간관의 입장에 서 있다고 할 수 있다. 인간은 다른 동물보다 뛰어난 氣質을 가진 까닭에 비록 氣質이 濁駁한 어리석은 사람이나 못난(不肖) 사람이라 할지라도 노력의 여하에 따라서 자신의 氣質을 교정하여 청순한 氣質의 聖賢과 같은 경지에까지 이를 수 있다는 것이 하서의 생각이다. 그는 "비록 堯舜처럼 본성대로는 못하지만 湯武와 같이 수행하면 넉넉함이 있으리라."[65]고 한다. 결국 인간이 자신의 氣質이 못 미치는 바를 극복할 수 있다는 생각이고 보면 사람의 기질적인 차이는 사람과 초목·금수의 그것처럼 절대적인 것이 아니라는 말이 된다. 인간은 復性의 가능성을 지니고 있는 존재라는 이 생각은 그의 인간관의 성리학적인 특성이다.

---

65) 『河西集』 卷1, 「復性賦」.

4. 河西의 誠敬觀

儒學은 본래 올바른 인간의 도리를 탐구하는 학문임은 앞에서도 언급하였다. 그런 까닭에 유학은 그 철학적인 바탕을 인격완성에 두며 이상적인 인간의 완성을 향한 구체적인 방안의 탐구를 그 학문적인 목표로 삼는다. 유학의 창시자인 孔子는 인간은 부단한 자기 수양을 통해서 완성될 수 있다고 한다. 아울러 그는 완성된 인간을 군자·현인·성인 등으로 제시하면서 인간완성의 중요성을 역설하였다. 그러나 공자는 그러한 인간의 자기 수양의 방법을 구체적으로 제시하지는 않았다. 단지 이상적인 인간에 미치지 못하는 인간유형 곧 소인에 대한 비판을 통해서 자기 성찰을 통한 자아의 완성이 이상인에 이르는 길임을 제시하였다.

그러나 공자의 이념을 계승하여 발전시키려 노력했던 맹자는 공자보다 구체적인 수양의 방법을 제시하였다. 무엇보다도 맹자는 인간완성의 가능성이 인간자신의 내면에 존재함을 밝히고, 그러한 내면적인 본질로부터 인격완성의 가능성을 제시하였다. 맹자는 인간다움을 다른 동물과 구별되는 도덕적인 본성(善性)이라고 규정하고 동물적인 욕구와 다른 이 본성을 확충시킬 수 있는 방법을 제시하였다. 비록 맹자가 제시한 인간의 본성 속에 善의 가능성이 있다고 하지만 그러한 가능성이 있다고 해서 아무런 노력 없이 善을 실천할 수 있다는 주장은 아니다. 그러므로 맹자의 인성론은 인성에 대한 수양이 필요함도 아울러 강조하게 되며 구체적으로 그는 養性의 필요성을 강조하게 되는 것이다. 뿐만 아니라 맹자는 인간의 도덕성은 善한 기질과 밀접한 관계를 갖는다는 점을 밝힘과 아울러 그러한 기질을 길러야 선한 본성을 발휘하여 올바른 행위를 할 수 있다고 강조한다. 그의 '浩然之氣'와 '夜氣'에 대한 保養論이 그것이다.

맹자의 이러한 修養論은 송대의 성리학자들에 주목되어 그의 성선설과 함께 형이상학적 이론으로 체계화됨으로써 성리학의 핵심이론으로 발전되었다. 程朱계통의 理氣・心性說은 바로 맹자 이후 유교적인 수양론의 가장 발전된 형태라고 할 수 있다. 구체적으로 程朱계통의 居敬・窮理論이 바로 성리학의 수양론의 핵심이론이다.

程朱계통의 성리학의 수양설에서는 인간을 理氣의 妙合에 의한 존재로 보기 때문에 인간의 다양한 개인차를 氣質의 차이 곧 氣의 淸濁粹駁의 결과로 설명한다. 따라서 성리학은 인간 가운데 가장 이상적인 유형인 聖人과 일상인과의 차이까지도 氣의 淸濁粹駁 곧 氣質의 차이 때문이라고 주장한다. 이러한 시각에 따라 인간의 자기완성은 무엇보다도 그러한 기질의 고르지 못함을 극복하고 기질의 영향권에서 왜곡된 본성을 회복하는 데 있다고 주장한다.

河西는 성리학적인 수양이론을 계승하여 자신의 誠敬說로 재구성하였다. 그의 인간관에서 살펴본 바와 같이 하서는 인간도 우주자연과 같이 理氣의 결합으로 이루어졌기 때문에 그들이 타고나는 기질(氣)의 차이가 없을 수 없다고 생각한다. 인간은 기질이 다르기 때문에 자기본성을 온전히 발휘할 수 없는 경우가 있게 된다고 생각한다. 그러나 이러한 사람의 기질적 차이는 다른 사물(草木 禽獸)의 경우와 같이 절대적인 것은 아니다.

왜냐하면 인간은 본질적으로 정통한 기질을 타고났기 때문에 노력을 통하여 자신의 濁駁한 기질을 교정하여 청순한 기질의 聖賢에까지 이를 수 있다는 것이 河西의 생각이다. 그는 인간은 자기를 완성할 수 있는 가능성을 지님과 동시에 타자를 완성시켜 줄 수 있는 가능성을 지닌 존재라고 생각한다.[66] 그는 성인이 아닌 보통사람도 '비록 堯舜처럼 본성대로는 못하지만 湯武와 같이 수행하면 넉넉함이 있으리라.'[67]라고 분명히 밝혔다. 아울러 河西는 인간은 학문탐구 곧 자기수양을 통해서 잃어버린 자신의 善心을 회복할 수 있다고 주장한다.[68] 뿐만 아니라 그는 인간이 자신을 수양할 수 있는 방법을 구체적으로 제시한다.

수양의 첫째 방안은 유학본래의 마음을 다스리는 방법인 誠敬을 실천하는 방법이며, 구체적으로 誠敬의 실천을 통해서 孟子 이래의 잃어버린 마음(放心)을 수습하는 방법이다.[69]

성리학은 인간의 마음을 신체의 주인 노릇을 하는 것으로 이해한다. 그러나 이 마음도 氣로 이루어지기 때문에 혼란될 수 있는 것으로 본다. 특히 우리 마음은 이기적이고 小我的인 욕구에 의해 그 본래 모습이 은폐될 경우 자신의 내부에 담겨 있는 도덕성을 상실하게 된다고 생각한다. 그런 까닭에 인간의 자기수양은 본래의 마음을 회복시키는 데에서 출발하여야 한다.

하서는 본심을 회복시키는 방법을 敬에서 찾는다. 그는 '敬이란 思慮를 안정시키고 정신을 수렴하여 도덕성을 함양하는 道理이다.'[70]라고 말한다. 또한 그는 우리 마음이 敬을 통해서 본모습을 회복하면 천하의 和平도 이루어짐을 역설한다.[71] 그러나 하서는 인간의 자기완성은 주관적이고 내면적인 자기완성 곧 심성의 수양만을 통해서 이루어지는 것이라고 생각하지 않는다. 참으로 완성

66)『河西集』卷2.「題敬岑上人卷端」.
67)「河西集』卷1,「復性賦」.
68)『河西集』卷7,「示仲明」.
69)『河西集』卷7,「示仲明范」.
70)『河西集』卷11,「與盧寡悔論夙興夜寐箴解別紙」.
71)「河西集』卷 ?,「景范次尊韻余又答之 其五」.

된 자기를 확립하기 위해서는 객관적인 규범의 실천이 뒤따라야 함을 강조한다. 즉 모든 행위를 예법에 맞게 해나감이 필요하다는 것이다. 아무리 자신의 본성을 투철히 깨닫고 심성의 수양을 위해 노력한다 할지라도 실제적인 실행이 병행되지 못하면 모든 앎도 허식이 될 뿐이라고 생각하며 실천적인 노력이 따라야 한다는 것이다.[72] 하서는 규범적인 자기 완성의 방법으로 居敬・窮理・力行의 세 가지를 제시한다.

그런 까닭에 그는 이러한 방법을 통해 자아가 완성되면 참다운 삶이 구현된다고 믿었고 그러한 자기 완성을 위해 일생을 두고 노력했다. 또한 그는 인격을 수양하기 위해서는 '敬'의 실천이 뒤따라야 한다고 생각한다. 왜냐하면 우리의 몸을 주재하는 것은 마음이고, 그 마음을 주재하는 것은 敬이라고 생각하기 때문이다.[73]

그러면 敬이 마음을 주재한다는 의미는 무엇인가? 무엇보다도 우리의 마음은 혼란되기 쉽다. 하서를 비롯한 성리학자들은 이렇게 혼란되기 쉬운 마음을 바로 잡아야 참다운 인간완성의 길이 도모될 수 있다고 생각한다. 마음을 바로잡기 위해서는 그 마음을 흩뜨리지 않는 진실된(敬) 상태가 유지되어야 하며, 그러한 상태를 유지하는 것이 바로 진실된 상태인 敬이 마음을 주관(主宰)할 때 가능할 수 있다고 생각한다.

그렇기 때문에 그는 우리의 마음이 신체를 주관(主宰)한다고 생각한다. 그리고 마음은 침착하여 안정되고 신중한 상태를 유지해야 올바른 사고와 판단을 할 수 있다고 본다. 마음이 이러한 상태를 유지할 수 있는 것이 바로 敬의 상태인 것이다. 그래서 敬은 우

---

72) 『河西集』 卷1, '孝賦次梁兄彦鎭韻.'

73) 『河西集』 下, 85쪽. "心本一身之主宰 非人以爲之主宰然後主宰之也. 惟其氣雜而誘於物 則心馳於外而身便無主 能敬以直之 則心便主宰如前矣"

리 마음을 주재한다고 주장하게 되는 것이다. 결국 마음은 몸을 주재할 수 있는 지위에 있지만 실제로 그 주재의 역할을 바르게 수행할 수 있는지는 敬의 실현 여부에 달려 있다고 보는 것이다. 곧 마음이 敬의 상태를 유지함으로써 안정되고 침착한 마음의 상태가 유지되며, 그 때문에 모든 이치를 밝힘으로써 자신(心)과 신체 및 외부 세계의 모든 일을 주관할 수 있게 된다.74)

아울러 그는 敬을 '聖學의 시작하고 끝이 되는 것'이라고 정의하며, 우리가 참다운 인격을 완성하기 위해서는 우리의 마음이 잠시도 敬을 떠나서는 불가능하다고 주장한다. 그리고 이러한 敬의 상태는 '主一無適하고 整齊嚴肅하여 常若對越하는' 구체적인 마음의 수련을 통해서 확립된다고 강조한다.75)

마지막으로 河西는 인간의 궁극적인 완성은 자신을 넘어서서 모든 이웃까지를 완성해 주는 단계에 이르러야 함도 강조한다. 이러한 그의 생각은 孔子 이후 유학의 전통인 자신의 완성을 넘어서 만물까지를 완성해야 한다는 成物의 이상까지를 포함하는 것이다. 이는 物我一體觀적인 세계관에 입각하여 천지의 생성까지도 도와야 한다는 『中庸』의 '誠之'의 정신과 통하는 생각인 것이다. 그런 점에서 그의 자아실현을 추구하는 이상은 '誠敬'의 이념에 토대를 두고 있다고 말해질 수 있는 것이다.

---

74) 『河西集』「策」下, 162쪽. "敬者所以存心而明理也 故自下學之初 以至於爲聖爲賢 未可一日而離乎此"

75) 同上. 「附錄」 卷1, '家狀'. "敬者聖學之所以成始成終. 而主一無敵, 整齊嚴肅, 常若對越, 則涵養本源 開發聰明 在此一字"

5. 맺음말

河西는 성리학적인 수양이념을 계승하여 자신의 이론으로 재구성했으며, 그러한 이론을 철저히 자신의 완성을 위한 방편으로 삼아 자신을 수양함으로써 당대의 제자들로부터 깊은 존경을 받았을 뿐 아니라 세상을 떠난 이후에도 조선후기의 문풍을 진작시킨 君主인 正祖로부터 "나는 金河西에 대해서 특별히 경모의 마음을 갖고 있으니 도학과 절의와 문장을 다 갖춘 사람은 하서 한 사람밖에 없다."라는 평가를 받았다. 하서에 대한 평가는 주로 그의 도학적인 인격과 평생을 일관되게 살아온 사림파 지식인으로서의 인간상에 대한 평가였다면 그의 학문이 당대에서 미친 영향과 성리설에 대한 전체적인 조망의 필요성이 높다고 할 수 있다. 비록 그의 성리학 관계 문헌이 逸失되고 전해지지 않아 그 片만을 추정할 수밖에 없다고는 해도 그의 세계관 및 인간관을 통해서 볼 때 성리학적인 이론에 투철하였음을 알 수 있으며, 그의 수양론은 그의 인격이 후대의 높은 평가를 받은 사실에 부합되는 道學者다운 면이 뚜렷하다. 뿐만 아니라 그의 학문과 인간완성을 일치시켜 나간 도학자로서의 삶은 오늘날에도 본받아야 할 점들이다. 그가 기묘사화에 희생된 사림파 지식인을 복권시키기 위해 상소를 통해서 보여준 용기는 당대의 어느 지식인에 비견될 수 없는 점이다.

어느 시대나 지식인의 현실 고발은 목숨도 버릴 각오를 가지지 않고서는 이루어질 수 없다는 점을 감안할 때 그의 현실의 모순과 불의를 고발하는 데서 보여준 용기는 시대를 초월한 龜鑑이라 하지 않을 수 없다. 더욱이 그러한 용기가 자신의 인간완성을 위한 수양의 이론인 '誠敬論'에 뿌리를 두고 있다는 점에서 그의 '誠敬

論’에 대한 새로운 인식이 필요할 것으로 생각된다.

하서의 사회개혁과 현실고발은 모두 자신의 수양된 인격, 곧 安身立命하는 삶에의 자세가 없이는 불가능했다고 볼 때 그의 도학적인 학문관의 토대를 이루는 ‘誠敬論’은 오늘날과 같은 陋規가 무너진 悖倫的인 사회 현실과 업적주의가 판치는 세태에서 더욱 그 의미가 가중된다 할 수 있을 것이다.

Ⅱ. 沙溪 金長生의 禮思想

1. 머리말

유학에서 운위하는 禮는 단순한 행위규범으로서의 儀禮만을 의미하는 것이 아니다. 그것은 인간의 내면의식인 본성을 의미하기도 하고 인간행위의 준칙인 규범원리를 뜻하기도 한다. 또한 그 원리는 하늘과 땅의 원리이며, 우리 인간이 영원히 본받아야할 원리이기도 하다.

그런 까닭에 유학에서 운위되는 禮는 개인이 실행해야 하는 규범으로부터 단체의 규율과 국가의 법제 및 사회의 모든 제도까지를 모두 포함한다.[1] 즉 그것은 우주자연의 원리(天道 · 天理)와 사회적인 질서(天序 · 天秩)까지를 의미한다. 그런 의미에서 禮는 天理의 節文이요, 人事의 儀則이 되는 것이다.[2]

또한 유학은 인간의 규범의 원리를 존재의 원리에 근거한다고 보며, 이들 원리는 상호 會通한다고 굳게 믿는다. 그 원리들 사이의 회통의 의미를 중용에서는 '하늘이 명령의 형식으로 부여해 준

---

1) 李丙燾, 『朝鮮儒學史』, 亞細亞文化社 刊, 294쪽 參照.
2) 『論語』「學而」篇 12, 朱熹註 참조.

것이 性이라 하고, 그 성을 따르는 것이 도라고 하며, 그 도를 닦는 것을 교라고 한다.'[3)]라고 언급하고 있는 것이다. 이 언급에서 敎란 바로 우리들이 지켜야할 규범과 질서이며, 그것은 우주 곧 대자연의 질서라는 것이다. 儒家는 우리 인간의 모든 행위는 대자연의 질서에도 영향을 미친다고 생각한다. 즉 유학이 지향하는 天人合一, 天人相感의 이념이 그것이다. 조선조의 유학자들은 대부분 이러한 이념을 철저히 신봉하고 있었다. 그렇기 때문에 그들에게 있어서 禮는 현대적인 의미의 行爲規範 정도의 의미를 훨씬 뛰어 넘고 있다. 규범인 禮를 지켜야 한다고 생각하는 점은 현대인이나 유학자들의 전통적인 생각은 다를바 없다. 그러나 규범이 실천되지 않는데 대한 생각은 현대인 보다 훨씬 심각하게 생각했다.

다시 말해서 현대인은 규범적인 질서인 예를 지키지 않을 경우 도덕적인 비난을 받을 각오를 해야 하지만 조선조의 선비의 경우 그 정도가 비교될 수 없을 정도로 훨씬 강하다는 말이다. 그들은 예가 지키지 않으면 도덕적인 질서가 무너지는 정도를 넘어서 천지의 질서가 깨어진고 생각했다. 그런 만큼 규범의식이 더욱 강조되었던 것이다.

17세기의 조선유학의 특성은 예학으로 규정되며, 그 대표자가 金長生이라는데 이론의 여지가 없다. 그를 예학의 대표자로 간주하는 이유는 그의 예학에 관한 저술들의 광범위 함과 철저성에 기인한다. 특히 그는 조선조 예학의 근간이 된 『朱子家禮』에 대한 철저한 연구를 통해서 그 내용을 보완하고 조선의 현실과 구체적인 예속화에 필요한 細目들을 정비하는데 공헌했기 때문이다.

본고에서는 그의 禮 사상을 종법질서를 확립하려는 사고를 중심으로 고찰해 보려고 한다. 그러한 시각에서 볼 때 그의 禮學의 핵

---

3) 『中庸』「首章」. "天命之謂性 率性之謂道 修道之謂敎"

심은 『주자가례』를 중심으로 하는 四禮에 대한 내용과 당시의 국가적인 당면과제가 된 전례문제에 관한 내용이 된다.

이러한 문제에 관한 접근의 방법으로 먼저 그의 예 사상의 형성에 미친 시대적·사상적·師承的 배경을 개괄하고, 禮思想의 내용을 그의 禮學에 관한 著作인 『喪禮備要』·『家禮輯覽』·『疑禮問解』·『典禮問答』 등을 중심으로 고찰하고자 한다.

2. 禮思想의 形成背景

어떤 사상이나 사상가든 그 시대적인 상황과 기존의 사상 및 그 사상을 태동시킨 주변의 인물들과의 관계를 떨쳐버릴 수 없다. 그런 의미에서 김장생의 예 사상은 그가 생존했던 시대적인 상황과 당시의 사상적 배경 및 그 자신의 사승적인 관계 등을 고려한 바탕위에서 고찰 될 수 있다. 그렇기 때문에 그의 사상들을 그가 남긴 저서들을 중심으로 고찰하기에 앞서 이 점들에 관해 먼저 고찰하기로 한다.

1) 시대적 배경

모든 사상은 그 사상이 형성된 시대적인 상황을 떠나서 생각할 수 없다. 그런 까닭에 우리는 당시의 시대적인 상황이 沙溪의 禮思想 형성과 어떤 유기적인 관련성을 맺고 있는지를 고찰해 볼 필요가 있다. 이러한 점을 고려하면서 당시의 상황을 살펴볼 경우 沙溪 金長生(1548~1631)이 생존했던 16세기 중엽에서 17세기 중엽까지의 100여년간 조선왕조는 건국 후 일찍이 겪지 못했던 격심한 내우외환을 격게되는 시기이다. 무엇보다도 조선 건국으로부터 200여년에 걸쳐 체제가 안정되고, 국제관계에 있어서도 북방의 6鎭과 4郡이 개척되고, 남으로 대마도를 정벌하여 해양의 골칫거리였던 왜구를 소탐함으로서 상대적인 평화를 누릴 수 있었다. 따라서 당시는 李珥(1534~1583, 호 栗谷)가 '國勢의 未振함이 극에 달하고 있으니 10년이 넘지 않아서 국가의 사정이 흙덩이가 무너지는 듯한 환란을 당하게 될 것이다'라고 경고하였음에도 불구하고 조정은 그의 10만양병설을 외면하게 되었다. 그러한 나머지 7년간에 걸친 壬辰・丁酉의 양대 전란을 치루는 과정에서 국토의 황폐화는 극에 달했고 민생이 도탄에 빠진 상황은 그 유래를 찾아볼 수 없는 지경에 이르고 말았다. 뿐만 아니라 중국 대륙의 왕조가 교체되는 시기에 현실적으로 대응하지 못한 결과로 말미암아 丁卯・丙子胡亂을 겪음으로서 국가의 사직은 율곡이 경고했던 대로 누란의 위기에 봉착하게 되었다. 이러한 외환에 못지 않게 내치의 문제도 심각한 상황에 직면하고 있었다.

2) 사상적 배경

유학은 예의 실천을 근본으로 생각하는 학문이다. 그러한 예를 우리는 유학을 성립시킨 초기의 유자들의 예에 대한 설명에서도 확인할 수 있다. 즉 유학의 창시자인 공자는 修己治人을 목표로 정립한 자신의 사상을 예의 실천을 통해서 구현하고자 했다. 그는 무엇보다도 정치의 이상을 禮治와 德治의 구현을 통해서 실현하려고 노력한 인물이다. 공자사상의 핵심에 해당하는 仁政도 예치를 통해서 도달할 수 있는 것이었다. 그 결과 그는 예를 통한 정치 곧 예치를 이상으로 생각했던 것이다. 다 아는 바와 같이 그는 '정치를 함에 있어서 백성을 정령에 따라 인도하고, 형벌로서 다스려 나가면 백성들이 법망을 빠져 나가려고만 할뿐 수치심을 갖지 않는다. 그러나 덕으로서 인도하고 예로서 다스려 나가면 부끄러워 하는 마음을 갖질 뿐만 아니라 올바르게 된다.'[4]라고 주장한다. 더욱이 그는 백성을 안정시킬 수 있는 정치는 행정과 법질서의 확립에 의해서 달성되는 것이라기 보다 도덕적인 질서의 확립이 이루어져야 한다고 생각했다. 그렇기 때문에 그는 모든 백성이 禮를 알고 실천할 수 있도록 군주는 몸소 예를 실천하여 모범을 보여주어야 한다고 생각했던 것이다.

특히 공자의 이러한 생각은 그의 뛰어난 제자인 曾子가 禮중에서도 喪禮와 祭禮의 중요성을 강조하고 있는데서도 확인된다. 曾子는 "죽은이를 예를 다해 신중히 보내고 먼 조상까지 받들고 제사드리면 모든 백성의 성품(德)이 순후하게 된다."[5]라고 했다. 효를 모든 윤리적 행위의 근간으로 파악하는 유학은 자연히 상례와 제례를 중요시했던 것이다. 그 결과 당시의 묵자학파는 유가의 이러한 상례 및 제례를 중시하는 결과가 경제적인 낭비의 요인이 된다고 비판하기도 한다. 그러나 공자는 경제적인 비용보다 백성의 윤리적 성품의 함양이 이상사회를 이루는 요체가 된다고 보아 예식을 갖추는데 필요한 비용은 지출되어야 한다고 강조한다.[6] 그런 까닭에 역대의 유학은 항상 禮를 중시하였고, 특히 상례와 제례를

---

4) 『論語』「爲政」篇에서 "導之以政 齊之以刑 民免而無恥 導之以德 齊之以禮 有恥且格"

5) 『論語』「學而」편. "曾子曰 愼終追遠 民德歸厚矣"

6) 『論語』「八佾」篇 17. "子貢 欲去告朔之餼羊 子曰 賜也 爾愛其羊 我愛其禮"

중요시 해왔다.

조선조의 통치이념으로 정립된 성리학은 그 용어가 함의하는 바와 같이[7] 인간의 심성에 내재한 天理를 밝히고, 그를 통해서 도덕적인 행위 준칙을 확립하고자 했다. 뿐만 아니라 己卯士禍 이후 사림파학자들은 그러한 심성론적인 탐구를 통해서 우주와 인간에 다 같이 적용될 보편적 理法인 천리를 밝히는 이기론과 인간의 마음을 바로 잡기위한 심성을 수양하기 위한 심성론을 발달 시켰다. 그런데 그들의 마음속에는 "한 군주의 마음을 바로 잡아 인정을 실현한다(格一君心而行仁政)"는 목표가 자리 잡고 있었다. 그리고 이러한 목표 아래 추구된 학문은 궁극적으로는 사회윤리로서 禮論의 심화를 가져오게 하였다. 왜냐하면 모든 이기·심성설적인 立論도 궁극적으로 그것이 인간의 행위규범과 사회적인 규범적인 질서로서 준행되지 않으면 그 실효를 거둘 수 없기 때문이다. 그러한 의미에서 예학은 성리학의 실천론이라고 규정될 수 있다. 그러나 이러한 예학을 발전시킨 예론의 발달은 17세기에 이르러서야 본격화 되었다.[8] 성리학이 비록 유학의 범주를 벗어나지 않아서 예에 관한 관심이 적지 않지만, 16세기까지의 조선 성리학의 예론은 喪·祭禮를 중심으로 특히 祭禮를 강조하면서 『朱子家禮』를 그대로 준행하는데 거쳤을 뿐이다.[9] 16세기의 학자들의 관심은 주로 四端七情論을 비롯한 심성론에 집중되었고, 예론에 대한 관심은 아직 성숙되지 못했다. 이러한 17세기의 사상적인 풍토에 예학적인 학풍을 전개한 인물이 바로 沙溪 金長生이었던 것이다.

---

7) 성리학은 원래 '性命義理之學'에서 유래했고, 한국에서는 주로 이용어를 사용하며, 중국측에서는 주로 理學 혹은 심학 등의 용어로 사용한다.

8) 鄭玉子, 17세기 전반 禮書의 성립과정－金長生을 중심으로－」『한국문화』 11집, 408쪽 참조.

9) 同上.

3) 교육적 배경

金長生은 모친의 3년상을 마친 13세부터 부친의 친구인 宋翼弼(1534~1599, 호 龜峯)에게서 四書와 近思錄을 배우게 된다. 그런데 송익필은 예학에 있어서 당시의 대표적인 학자였다. 沙溪가 훗일 조선의 예학의 宗匠이 될 수 있었던 것은 바로 송익필의 문하에서 수학을 시작한데 한 원인이 있다고 불 수 있다.[10] 송익필과 그의 부친 金繼輝는 돈독한 友誼관계를 맺고 있었다. 그는 송익필의 문하에서 수학하는 동안 각고의 노력을 경주했다.

그후 그는 19세가 되던해에 역시 자신의 부친과 道義之交를 맺고, 정치적으로는 '死生之交'를 맺고 있었다[11]는 栗谷 李珥의 문하에 들어가서 수학하였다고 한다. 그는 이때부터 본격적으로 학문에 정진하여 聖學의 심오함을 체득하고 그 실천에 남다른 열성을 보여 율곡의 각별한 기대를 얻게 되었다고 한다. 특히 그는 李珥의 문하에서 禮學에 더욱 精進하여 크고 작은 禮에 관한 節目들에 능통할 수 있었다고 한다. 후일 그는 "내가 어려서 家禮를 읽다가 그 밝게 알지 못함을 病으로 여겨 友人 申義慶과 토론함을 여러해 동안 하고 또 師門(栗谷)에 나아가 지도를 받고 그 대개의 뜻을 이해하게 되었다."[12]라고 율곡의 문하에서 예학의 대종을 배웠다고 밝힌바 있다. 이는 金長生의 禮學에 미친 李珥의 영향을 단적으로 보여주는 沙溪 자신의 언급인 것이다. 그후 金長生은 보녕으로 가서 土亭 李之函을 만나기도 하고, 파주에 들러 牛溪 成渾

10) 韓基範, 「沙溪 金長生의 生涯와 禮學思想」 참조.
11) 金成俊, 1975, 「沙溪 金長生의 生涯」 『百濟硏究』 6집, 참조.
12) 『沙溪全書』 卷5, 『家禮輯覽 序』 참조.

(1535~1598)을 배알하기도 하였다. 그러나 그는 주로 이이와 송익필의 문하를 왕래하면서 학문연마를 계속했다. 마침내 김장생은 30세가 되던 해에 율곡이 구봉에게 보낸 서신에서 '金希元(沙溪의 字)이 와서 20여일동아 머물면서 조용히 講學하고 있었는데 그 부친의 부름을 받고 돌아가게 되어 이때로부터 相長之益이 없게 되었습니다.'[13]라고 말할 정도로 인정을 받게 되었다. 이처럼 당대의 巨儒였던 송익필·이이의 인정을 받을 정도로 자신의 학문의 경지가 깊어갔음에도 김장생은 학문을 게을리 하지 않았고, 어느 정도 학문을 쌓게 되면 과거에 응시하여 벼슬길에 나가는 다른 학자들과는 달리 과거에도 응시하지 않고 학문의 길에 더욱 매진했다. 그가 과거에 응시하지 않은 이유에 대해 스스로 자신의 氣質이 노둔한 탓으로 돌리고 있으나, 부친인 金繼輝가 尹元衡 등 척신의 배척을 받아 삭탈관작을 당한데에도 그 원인이 있었을 것이다.[14] 이렇게 그는 세속적인 출세에 뜻을 두지 않고, 오직 두 스승으로부터 이어받은 道學과 禮學에만 전념하였다.

그는 1583년 자신의 아버지 김계휘가 경연 중에 갑자기 쓰러져 세상을 떠난 다음해에 스승 율곡이 운명을 달리하게 되었다. 이때 그는 父喪중이었음에도 불구하고 黃幹(호는 勉齋)가 朱子를 服입은 예를 따라 喪服을 갖추고 매월 초하루와 보름에 스승에 대한 服을 입고 곡하였다. 또한 송익필과 성혼에 대해서도 마찬가지로 하였다. 스승들에 대한 喪禮를 지키는 정성이 이와 같았음에 비추어 그 학문의 연원을 짐작할 수 있다.[15]

13)「沙溪年譜」三十歲條 참조.
14) 韓基範, 앞의 논문 참조.
15)『沙溪年譜』37歲 및 52歲條 참조.

3. 禮書들에 나타난 禮學構造

1) 『喪禮備要』에 나타난 예학사상

앞에서도 밝힌 바와 같이 유학은 관혼상제의 四禮 중 상례를 가장 중요시한다. 이러한 경향은 조선조의 중요한 예학자들의 주된 관심이 상례와 제례에 집중되고 있는데서도 잘 알 수 있다. 김장생도 "무릇 禮의 번잡스러움이 喪보다 더한 것이 없고, 初喪보다 더 급한 것이 없다."[16]고 하였다. 결국 그의 입장에서 볼 때 관·혼례나 제례까지도 그 예를 준행할 때 혹 잘못된 실수가 있다해도 상례만큼 큰 후회를 남기지 않고, 차후에 시정하여 잘 준행하면 될 수 있다. 왜냐 하면 관·혼예는 吉禮에 해당되어 산사람을 섬기는 禮이고, 제례는 해마다 다시 행하기 때문에 혹 실수가 있으면 다음 해에 올바로 행할 수 있기 때문이다. 그러나 상례는 한 번 잘못 시행하면 다시 돌이킬 수 없기 때문에 신중을 기하지 않을 수 없는 것이다. 상례의 이러한 중요성에 대해 김장생은 "禮는 보통의 일상생활과 吉祥한 때는 행하기 쉽지만 급박할 경우와 흉변을 당하면 실수하기 쉽다. 그렇기 때문에 평소 익혀(講習해)두지 않으면 적절히 행할 수 없고, 절도에 맞게 행하지도 못한다. 뿐만 아니라 한 번 실수한 후에는 후회해도 소용이 없게된다."[17]라고 언급하고 있다. 결국 상례를 중요시하는 이유은 자식된 자가 부모를 마지막 보내는 절차인 까닭에 후회를 남기지 않기 위한 때문이라는 말이

16) 『沙溪遺稿』 卷5, 「喪禮備要序」; 民族文化推進會編, 『韓國文集叢刊』, 第57冊, 68쪽 참조.

17) 同上.

다. 이러한 사고는 유학이 孝를 百行의 근본으로 삼고, 인간됨의 기준을 효행의 준수에 두며, 효행을 가장 중요한 덕목으로 삼고 있음과도 일맥 상통함을 볼 수 있다. 그런데 당시의 조선의 상황은 임진왜란과 병자호란이라는 양차에 걸친 전쟁을 치루는 과정에서 인륜의 근본인 孝行의 문제에 큰 이변이 생겼다. 왕실에서부터 廢母殺弟라는 폐륜이 자행되는 상황이었기 때문에 사회윤리적인 측면에서 효행과 관계되는 禮俗의 刷新과 정비가 요청되는 상황이었다. 사회적인 예속의 쇄신이 요구되는 상황과 부합하여 편찬된 예서가 바로 『喪禮備要』였다.

앞에서 언급된 바와 같이 『朱子家禮』에서 제시되는 四禮 곧 관・혼・상・제 중에서 가장 중요시되는 禮가 바로 상례이다. 그리고 모든 禮書의 내용에서 반 이상을 차지하는 것도 상례이고, 역대 예학자들이 가장 큰 관심을 갖고 연구한 부분도 상례였다. 金長生도 四禮 가운데 가장 많은 관심을 갖고 일생을 통해서 연구하고 고증한 부분이 이 상례였고, 그 과정을 통해서 편찬한 서적이 『喪禮備要』인 것이다.

이 책은 원래 그의 친구였던 申義慶이 『주자가례』의 상례편을 골간으로 여러 예설을 참고하여 보충하고 당시의 풍속들에서 행해지는 禮式들을 감안하여 실용에 편리하도록 만든 책이었다. 그러나 신의경이 일찍 죽은 관계로 새롭게 수정되고 보완되어야 할 점이 많았다. 뒤에 김장생은 자신의 아버지 김계휘의 상례를 치러는 과정에서 체험한 경험을 바탕으로 이책에 미비된 점을 첨삭하고 고증하여 이 책을 완성하였는데, 이 책에는 『주자가례』에 없는 吉祭와 改葬에 관한 예를 古禮와 丘씨의 『儀節』을 참고하여 보완했다.[18)]

---

18) 「沙溪年譜」 36歲時 참조.

김장생은 상례에 관한 의문점이 생길 경우 먼저 부친의 친구이자 스승인 송익필에게 질의하였으며, 각 예서들을 참고하는 한편 『주자가례』의 기록 중에서 고금의 형편이 달라 시의에 적절치 못한 점을 수정하여 편집한 것이 『喪禮備要』라는 것이다. 이책의 체제는 범예에 잘 나타나 있다.

첫째 『朱子家禮』를 충실히 따랐지만 부득이 보충해야할 것은 보충하였다.

둘째 도설은 모두 『주자가례』에 의거하였는데 간혹 添補한 것이 있다.

셋째 모든 喪具는 사용되는 숫자를 대략 써 놓았으니 혹시 맞지 않더라도 크게 차이가 나지 않는다. 또 명칭은 문자로 풀어쓰기 어려운 것은 곧바로 俗名을 써서 창졸간에 이해하기 쉽게 하였다.

넷째 『주자가례』의 본문은 모두 한줄로 썼고 첨가한 것은 모두 두줄로 하고 혹은 상하로 표시하기도 하였다. 인용한 여러 예설은 그 책을 취하였고 자신의 견해는 愚字 按字를 써서 구별하였다.[19)]

이 범례를 통해서 볼 때 『喪禮備要』를 저술한 원칙을 알 수 있다. 즉 『주자가례』에 근거를 두되 자신의 예학적인 견해에 입각해서 부족한 내용을 보충하고 적절치 못한 내용은 개정하는 등의 원칙을 가지고 저술하고 있다. 그러나 이러한 작업도 모두 儒學 본래의 예설에 입각해서 이루어 졌지 결코 무원칙하게 이루어지지 않았음을 알 수 있다. 전통적인 禮書들 곧 예기와 주례 등의 古禮에 입각해서 철저한 고증을 통해서 확신을 갖고 저술 했음을 알 수 있다. 그런 점에서 그의 예학사상은 이 『상례비요』를 통해서 이미 확고한 토대를 확립하고 있음을 본다. 이러한 그의 사고는 이후에 저술하게 되는 다른 예서들에도 확인될 수 있다. 그리고 이러한 그의

---

19) 『喪禮備要』 凡例 참조.

사고는 17세기 이후의 조선예학의 형성에도 깊은 영향을 미치게 된다.

2) 『家禮輯覽』에 나타난 禮學思想

김장생은 1599년 그의 나이 52세 되던 해(宣祖 32)에 그의 대표적 禮書인 『家禮輯覽』을 완성하였다.[20] 그러나 이 책은 그의 아들 金集의 교정을 거쳐 1685년에 간행되었다. 이 책이야말로 김장생의 필생의 저술로서 그의 학문이 온축된 저작이라 할 수 있다.

김장생은 『가례집람』의 서문에서 이 책을 편찬케 된 동기를 밝히고 있다. 즉 그는 어려서부터 『주자가례』를 공부할 때 의심되는 점이 많았고, 그 점들을 친구인 신의경과 토론하고 스승들께도 질문하여로 의문을 풀었다는 것이다. 이러한 과정에서 과거의 여러 학자들의 예설을 참고하게 되었고, 그 내용을 정리하여 이 책을 편찬했다는 것이다.[21] 그리고 김장생이 평생토록 가례의 연구에 몰두한 이유에 대해 그의 학통을 이어받은 송시열은 "대개 이 책『주자가례』는 草稿本이기 때문에(朱子가) 미처 수정하지 못한 것이다. 그 결과 후세의 학자들은 감히 주자가 편술한 것이 아니라고 하기까지 하게 되니 그 잘못이 더욱 심했다. 그런데 관혼례는 후세에 의견이 달라도 크게 염려할 것이 없다. 그러나 喪祭 이 두가지 禮는 잘못되면 고칠 수 있는 여유가 없는 것이다. 黃勉齋가 이 책의 속편에서 비록 매우 상세하고 정밀하게 고증했음에도 학자들이 오히려 주자의 감수를 받지 못한 것을 유감으로 여겼다. 그런까닭에

---

20) 「沙溪年譜」 52歲時 참조.
21) 「家禮輯覽」 序 참조.

선생(沙溪)께서 이 두가지 예(喪祭)에 깊은 공력을 쏟아 물을 담아도 새지 않을 정도가 되게 했다. 그러므로 이 책은 黃勉齋의 속편「家禮續編」과 더불어 주자의 문하에 큰 도움이 될 것이다."[22]라고 밝히고 있다.

또한 김장생은 "주자가 만년에 뜻을 둔 것은 오직 禮書에 있었다. 후학들이 이책에 마음을 다하는 것은 참으로 마땅하다"라고 말했다. 그리고 스스로도 예학에 전심전력해서『가례집람』과『의례문해』를 보완하는 일을 만년에까지 계속하였다고 한다.[23]

그가『家禮輯覽』을 찬술하는 원칙은 가례의 순서를 따르면서 보충하기도 했는데 그 경우 반듯이 그 내용에 대한 출처를 밝혔고 자신의 견해를 첨가할 경우 愚字나 按字를 붙여 표시했다고 한다. 그리고 구체적인 禮制에 대해서는 조선의 형편을 고려하여 편리하게 적용할 수 있게 했다고 한다. 즉 상례에 따르는 물품들은『가례』나『儀禮』의 舊制를 기록하고, 조선의 풍속에 적합 것을 병기해서 사용자가 선책해서 쓸 수 있게 했다고 한다. 다시 말해서 朱子의『家禮』를 비롯한 중국의 예서들을 근간으로 하지만 무조건 그대로 따르지는 않았다는 말이다. 그렇기 때문에 그는 예서들을 조목조목 해석하고 장구를 구별하여 빠지거나 미비한 것은 보충하고 잘못된 것은 바로 잡았고 의심나는 것은 빼버렸다.[24]고 한다. 이러한 태도는 김장생 스스로『주자가례』를 미완성이라 생각하여 각 禮書들을 참고하여 완성된 예서를 편찬하겠다는 의도의 발로라고 생각된다. 사실 빠진 내용을 보충하는 작업보다 의심나는 것을 빼어버리는 작업은 예설에 관한 확신과 독자적인 소신이 없고서는

22) 宋時烈 撰,「家禮輯覽]後序」참조.

23)『沙溪語錄』참조.

24)『家禮輯覽』「後序」. "逐逐條解釋 辨別其章句 塡補其厥略 訛者正之 疑者闕之"

불가능한 일이다. 주자의 학설도 적절치 않다고 판단되었기에 과감하게 삭제하는 새로운 내용을 첨가할 수 있었던 것이다. 그렇기 때문에 이 『家禮輯覽』이야 말로 沙溪의 예학의 독자성과 창의성이 가장 잘 드러나는 예학서인 것이다.

그는 이 책의 첫머리에 도설을 붙이고 禮制의 어려운 용어나 문자의 경우 음운별로 쉽게 풀어서 설명하였고, 생소한 인명에 대해서는 「小傳」을 붙여서 예학을 잘 모르는 초학자도 이 책을 쉽게 참고하게 하였다. 또한 이 책을 편찬함에 중국의 禮書뿐만 아니라 조선의 예서를 두루 섭렵하여 80여종의 예서를 참고하고 인용된 書目을 분명히 밝혔다. 이 점에서 그의 예학에 대한 전문성과 박식함이 돋보인다.

3) 『疑禮問解』에 나타난 禮學思想

김장생과 그의 제자 문인 및 동료들이 禮에 관해 질의하고 문답한 내용을 그의 아들 김집이 편찬한 冊이 『疑禮問解』이다. 그런데 李植(1584~1647, 호 澤堂)이 쓴 서문에 따르면 사계는 어려서부터 예에 관심이 많았고, 연구도 깊었다고 한다. 그 결과 많은 친구와 제자들이 禮에 관해 그에게 묻게 되었고, 그 문답의 내용들을 묶어서 편집한 것이 이 책이다.[25] 沙溪와 그의 아들 김집은 『朱子家禮』를 골간으로 하면서 주자가 미처 다 완수하지 못한 變禮까지를 보완하고 각 예설을 고증하여 가례의 체제를 완성하였다. 이 책에서 예에 관해 질문한 질문자의 성명을 모두 기록한 것은 사계가 『家禮輯覽』에서 당시의 예학자들의 학설을 정리한 작업과 함께 조선

25) 『疑禮問解』「李植 序文」.

의 예학의 발전상을 밝혀주는 중요한 업적으로 평가받을 수 있으며 조선이 예학에 있어서 동아시아의 중심국임을 드러낼 수 있는 저작이라 할 수 있다.

이 책은 본문 7卷과 『喪祭禮答問辨疑』가 卷末 부록으로 붙은 『疑禮問解拾遺』 1卷등 총 8권으로 되어 있고, 그 내용은 「家禮圖」와 「通禮」 그리고 冠·婚·喪·祭의 四禮·拾遺의 順으로 수록되어 있으며, 분량은 상례가 절대적이고 특히 상례에 관계되는 변례에 관한 문답이 가장 많은 부분을 차지하고 있다. 이 책의 내용을 통해서 알 수 있는 바와 같이 당시의 예학적 논란의 대상은 그 대부분이 상례였고, 김장생과 그의 문인들은 禮의 정비를 위해서 심혈을 기울이고 있음도 알 수 있다.

그리고 이책의 體裁는 편찬자인 사계의 아들 김집이 붙인 범례에 따르면, ① 차례는 『朱子家禮』를 따랐고, ② 家禮에 없는 變禮의 경우 따로 항목을 설정했고, ③ 질문에 대한 대답의 내용을 예설에 대한 經傳들 보다 한칸 위에 올려 써서 두드러 지게 했고, ④ 다른 예설을 인용할 경우 출전이 되는 서면과 편명을 분명히 밝혔으며 자신의 견해를 수록할 경우 按字를 붙여 표기했고, ⑤ 예를 질문한 자의 이름을 기록했다. 이러한 체제는 현대의 논문작성법에서 각주를 붙이는 것과 같은 과학적인 방법임을 알 수 있다. 그런 점에서 이 책을 통해서 우리는 그의 학자적인 성실성과 면밀성을 추구하는 자세를 엿볼 수 있다.

한편 『疑禮問解』에 대한 李植(1584~16947, 호 澤堂)의 서문에 의하면 사계는 예에 관한 질문을 받으면 여러 학설들을 참고하고 비교하여 반듯이 정설을 도출했고, 어떤 상황이든지 그 상황에 절합한 예를 제시했다고 한다.[26] 또한 그는 이론적으로 禮에 정통했을 뿐

26) 同上.

만 아니라 몸소 그 예를 실천하여 후학들의 모범이 되기도 했다고 한다.[27)]

4) 『典禮問答』에 나타난 禮學思想

왕실의 복제문제는 특히 先王의 왕비인 대비가 죽을 경우 종종 논란을 빗었던 문제였다. 宣祖때에도 明宗의 왕비였던 仁順王后 박씨가 승하하자 宣祖는 "대비께서 조정에 임하여 정치에 간여 하셨으니, 群臣들이 삼년상을 행하는 것이 합당할 듯하다."라고 했다. 이에 김장생의 부친 金繼輝는 大司諫의 자격으로 대사헌 柳希春과 함께 "일은 한 번 결정되면 다시 고칠 수 없으니 어찌 간하지 않으리요"라고 하면서 양사의 관원들을 거느리고 대궐문 앞에 나가 "대왕대비의 상기는 정해진 예절이 있으니 이제 다시 의논할 여지가 없다"라고 諫言하여 그 논의를 종식시켰다.[28)]

여기서 우리는 조선조의 지식인들이 복제문제를 보는 명분론적인 사고의 일면을 볼 수 있다. 즉 왕실의 복제문제는 국왕의 의도나 죽은 자의 은공의 깊음에 따라 결정되는 것이 아니라 정해진 제도에 따라 행해져야 한다는 원칙을 제시하고 있는 것이다.

또한 1577년에 仁宗妃였던 恭懿大妃의 喪事에 禮官이 복제를 대신에게 품의 결정하게 하였다. 그에 대한 禮節을 宋나라 高宗이 元祐年間의 孟皇后의 服을 입은 故事를 인용하여 齊衰의 杖期로 매듭지으려 했다. 이에 김계휘는 다시 반론을 제기하길 "明宗은 仁宗의 大統을 이어받고, 주상은 명종의 大統을 이어받았으니, 입후

27) 同上.
28) 『朝鮮王朝實錄』, 宣祖 8年 乙亥 5月條 참조.

한 자는 所生의 아들이나 마찬가지인 것이니 마땅히 三年喪을 단행할 것입니다."라고 주장했다. 이렇게 해서 삼년 복제로 결정되었다.

그러나 유교적인 宗法國家인 조선왕조는 왕위계승에 따르는 복잡한 문제들이 도사리고 있었다. 특히 상례를 중시하는 성리학을 치국의 이념으로 채택한 조선조의 경우 왕실의 장례절차를 둘러싼 논란은 계속되었고, 특히 예학의 형성기를 지나면 상례에 따른 복제를 둘러싸고 예송이 제기되는 상황이 연출된다. 이러한 상황에서 인조반정후 당장 현안으로 제기된 문제가 典禮 등의 문제였다.

『전례문답』은 반정으로 즉위한 인조가 선조의 다섯째 아들이며 자신의 生父인 定遠君의 제사지낼 때 祭文에서 어떠한 호칭으로 불러야 할 것인가?하는 문제로서 그것은 당시 매우 중요한 관심사가 되었다. 즉 반정으로서 仁祖가 宣祖의 대통을 잇은 것으로 되지 못하면 아무리 서인정권이 광해군을 부정한다해도 仁祖는 光海君의 뒤를 잇는 군주로 남게 된다는 점을 생각하지 않을 수 없다. 명분론의 입장에서 폐륜적인 군주인 광해를 비록 폐위시켰지만 역사적인 관점에서 볼 때 이 문제 곧 왕통계승이라는 문제는 현실적인 형식논리라도 광해군의 재위를 부정하지 않을 수 없었다고 보아야 했을 것이다.

다시 말해서 이 문제는 인조의 종통계승과 관련된 문제였으며, 인조 개인에게는 자신의 생부인 定遠君을 아버지로 호칭하고 가묘에 모시는 것이 효도의 문제 일 수 있었으나 대의명분이라는 왕통의 입장에서 볼 때 이 문제는 그렇게 단순한 문제 일 수 없었다. 즉 이 문제는 왕위계승권의 정당성에 관한 문제로 비화될 소지를 안고 있었다. 조정의 입장에서는 인조 자신이 단순히 선조의 종통을 계승한 것만이 아니라, 선조의 왕위를 계승한 광해군이 폐륜으로 인해 축출된 상황이었다는 점이 문제였다. 그런 까닭에 이 전례문제를 적절히 해결하지 못할 경우 인조반정을 주도한 서인정권이 아무리 광해군을 부정한다해도 인조는 광해군의 뒤를 잇는 군주로 남게 된다는 점을 생각하지 않을 수 없었다. 명분론의 입장에서 폐륜적인 군주인 광해를 역사적인 즉 왕통계승이라는 논리라도 부정하지 않을 수 없었다고 보아야 하지 않을까?

비록 현존하는 어느 자료에서도 (이러한 문제를) 공개적으로 언급한 내용을 발견 할 수 없으나 당시 왕실의 입장과 서인정권의 입장에서 볼 때 이 문제는 단순히 인조의 私親에 대한 전례문제에만 국한된 문제가 될 수 없었다. 그렇기 때문에 沙溪는 인조가 할아버지인 선조의 뒤를 이어 왕위에 오른 것은 중국의 역사에서 볼 수 있는 다른 예들[29]과는 성격이 다르다고 주장한다. 이러한 그의 생각은 기본적으로 왕통의 계승과 인륜으로서의 부자간의 人情에서 왕통의 입장에 서는 義理를 중요시 여기는 입장이지만 여기에는 심각한 문제가 깔려 있음을 간과 할 수 없는 것이다.

김장생은 仁祖 반정이 있은 후에 발생한 國家典禮의 당면과제에 대한 자신의 견해를 인조반정의 주역들에게 서간으로 밝혔다. 이 서간과 당시에 행해진 전례문제에 관한 논의를 묶어 편집한 내용이 『典禮問答』이다. 이 글에는 他人의 禮論에 대해 김장생 자신의 견해를 붙인 글과 服制 및 追崇 및 생모의 장례문제에 따른 服制문제등에 대한 고증을 모은 것이 곧 『典禮問答』인 것이다.

당시에 國家典禮上의 문제는 대체적으로 定遠君(仁祖의 生父)에 대한 칭호문제와 私廟문제, 定遠君의 追崇 및 入廟문제 그리고 啓運宮(仁祖의 生母)의 喪中 仁祖의 복제문제 등으로 집약되었다. 『전

---

29) 예컨데 상나라의 湯의 손자인 太甲과 주나라의 平王의 손자인 桓王이 조부를 이은 경우를 말함.

례문답』에서 金長生은 시종 왕통계승상의 명문을 바로 잡는다는 正統論의 입장에서 전례문제에 접근하고 있음을 알 수 있다. 조선 사회는 철저한 유교주의 사회였고 유교주의는 宗法에 기반을 둔 禮를 사회질서유지의 근간으로 삼았으므로 무너진 정치기강과 사회질서를 재건키 위해 김장생은 무엇보다도 종법(宗統)을 중시하는 입장을 강조한 것이었다. 이러한 종법질서를 강조하는 김장생의 사고는 바로 예론적인 질서의 확립을 통해서 천하의 公義를 확립하려는 그의 예의사상의 참모습임을 알 수 있다.

4. 맺음말

사계 김장생은 조선조 성리학의 양대 학맥중의 하나인 畿湖의 율곡계열을 잇는 학자이다. 그는 성리학적의 理氣·心性說的인 체계가 확립된 16세기 후반에 활동한 인물로서 그의 학문은 율곡 이이와 龜峯 宋翼弼의 학문을 계승하여 기호학파의 예학을 정립시키는데 크게 기여한 학자였다. 그의 예학은 주자의 가례를 바탕으로 관혼상제의 四禮중에서도 특히 喪禮를 조선의 현실에 맞게 정립하는데 큰 기여를 했다.

그는 친구인 申義慶과의 집중적인 토론과정을 통해서 상례에 관한 이론을 집중적으로 연구하여 『喪禮備要』를 편찬하였다.

그는 부친인 黃岡 金繼輝의 喪을 치르면서 喪禮에 대한 많은 의문점을 가지게 되었다. 뿐만아니라 그는 상례가 효의 실천과 직결되 중요한 禮임을 자각하고 당시 조선의 禮俗의 이론인 『朱子家禮』의 미비점을 깨달은 나머지 그 정비를 필생의 임무로 생각하였다.

이책은 관·혼·상·제의 사례중 가장 비중이 큰 상례에 대하여 집중적인 탐구를 하였다. 『주자가례』의 상례보다 훨씬 상세하고 조선 현실에 적합한 禮制를 개발하기 위해 민간에서 행해지던 俗禮를 참고하여 조선 중기까지의 모든 예설과 예학서를 종합하는 작업을 진척시며 나갔다. 특히 이 책은 장례지낼 때 필요한 물품과 도구인 喪具에 대한 세밀한 설명을 덧붙임으로서 세밀하게하여 실제적인 禮의 실행에 많은 보탬이 되게 해준 점이 큰 특징이다.

『喪禮備要』를 편찬한 후에도 그는 예에 관한 의문점을 스승들에 질의하고 동문 및 제자들과 토론하면서 예서들의 정비에 온갖 정열을 다 쏫아 부었다. 그 과정에서 역대 예경과 예설에 대한 검토를 통해서 조선의 현실에 적합한 예서를 편찬하는데 심혈을 기울였다. 그러한 결과로 『家禮輯覽』을 저술했다. 이 저술을 통해서 그는 역대의 예설들에 대한 철저한 고증을 통해서 동아시아 예학의 금자탑에 해당하는 이론을 정립했던 것이다.그런 의미에서 이 책은 조선 중기의 예학의 심화에 결정적인 기여를 한 책이라 평가될 수 있다.

이들 두 책과 함께 김장생의 예학이 이루어낸 또 하나의 역작이 『의례문해』였다. 이 책은 그가 평소 친구와 문하의 제자들과 함께 禮에 관해 문답한 내용들을 정리한 책이다. 그 내용을 『주자가례』의 순서에 따라 481항목으로 분류하여 편집한 책이다. 이 책은 제자들이 구체적인 예를 실행할 때에 생기는 의문점을 묻고 禮를 실제적 실행할 때의 문제점을 김장생이 역대의 禮書와 이론들을 참고하고 고증하여 답변한 내용으로 구성되어 있다.

즉 이 책은 『가례집람』 이후 김장생의 예설이 성숙해가는 과정을 구체적으로 보여 주고 있으며, 김장생이 만년에 더욱 해박한 예론을 펴고 있음을 확인할 수 있는 책이다.그의 예론의 폭과 깊이가 가장 잘 나타나 있다. 그리고 조선의 현실에서의 구체적인 예 실행의 문제와 그 변용에 관계되는 變禮문제가 주종이 되고 있다.

『전례문답』은 1623년 인조반정후에 제기된 왕실의 전례문제에 대해 김장생이 자신의 견해를 밝힌 서간문의 내용들이다. 즉 인조의 生父인 定遠君을 仁祖가 아버지라고 불러야 하는지? 아니면 숙부로 불러야(稱叔) 하는지?의 문제와 생모인인 계운궁의 사망후 그 복제의 문제 및 양친에 대한 추존의 문제를 둘러싸고 일어난 예론에 대한 김장생의 견해를 역은 저작인 것이다.

조정에서는 仁祖의 뜻을 받들어 定遠君을 元宗으로 啓運宮을 仁獻王后로 推尊하였지만, 김장생은 종통으로 보면 선조와의 관계가 부자지의이므로 사친인 정원군을 고라 할 수 없다는 주장을 끝까지 굽히지 않고 그 전거를 제시하였고, 그 내용이 『典禮問答』인 것이다.

김장생이 조선 예학의 태두로 평가받고 있는 것은 이러한 일련의 저작이 기초가 된 것이며, 그의 예학의 성립은 조선 중기 예학이 발달되는 과정을 그대로 보여 주고 있다. 특히 예가 조선에서 행해지면서 실행의 면이 부각되고 朝鮮化되는 실상을 그의 예설들을 통해서 확인할 수 있다.

Ⅲ. 17世紀 禮訟의 성격과 韓國의 현대정치

1. 머리말

한국은 19세기말 이후 근대화에 실패한 결과로서 日帝의 침략을 받아 식민지로 전락되었다. 그러한 역사적인 원인을 규명하려 할 때 제일 먼저 책임을 묻게 되는 경우가 당쟁으로 인한 집권층의 분열이고, 다시 그 근본적인 책임을 조선후기의 예송에 돌려왔다. 그러나 최근 우리 학계에는 17세기의 예송이 결코 그렇게 부정적으로만 해석될 성질이 아니라는 인식이 고조되고 있다. 물론 예송을 지나치게 부정적으로 해석하는 일 못지 않게 미화시켜서도 않될 것이다.

예송에는 분명히 긍정적인 측면과 부정적인 측면이 병존해 있음을 발견할 수 있다. 즉 예송에는 철저한 규범의식이 내재되어 있을 뿐만 아니라 규범적으로 인간답게 사는 것을 추구하는 장점이 없지 않았다. 그러한 점은 예송이 추구한 適禮性이라고 할 수 있고 그 정신은 유학이 표방해온 禮를 존숭하는 정신에 토대를 두고 있다.

주지하는 바와 같이 유학에서 논의되는 禮는 하늘과 땅의 원리이며, 우리 인간이 영원히 본받아야할 규범원리이기도 하다. 그렇기 때문에 그 원리는 단순한 행위규범으로서의 의례만을 의미하는 것이 아니다. 그것은 인간의 내면의식인 본성을 의미하며, 우리 인간행위의 준칙인 규범원리를 뜻하게 되는 것이다.

본고에서는 예송의 현대적인 의의를 조명하는 일환으로서 먼저 그 발생배경을 종법질서와 당시의 정치사적 상황을 중심으로 살펴보고 이 논쟁의 쟁점과 전말을 중심으로 그 추이를 고찰하고자 한다. 이러한 고찰을 진행한후 예송의 성격을 현대한국의 정치와 관련성을 확인하는 방향에서 그 의미를 살펴볼 것이다. 예송의 정치사적 의의를 고찰하는 작업은 용이한 작업이 아니다. 그런 점에서 한국의 정치발전의 방향과 관련시켜 한국인의 정치의식에 미친 예송의 영향을 고찰하고자 한다. 이러한 고찰은 예송의 부정적인 요소를 부각시키게 될 것이다. 그러나 예송에는 부정적인 요소와 함께 긍정적인 요소가 병존해 있음을 인정하며, 그러한 요소에 대한 분석은 이후의 연구로 남겨두려한다.

2. 禮訟 발생의 배경

1) 宗法秩序와 喪服制

宗法制度는 혈연관계를 기초로 한 중국 서주시대 이래의 정치·사회적 제도로서 중국 봉건제의 특징을 보여주는 제도이다. 이 제도의 기본적인 골간은 宗子를 중심으로 혈연관계의 遠近에 따라 貴賤을 구분해주는 等級制度로 규정될 수 있다.[1] 이는 통치계급과 피통치계급 사이에 존재하는 것으로서 부계가장제의 산물이며, 씨

족사회의 잔존물로 인식되었다.[2] 그런데 이 제도는 殷이 멸망한 후 周族이 은족에 대한 통치와 진압을 강화하기 위하여 주족 내부의 단결을 필요에 따라 씨족조직을 강화한 제도로 출발하였다는 것이다.[3] 이렇게 형성된 서주의 종법제도는 정치조직으로서의 봉건제도를 뒷바침 해주는 기능하였다. 그런데 이 경우 종법제의 골자는 적장자가 아버지의 지위를 계승하여 大宗이 되고, 다른 아들들은 분봉되어 小宗이 된다.[4] 이렇게 확립된 대종과 소종의 관계는 국가질서의 측면에서는 왕위계승과 관련되며, 사회체제의 측면에서는 가부장적인 사회질서와 관련된 제도인 것이다.

한편 주나라 이전에는 명백한 왕위 계승법이 없어 선양이나 찬탈 등에 의해 왕위가 계승됨에 따라 권력을 둘러싼 많은 문제가 야기되었다. 이러한 왕위계승에 따르는 문제를 해결하기 위한 질서로 확립된 제도가 바로 종법제도인 것이다. 이 제도를 확립한 주공은 주나라의 천자는 천자의 적장자가 계승하고, 그가 시조에 대한 제사를 받들게 되는데 이들이 바로 大宗인 것이다.[5] 물론 이 경우 적장자는 재산과 정치권력의 지위에 있어서 법적 승계자으로서 그 지위가 가장 높았고, 宗子라고 불리었다. 『詩經』「大雅」編에 '大宗維翰', '宗子維城' 등의 大宗과 宗子등은 바로 이러한 의미인 것이다. 또 적장자의 同母弟와 庶兄弟는 제후로 봉해지는데 이들은 小宗인 것이다. 각 세대의 제후들 역시 적장자가 계승하며, 그들의

---

1) 范文蘭, 「關於中國歷史上的一些問題」 『中國通史簡編』 수정본 1편, 1955년판 「緒言」.
2) 林甘泉·田人隆·李祖德(최덕경·이상규譯), 1991, 『中國古代社會性格論議』, 중문출판사, 대구, 257쪽 참조.
3) 李亞農, 1954, 『周族的氏族制與拓拔族的前封建制』, 華東人民出版社.
4) 『禮記』 「喪服小記」. "別子爲祖 繼別爲宗 繼禰者爲小宗"
5) 同上. "有五世而遷之宗 其繼高祖者也"

주된 임무는 시조의 제사를 받드는 것이며, 자신들의 封國內에서는 그들이 다시 大宗이 되고, 다른 아들들은 卿·大夫로 封해져서 小宗이 된다. 마찬가지로 경·대부도 대대로 적장자가 계승하고 시조의 제사를 받들면서 자신들의 封地내에서 역시 大宗이 되고, 다른 아들들은 士로서 小宗이 된다. 사의 적장자는 士가 되지만 다른 아들들은 평민이 되었다.

따라서 제후는 주나라 天子에 대해서는 小宗이 되지만 그의 封國內에서는 대종이 되며, 경·대부는 제후의 小宗이지만, 그의 本族內에서는 大宗이 된다. 이러한 종법제도는 주왕실로부터 평민에 이르기까지 적용되었다고 하는데 어느 정도 정확하게 실행되었는지는 확실하지 않다. 그러나 주왕실의 세계표에서는 8대 孝王을 제외하고 부자 상속이 정연하게 이루어진 점이라든가, 주왕실과 同姓諸侯의 세계는 어느 왕으로부터 분파되었는지가 분명한 기록으로 전하는 점등으로 보아 적어도 주왕실을 중심으로한 지배귀족 사이에는 종법제도가 지켜졌던 것으로 추정된다. 종법제도는 정치조직과 가족제도가 결합된 형태로 나타났다는 점, 종교와 정치가 결합되었다는 점 등의 특성을 가지고 있다. 즉 정치의 봉건관계와 가족의 혈통관계가 결합되어 하나의 조직이 형성되었으며, 이때의 종자는 제사의 형식을 갖춤으로서 정치적 작용, 즉 종통의 유지가 가능했던 것이다.

서주의 종법제도는 천자 이하 서인에 이르는 각종 상이한 계층을 하나의 이념속에 배합시켜 당시의 여러 가지 모순을 제도적으로 해소시킴으로서 사회질서의 유지를 가능케 했다는 의의를 갖는다. 그러한 뜻에서 공자는 주나라의 종법적인 질서를 이상적인 사회 및 정치적 질서로 간주하여 그 복원을 염원하였던 것이다.[6] 그

---

6)『論語』「八佾」篇 14章. “郁郁乎文哉 吾從周”

런데 이러한 종법적인 질서의 근간을 이루는 요소가 바로 혈연적인 관계이며, 그 관계를 단적으로 나타내 주는 질서가 바로 상복제도인 것이다.

복상제도는 단순한 규범적인 親疎관계를 나타내주는 것만이 아니다. 그것을 통해서 확정된 친소관계가 바로 大宗·小宗의 질서이다. 이러한 질서는 가족과 사회 나가서 국가질서의 근간을 이루게 된다. 특히 그것은 봉건적인 왕조체제하에서는 왕위계승과 직결되는 국가의 질서이다.

그렇기 때문에 조선조의 예학자들은 종법적 질서를 확립을 통해서 국가질서를 확립하려고 했다. 그렇기 때문에 당시의 복상제도는 단순히 장례절차만을 의미한 것이 아니다. 그것은 바로 왕위 계승의 질서와 명분의 근간이 되기 때문에 그 제도가 한 번 잘못 적용되면 왕위계승상의 질서와 명분을 둘러싼 논란이 계속될 수밖에 없다. 그리고 비록 왕위를 계승하여 왕위에 올라 있는 경우라도 명분상의 정당성이 문제되어 언제라도 반정의 빌미로까지 작용될 가능성이 있었다. 그런 이유 때문에 조선후기 특히 인조반정이후 이 복상제도는 심각한 정치적 현안으로 등장하게 되었던 것이다.

2) 17世紀 禮學의 발달

조선조의 통치이념으로 정립된 성리학은 그 용어가 함의하는 바와 같이[7] 인간의 심성에 내재한 天理를 밝히고, 그를 통해서 도덕적인 행위 준칙을 확립하고자 했다. 뿐만 아니라 己卯士禍이후 사

---

7) 성리학은 원래 '性命義理之學'에서 유래했고, 한국에서는 주로 이용어를 사용하며, 중국측에서는 주로 理學 혹은 심학 등의 용어로 사용한다.

림파학자들은 그러한 심성론적인 탐구를 통해서 우주와 인간에 다 같이 적용될 보편적 理法인 천리를 밝히는 이기론과 인간의 마음을 바로 잡기위한 심성을 수양하기 위한 심성론을 발달 시켰다. 그런데 그들의 마음속에는 "한 군주의 마음을 바로 잡아 인정을 실현한다(格一君心而行仁政)"는 목표가 자리 잡고 있었다. 그리고 이러한 목표 아래 추구된 학문은 궁극적으로는 사회윤리로서 禮論의 심화를 가져오게 하였다. 왜냐하면 모든 이기·심성설적인 立論도 궁극적으로 그것이 인간의 행위규범과 사회적인 규범적인 질서로서 준행되지 않으면 그 실효를 거둘 수 없기 때문이다. 그러한 의미에서 예학은 성리학의 실천론이라고 규정될 수 있다.

이러한 禮論은 조선조의 건국초기부터 국가의 법제와 사회적인 제도 뿐만 아니라 개인의 행위규범과 단체의 규율 등으로 확립되어 왔다. 특히 성종대에 완성된 『국조오례의』나 『경국대전』은 국가의 통치질서를 규정하는 헌법적인 성격으로 정립되었다. 특히 이들 법전은 종법적인 질서관에 입각해서 적처에게 아들이 있는 경우에는 원칙적으로 종법제를 실시하지만 적처에게 아들이 없고 서얼만 있는 경우에 둘째 동생에게 정통이 옮겨갈 수 있도록 하였다.

이렇게 확립된 종법제는 성리학자들이 일으킨 인조반정 이후 더욱 더 강화되어 왕실에까지 적용하려 하였다. 따라서 이는 왕위계승에도 영향을 주고 있었다. 이 당시 왕위계승은 종법에 따라 적장자. 적장손으로 계승되는 것이 원칙이었다. 그러나 인조대에 척화파와 주화파가 대결하는 가운데, 척화파의 지지를 받는 소현세자가 청나라에 잡혀갔다 돌아와 친청파인 김자점 등에 의하여 독살당했다. 물론 세자가 죽으면 소현세자의 세 아들 중 10살난 석철을 세손으로 책봉하는 것이 이 당시 사림의 공론이었다. 그러나 인조의 둘째 아들인 봉림대군을 兄亡弟及의 변칙적인 논리를 적용하여 세자로 책봉하였다. 그리고 소현세자의 부인인 강빈을 인조독살음모죄로 몰아 죽이고, 그 아들들을 어머니 강빈의 죄에 연루시켜 제주도로 유배보내어 첫째 둘째 아들은 죽이고 갓난 셋째 아들만 살아남게 되었다. 이러한 상황에서 효종이 승하하자 그에 대한 복제문제에 대한 논쟁이 야기되었으니 이것이 바로 예송인 것이다.

예송이 발단된 당시의 조선의 국내정세는 건국 후 일찍이 격지 못했던 격심한 내우외환을 격게되는 시기이다. 무엇보다도 조선조의 건국으로부터 200여년에 걸쳐 체제가 안정되고, 국제관계에 있어서도 북방의 6鎭과 사군이 개척고, 남으로 대마도를 정벌하여 해양의 골칫거리였던 왜구를 소탐함으로서 상대적인 평화를 누릴 수 있었다. 그러나 이러한 평화를 누리는 과정에서 국방문제를 소홀히 한 나머지 7년간에 걸친 壬辰·丁酉의 양대 전란을 치룸으로서 국토의 황폐화는 극에 달했고, 민생이 도탄에 빠진 상황은 그 유래를 찾아볼 수 없는 지경에 이르고 말았다. 뿐만 아니라 중국 대륙의 왕조가 교체되는 시기에 현실적으로 대응하지 못한 결과로 말미암아 丁卯·丙子胡亂을 겪음으로서 국가의 사직은 누란의 위기에 봉착하게 되었다.

이러한 외환에 못지 않게 내치의 문제도 심각한 상황에 직면하고 있었다. 무엇보다도 왜란과 호란의 와중에서 붕괴된 규범적인 질서의 혼란은 가장 심각한 현실 문제가 아닐 수 없었다. 규범질서의 확립을 위해 예학이 발달되고 왕실부터 그 적용에 앞장서지 않을 수 없었던 상황이 예송이 발단된 현실적인 배경이었다.

3. 禮訟의 쟁점과 전망

1) 己亥禮訟의 쟁점

己亥禮訟은 孝宗(淏, 1619~1659, 재위 1649~1659)이 1659년 5월에 昇遐하자, 효종의 계모인 慈懿大妃가 효종에 대해 三年의 斬衰服을 입어야 하는가? 아니면 1년간의 朞年服을 입어야 하는가?를 두고 일어난 논쟁이다. 이 논쟁의 발단은 표면적으로는 인조의 종통을 계승한 효종을 長子로 보아야 하는가?, 아니면 사실 그대로 次子로 보아야 할 것인가?의 문제였으나, 내면적으로는 효종의 왕위계승에 대한 정당성과 관계된 매우 민감한 사안이었다. 그렇기 때문에 이 논쟁은 효종의 사후 17세기 후반의 정치권을 강타한 심각한 정치적인 문제로 등장하게 되었다. 이 논쟁의 爭點을 살펴보면 다음과 같다.

처음 國喪의 典禮를 총괄하는 위치에 있던 宋時烈(1607~1689, 호 尤庵)이 服喪문제를 처리하기 위해 조정의 다른 관리들의 의견을 물었다. 그러자 尹鑴(1617~1680, 호 白湖)가 『儀禮』「父爲長子」傳에 대한 賈公彦의 注疏[8]에 근거를 두고, 소현세자가 죽은 이상 효종이 장자가 된다는 次長子說을 주장하며, 趙大妃가 三年服을 입어야 하는 이유를 다음과 같이 주장했다.

첫째 君主를 위해 부모를 포함하여 五服의 親屬들이 모두 斬衰를 하는 이유는 大一統의 의리를 천명하는 것이기 때문이다.

---

8) 『欽定四庫全書』「經部 欽定儀禮義疏」권22, 喪服 第 十一之一 子夏傳 참조.

둘째 어머니는 三從의 도리에 따라 남편이 죽은 뒤에는 자식을 따라야 한다는 것이다.

셋째 『의례』에 군주를 위해 斬衰를 한다고 규정하고 있고, 『通典』에는 魏晉시대 皇太后가 嗣王을 위해 斬衰를 한 前例가 기록되어 있다는 것이다.

넷째 諸侯와 형제인 사람은 제후에 대하여 斬衰를 한다고 하는데 이 때 형제는 친속을 가리키며, 母后 역시 친속에 포함된다.

이러한 이유를 근거로 윤휴는 期年說을 주장하게 되면 宗統을 혼란시키게 된다고 주장한다. 그의 이 주장은 조대비의 孝宗에 대한 복은 母子의 事親관계에 입각한 服이 될 뿐만 아니라 君臣 사이의 服이 되기 때문에 더욱 斬衰 三年服을 입어야 한다는 것이다. 즉 윤휴는 天子와 諸侯에 대하여 모든 관료와 五服制에 해당되는 친족이 斬衰를 하는 것은 하늘에는 두 해가 없듯이 至尊한 사람도 단 한 사람임을 천명하며, 모후인 조대비까지도 효종을 天王 즉 君主로 보아야 한다는 이른바 '臣母說'까지를 주장한다. 이러한 자신의 주장에 대한 논거로서 주나라 武王의 「亂臣十人」가운데 문왕의 妃이자 武王의 모후였던 太姒도 포함된다는 馬融(79~166)의 註釋을 제시하였다.[9)]

이러한 윤휴의 주장을 반대하는 송시열은 『儀禮』의 동일한 傳文[10)]에 대한 賈公彦의 四種說을 근거로 孝宗에 대한 趙大妃의 服喪期間을 斬衰三年이 아닌 朞年服을 주장한다. 즉 송시열은 『儀禮』의 「斬衰」 章의 가공언의 注疏에 비록 '承重을 했더라도 아버지가 참쇄를 입지 않는' 예외규정인 사종설에 근거를 두고 조대비

9) 『顯宗改修實錄』 권3, 顯宗元年 5월 丁巳.
10) 『儀禮』 「喪服·斬衰」, 「父爲長子」

는 기년복을 입어야 한다고 주장하게 된다. 그런데 이 송시열의 주장에서 논쟁의 실마리가 된 점은 賈公彦注의 '體而不正 庶子承重也'라는 사종설의 셋째 구절에 대한 해석이다. 그는 이 구절에서 '庶子'를 '衆子' 즉 장자를 제외한 모든 아들이라는 의미로 해석하기 때문에 아버지는 장자를 제외한 모든 아들에 대해 삼년복을 입을 수 없기 때문에 조대비도 斬衰服이 아닌 기년복을 입는 것이 옳다고 주장한다.

그러나 이러한 송시열의 견해를 반대하는 許穆 등의 南人계열의 학자들은 '庶子'를 '妾子'로 해석하여 사종설은 효종과는 무관하기 때문에 조대비가 承重하여 長子의 지위를 계승한 효종에 대해 당연히 斬衰服을 입어야 한다고 주장한다. 이러한 허적 등의 주장은 이른바 次長子說로서 남인들의 예설의 핵심적인 근거가되는 논점인 것이다.

그러자 송시열은 庶子를 衆子로 해석하는 논점을 계속 견지하면서 자신의 사종설을 반대하는 허적에 기년설을 주장하는 또 다른 논점을 재시한다. 송시열은 그가 期年說을 주장하는 경학적 논거로서 四種說 외에도 "같은 종류의 喪에 斬衰를 두 번 할 수 없다."는 不二斬의 원칙을 내세운다. 즉 소현 세자의 喪때에 趙大妃가 이미 장자에 대한 喪服을 입었으므로, 효종의 喪에 또 다시 長子服을 입을 수 없다는 것이다. 송시열은 "(효종이) 장자라 해서 斬衰服을 입는다면, 가령 여덟 명의 대군이 세자로 되었다가 계속 죽는 일이 생긴다면 그 때마다 장자에 대한 斬衰를 해야겠느냐?"고 반문하면서[11], 조대비가 朞年服을 입음이 마땅하다는 입장을 견지한다.

이러한 송시열의 四種說과 不二斬의 논법을 반대하는 許穆(1595~1682, 호 眉叟)은 不二斬의 논리는 시집간 딸이 친정 아버지에 대한

---

11) 『宋子大全』 卷26, 「大王大妃服制議」(1660.3.25)참조

경우와 養子간 아들이 生父에 대한 경우에 적용될 수 있는 것일 뿐, 아버지가 아들에 대한 경우에 해당하는 원칙이 아니라고 반박한다. 허목은 아버지가 장자를 위하여 斬衰를 하는 것은 그 아들이 正體로서 宗統을 계승하였기 때문으로 대대로 내려오는 종통을 존중하는 원칙을 따라서 斬衰를 하는 것이라고 생각한다. 그렇기 때문에 일단 宗統을 계승한 아들에게는 그 경우가 비록 여러차례가 된다 해도 不二斬의 원칙이 적용될 수 없다고 주장한다. 이와 같이 양측은 자신들의 주장에 대한 禮書적인 근거를 제시하면서 계속된 논쟁을 전개하게 된다.

2) 己亥禮訟의 전말

이 논쟁의 전말을 살펴보면 다음과 같다. 효종이 승하한 다음날 영의정 鄭太和를 중심으로 한 조정의 대신들은 趙大妃의 복상기간을 결정해야 했다.[12] 그러나 조선조의 왕실의 복제를 정해주는 『國朝五禮儀』「凶禮」篇의 服制條에는 母后가 嗣王을 위해 입는 복제는 기술되어 있지 않았다. 그런 까닭에 禮官들은 복제기간에 대한 결론을 도출할 수 없었다. 이렇게 되자 당시 상례를 총괄하던 송시열은 조정의 다른 관리들의 의견을 물었다.

윤휴가 『儀禮注疏』「喪服斬衰」章의 父爲長子傳에 대한 賈公彦의 注인 '第一子가 죽으면 적처 소생 제2 장자를 취하여 세우고 또한 장자라 명한다.'[13]라는 내용을 근거로 조대비는 3년복을 입어

12) 이영춘은 1991,「복제예송과 정국변동」『국사관논총』제22집, 國史編纂委員會에서 己亥禮訟에서 朞年說의 근거가『國朝五禮儀』이 아니라『經國大典』이라고 밝힌다.

13)『欽定四庫全書』「經部 欽定儀禮義疏」권22, 喪服 第 十一之一 子夏

야 한다고 주장했다. 윤휴의 이 주장은 바로 「次長子說」로서 효종을 인조의 종통(왕통)을 이은 장자로 해석하는 입장인 것이다. 이처럼 윤휴에 의하면 효종은 종통을 계승한자이기 때문에 장자로 보아야 한다는 것이다. 효종을 장자로 볼 수 있는 근거가 확실하면 대비는 삼년상을 입게 되는 것이다. 윤휴는 다시 '임금을 위해서는 내·외종의 모든 친척은 참최복을 입는다' 說을 근거로 3년복을 주장하였다.14)

그러나 가공언은 『儀禮』의 같은 章의 注에다 3년복을 입을 수 없는 네가지 경우를 단서로 달아 두었다. 그 내용을 아는 송시열은 효종의 경우는 가공언의 本注가 아니라 단서 조항에 해당된다고 보아 기년복을 주장했다. 즉 가공언 『儀禮』 注에 의하면 '부모가 자식에 대해 삼년복을 입는 경우는 자식이 정체의 지위에 있어야 한다'는 것이다. 즉 자식이 정체의 위치에 있게 되면 그가 장차 承重을 하게 되기 때문에 그에 대해서 삼년복을 입게 된다는 것이다. 그리고 정체에 해당 되는 경우는 적장자라야 한다는 것이다.

첫째는 정체이나 승중할 수 없는 경우니 적자이나 廢疾이 있어 종묘를 주관하지 못하는 경우이고, 둘째는 승중하였으나 정체가 아닌 경우이니 庶孫이 후사가 된 경우이고, 세번째는 體而不正이니 서자를 세워 후사를 세운 경우이고, 네번째는 正而不體이니 적손을 세워 후사를 세운 경우이다.

이러한 사종설을 근거로 송시열은 효종이 비록 왕통을 계승했으나, 그는 혈연적으로 인조의 둘째 아들 곧 衆子이기 때문에 그에 대한 조대비의 복제는 기년복이 될 수밖에 없다는 주장을 굽히지 않았다. 그러나 윤휴는 다시 帝王家는 혈연보다 종통을 중시하기

傳 참조.

14) 『顯宗實錄』 권1, 顯宗卽位 5月 乙丑條 참조.

때문에 四種說을 적용할 수 없다고 주장한다. 한편 이 논쟁은 국상을 치루어야 하는 시한상의 급박성으로 말미암아 더 이상 계속될 수 없었다. 이들 두사람의 논쟁이 쉽사리 끝날 성질이 아님과 이 복제문제가 사종설과 결부될 경우 宗統上의 심각한 문제를 야기시킬 성질임을 간파한 영의정 정태화 두사람이 논거로 삼는『儀禮』의 斬衰說과 기년설의 근거를 버리고『大明律』과『經國大典』에 長子·衆子 구분없이 모두 기년복을 입게 한 규정인 이른바 國制朞年服을 건의하여 국상을 치루기로 결론을 유도했다. 하지만 服制를 둘러싼 이 논쟁은 재연될 불씨를 안고 있었다. 그 이듬해 3월 효종의 練祭(小喪)를 두 달 앞두고 허목(호 眉叟, 1595~1682)이 복제를 개정해야 한다는 상소를 올림으로서 논쟁이 재현되었다.

앞에서 밝혀진 바와 같이 허목은 효종은 이미 종통을 계승하여 왕위에 올랐기 때문에 正體로서 宗統을 계승한 상태이며, 불이참의 원칙도 효종이 양자로 대통한 경우가 아니기 때문에 적용되지 않는다고 보아 조대비는 장자에 대한 복인 참쇠삼년복을 입어야 한다고 주장한다. 이러한 허목의 상소가 있자 송시열과 그의 견해에 동조하는 송준길(1606~1672, 호 同春堂)은 계속 예설적인 논거를 제시하며, 體而不正에 대한 자신들의 해석의 타당성과 불이참을 주장하는 논거를 제시하면서 논쟁을 계속했다. 그러자 조정에서는 史官을 赤裳山史庫에 보내 실록에서 전례를 상고해 보도록 했다. 이렇게 복제논의의 결론을 내리지 못하고 있는 가운데 윤선도가 송시열 등의 중자설을 비판하는 상소를 올리게 된다. 그는 효종이 왕통을 계승한 그 점만으로도 적장자 지위에 있게 된다고 주장하면서 衆子說을 주장하는 송시열 등의 주장은 효종이 왕통을 계승한 사실을 부정하는 것이라고 비판했다. 이러한 윤선도의 주장은 복제문제가 제기된 초기부터 염려되었던 효종의 왕위계승에 대한 정당성과 결부된 민감한 사안이었던 것이다. 윤선도는 송시열 등이 효종의 왕위계승의 정당성을 부인한다고 몰아붙였던 것이다. 이렇게되자 송시열을 중심으로 한 서인계에서는 윤선도의 주장은 예론을 가탁한 凶疏라고 주장하며, 그를 극형에 처해야 한다고 주장하게 되었다. 윤선도는 그의 주장이 지나쳤다는 판단에 따라 三水로 유배되었고, 삼년복을 주장하는 명분이 크게 손상됨으로서 조정에서는 기년복을 확정하였다.[15] 그러나 효종의 종통상의 지위는 역시 미해겨의 상태로 넘어감으로서 훗일의 또 다른 논쟁의 불씨는 연전히 남기게 되었다.

3) 甲寅禮訟의 쟁점

甲寅禮訟(二次禮訟, 1674년)의 쟁점은 孝宗妃인 仁宣王后가 仁祖의 繼妃인 慈懿大妃(趙大妃)에게 長子婦에 해당하는가? 아니면 衆子婦에 해당하는가? 하는 문제를 두고 전개된 예송이다. 이 문제는 사실상 一次禮訟의 延長上에서 논의될 성질의 쟁점이었다. 즉 일차예송의 쟁점은 바로 효종이 인조의 장자에 해당하는가? 아니면 衆子에 해당하는가?하는 문제에 대한 예설적인 해석의 차이에서 발단되었다.

앞에서 논의된 바와 같이 일차 예송은 소현세자가 죽은 후 종법적인 질서를 따르지 않고, 왕위에 오른 효종의 국상을 치루는 과정에서 그를 왕통을 계승한 입장에서 장자로 보아야 하는가? 아니면 혈연적인 순서를 따라 인조의 차자로 보아 장례를 치루어야 할 것인가의 문제가 당시의 심각한 정치적 현안으로 대두되어 논란이

15) 『顯宗實錄』 권2, 원년 5월 丁巳조.

야기되었다.

그러나 이 논쟁은 그 예설적 근거를 마련함에 있어서 당시 조정 관료들의 입장의 차이가 있었으나, 喪事를 결정하는 근거가 되었던 『경국대전』에 장자와 衆子에 대한 상복규정에 차이가 없이 기년으로 규정었던 까닭에 큰 논란을 야기하지 않고 넘어갈 수 있었다. 그런데 효종비인 仁宣王妃에 대한 國喪를 치루기 위해서는 그가 조대비의 長子婦인지 衆子婦인지를 분명히 밝히지 않을 수 없었다. 왜냐하면 효종의 服制를 결정할 때 근거가 되었던 『경국대전』과 비록 일차 예송때의 근거가 되지 않았던 『儀禮』에도 상복의 규정이 장자부와 중자부의 경우가 확연히 구분되어 있었기 때문이다. 즉 『儀禮』에는 長子婦에 대한 媤母의 喪服은 大功으로, 衆子婦에 대해서는 小功으로 규정되어 있고,[16] 『經國大典』에는 각각 朞年과 大功으로 구분되어 있다. 『경국대전』은 그렇기 때문에 효종의 國喪때와는 달리 孝宗妃의 경우에는 효종을 장자로 볼 것인지? 次子 곧 衆子로 볼것인지를 해결하지 않고서는 趙大妃의 服制를 결정할 수 없었다. 이처럼 효종의 宗統上의 지위를 확정하는 일이 불가피 했기 때문에 2차예송 때는 일차때 처럼 미봉적인 상태로 넘어갈 수 없었다. 그렇기 때문에 일차예송 이후 미해결로 남아있던 효종의 長·衆子說을 중심으로 하는 복제에 관한 쟁점은 심각하게 다시 논의 되지 않을 수 없었던 것이다. 왜나하면 효종을 장자로 본다면 仁宣王妃는 慈懿大妃에게 長子婦가 되어 대비가 기년복을 입어야 하지만, 효종이 차자라면 중자부가 되기 때문에 대공복을 입어야 했기 때문이다. 더욱이 경국대전과 의례의 복제까지도 통일되어 있지 않았기 때문에 논쟁은 더욱 격렬하였다.

---

16) 『儀禮』「喪服斬衰章」. "父爲長子傳 賈(公彦)注"

4) 甲寅禮訟의 顚末

효종에 대한 宗統上의 위치를 확정하지 않으면 안되는 상황이었기 때문에 일차예송때 효종을 衆子의 지위로 볼려고 했던 송시열을 중심으로 하는 조정대신들은 그들의 일관된 입장을 유지하기 위해서는 조대비의 복제를 大功으로 결정할 수 밖에 없었다. 그러나 국왕인 현종과 그의 외척인 청풍김씨측은 당시 왕의 최측근에 있던 承旨 金錫胄를 통해서 효종의 위치를 적장자로 확정하여 인선왕후를 嫡長婦로 보고, 복제를 齊衰朞年服으로 결정하였다. 그러나 西人系의 박세당이 "효종의 喪에 조대비가 중자를 위한 기년복을 입었기 때문에 효종비 仁宣王后에 대해서도 衆子婦服인 大功服을 입어야 한다."고 이의를 제기하였다.[17] 뿐만 아니라 예조에서 상복 절목을 정하는 과정에서 기년을 대공으로 자의적으로 付標로 수정하여 말썽을 빗었으나 복제는 대공으로 고쳐진데로 초상을 치루게 되었다. 그러나 국장을 치룬 5개월후인 7월 6일에 영남의 유생 都愼徵의 대왕대비복제의 과오를 지적하는 상소가 올려짐으로서 현종은 복제에 대한 재검토를 지시하고, 복제가 잘못된 경위를 따지게 되었다.

그런데 都愼徵의 주장은

> 1) 孝宗의 喪때는 조대비가 『경국대전』을 근거로 장자를 위한 기년복을 입었는데, 지금은 그당시 근거로 삼지 않았던 『의례』에 따라 대공복으로 결정했는데 그것은 衆子婦服이다. 먼저는 장자복[18]을

---

17) 『顯宗改修實錄』 권27, 15년 2월 壬戌條.

18) 都愼徵은 기해년의 기년복을 『經國大典』에 근거를 둔 장자복이라고 주장하지만, 사실은 장자와 중자를 구분하지 않고 미해결의 문제로 남

이번은 중자부복을 입을 수 있는가?

2) 의례의 중자부복 大功은 근거가 희박하기 때문에 朱子의『家禮』와 丘濬의『儀節家禮』에서 이미 기년복으로 개정했다.

3) 만약 이번에 인선왕후의 상복에 衆子婦服을 적용하게 되면 현재의 국왕인 顯宗은 자연히 조대비의 衆庶孫이 될 것이니 훗일 조대비가 죽었을 때 현종은 적장손의 承重者로 상례에 임할 수 없다. 대통을 이어 大宗임에도 불구하고 적장손이 아닌 衆庶孫이 된다는 말인가?

라는 것이었다. 이러한 주장은 仁宣王后 즉 현종의 母后가 衆子婦가 되며, 현종 자신은 仁祖의 衆庶孫에 해당될 것이라는 지적인 것이다. 거슬러 올라가면 효종이 왕위에 오른후에 비록 소현세자가 죽었으나 그의 아들들이 살아있었기 때문에 종법적인 질서를 따른다면 효종이 왕위에 오를 수 없는 상황이었다. 그렇기 때문에 효종의 宗統(王統)계승의 당위성을 둘러싸고 문제가 야기되어 소현세자의 嬪이었던 姜嬪과 그의 두 아들까지도 사사될 정도로 문제가 심각했었다.

그러나 2차예송의 문제가 제기된 갑인년 당시는 비록 소현세자의 셋째 아들까지 죽어 더 이상 왕위계승에 대한 논란이 일어날 가능성은 사라졌었다. 그러나 현종은 자신의 왕위계승에 대한 명분상의 정당성이 문제될 수 있다는 생각에서 都愼徵의 상소문을 본 후 사태의 심각성을 깨닫게 되었다. 그 결과 현종은 서인들이 선왕인 효종의 종통계승을 부정적인 시각으로 평가하고 있다고 생각하게 되었다. 그래서 현종은 드디어 7월 13일 경연에서 영의정 金壽興(1626~1690, 호 退愚堂)과 예조판서 趙에게 인선왕후에 대한 服이 당초에 기년복으로 결정되었다가 대공으로 바뀐 이유와 기해년에

겨두었다. 본장 내용 참조.

는 長子服인 朞年服으로 정했으면서 이번에는 衆子婦服인 大功으로 결정한 근거를 밝히라고 요구하게 되었다.

현종의 이러한 질책을 받자 金壽興은 기해년의 효종상에는 『經國大典』과 『의례』를 종합해서 기년복으로 정했으며, 이번(甲寅年)에는 子婦의 服인 까닭에 降服의 원칙을 적용해서 大功으로 정해졌다고 답변했다. 그러나 현종은 다시 長子婦에 대한 복을 『의례』(즉 古禮)와 『경국대전』(國制)에 각각 어떻게 규정되었는가를 다시 묻고, 지금의 대공이 왜 국제와 다르게 되었는지 질문하였다. 현종의 이러한 질문에 대해 영의정 김수홍과 호조판서 閔維重은 역시 『儀禮』의 장자부복은 대공이며, 『경국대전』의 長子婦服은 朞年이기 때문에 기해년의 『儀禮』와 『경국대전』의 규정을 절충한 전례를 따라 이번의 복제를 大功으로 결정했다고 마찬가지로 대답했다. 그러나 현종은 이미 김석주의 자문을 받아 김수홍의 답변이 타당치 못하다는 점을 간파하고 있었다. 김수홍등의 답변에 대해 승지 김석주는 "그것은 송시열의 생각에 효종이 인조의 庶子가 되어 해로울 것이 없다고 했기 때문에 허목이 상소를 하게 된 것"이라고 지난달의 상황을 상기시켰다.[19] 이러한 대신들의 대답을 미봉적인 태도로 파악한 현종은 격노하여 그날중으로 六卿·三司의 大臣과 元任大臣 및 參贊・判尹・禮曹黨上 등을 소집하여 복제를 재심하라고 지시하였다.

이 당시 국왕 현종과 대신들간의 인선왕후의 복제문제를 둘러싸고 야기된 대립은 대신들의 입장을 밝히는 4차례의 啓文을 올리면서 평행선을 긋는 양상으로 계속되어 나갔으며, 그 골자는 다음과 같이 요약할 수 있다. 먼저 송시열의 4종설의 입장을 견지하는 대신들의 입장은

---

19) 『肅宗實錄』 卷3, 元年 3월 丙戌 조.

첫째 己亥年의 服制에 대한 결정때 효종이 長子인지 衆子인지를 구별하지 않고, 國制(『經國大典』)에 근거를 두고 朞年服으로 정했다. 그러나 세간에서는 그 결정을 古禮(『儀禮』)에 근거를 둔 衆子朞年服으로 인식하고 있다.

둘째 기해복제는 효종의 장중에 대한 구분을 하지 않았으나, 형제관계로 볼 때 효종은 중자임을 부인할 수 없기 때문에 효종과 仁宣王后는 慈懿大妃의 衆子와 衆子婦에 해당된다.

셋째 『경국대전』의 衆子婦條에 承重한 子婦에 대해 기년복을 입는다는 특별한 단서가 없으나 일단 衆子婦로 보게 되면 降服의 원칙을 적용하여 大功服으로 결정해야 한다.

넷째 古禮인 『의례』에서 '次長子가 承重하면 장자가 된다'는 내용은 第1子가 廢疾되었을 경우에만 해당될 뿐이며, 소현세자가 폐질로 장자의 지위에 오르지 못한 것이 아니기 때문에 그를 제외한 누구도 承重해도 體而不正의 경우에 해당되기 때문에 장자가 아닌 衆子이므로 부모가 그를 위해 3년복을 입지 못한다는 것이다.

이렇게 조정의 대신들은 몇 년을 두고 禁忌視되면서 끌어온 현안을 그들의 입장인 송시열의 사종설을 근거로 확실히 표명하게 되었다. 이러한 조정의 결론에 대해 현종은 격노하며 반론을 제기했다. 그 골자를 요약하면 다음과 같다.

첫째 기해복제는 국제인 『경국대전』을 근거로 孝宗에 대한 服을 長子에 대한 기년복으로 결정했는데, 이번의 國喪에 인선왕후를 중자부로 간주하여 大功服으로 정하여 국제와 다르게 된 까닭은 무엇인가?

둘째 趙大妃가 소현세자의 姜嬪이 죽었을 때 長子婦服을 입지 않았으니 長子婦에 대한 기년복은 인선왕후가 아닌 누구에게 적용할 것인가?

셋째 『儀禮』疏에서 "次長子를 後嗣로 세우고 長子라고 稱한다"라고 했는데, 효종이 장자가 아니면 누가 장자인가?

넷째 '體而不正'은 효종에게 해당되지 않는 것인데, 왜 그를 서자라고 하는가 하는 등의 논리였다.

이와 같은 현종에 의해 제기된 반론의 골자는 효종을 장자로 보아야 한다는 점에 모아지고 있다. 이는 복제문제를 통해 종법질서상의 왕위계승에 대한 정당성을 확정하려는 의도인 것이다. 그러나 현종의 주장은 경전적인 확실한 근거를 철저히 검토했다기보다 서인 일파가 효종의 왕위계승을 부인하려고 한다는 다분히 감정적인 태도를 나타내고 있다. 그러한 그의 생각의 일단은 "卿등은 모두 선왕의 은혜를 입었는데 지금와서 감히 體而不正으로 今日의 禮律을 단정하는가?"[20]라는 언급에서 확인된다. 현종은 "제1자가 죽으면 적처소생의 제2장자를 후사로 세우고 또한 장자라고 부른다"는 『의례』의 注疏에 근거를 두고 서인들이 부왕인 효종을 '庶子'라고 부르거나 모후를 衆庶婦로 간주하는 데 크게 분노했던 것이다. 그러나 당시 조정을 장악하고 있던 西人들은 효종을 서자로 본다해도 결코 嫡妻소생인 아닌 妾子로 보는 것이 아니며, 그들의 의도는 비록 왕실이라도 형제간의 혈연적인 순서를 벗어난 예외적인 禮規範을 적용할 수 없다는 예학적인 입장이 달랐기 때문에 服制上의 의견을 달리하게 되었던 것이다.

---

20) 『顯宗實錄』 卷22, 15年 7月 丁丑條.

4. 韓國政治와 禮訟的 傳統

앞에서 우리는 조선후기 예송의 쟁점과 그 전개과정을 개괄해 보았다. 예송은 그 의의에 있어서 여러가지 측면으로 평가될 수 있을 것이다. 예송적 전통은 복제문제에 접근하는 과정에서 그 경전적 근거를 확실히 하려는 태도는 분명히 합리성을 존중하는 긍적적인 요소가 내재해 있다. 그러나 이러한 긍정적인 의미 이외에도 많은 부정적인 의미들이 존재하며, 그러한 의미들이 한국의 현대정치에 직간접적으로 영향을 미치고 있음을 부인할 수 없다. 그러한 부정적인 의미들은 분명히 청산되어야할 우리들의 전통임에 틀림없다. 예송적인 전통에서 긍정적인 요소들을 확인과 재해석의 문제를 미루어 두고 먼저 그 부정적인 요소들을 지적하고 넘어가려 한다. 그 이유는 예송적인 사고에는 사고의 유연성이 결여되었던 것으로 판단되고, 현대의 민주주의적인 사고와 맞지 않는 측면이 있어서 극복되어야 한다고 생각하기 때문이다.

1) 정치적 현황

한국은 1948년에 제정된 헌법에 기초한 정치이념으로서 자유·민주주의를 표방하면서, 소위 民主的 정치질서의 확립을 전제로하여 운영되어 오고 있다. 그러나 자유·민주주의라는 이념은 자생적으로 우리사회에 성장된 것이 아니라 외부로부터 급작스럽게 유입된 이데올로기였다. 그런 까닭에 우리 사회는 여러 측면에서 정치적 질서가 확고히 뿌리내리지 못함으로서 무수한 형태의 갈등구조가 존재해 왔다. 지금까지 한국정치를 연구하는 학자들과 국민들 사이에는 그러한 갈등의 원인을 정치적인 제도의 미비성과 정치집단간의 대립적인 구조에 있다고 생각해 왔다. 또한 건국과 함께 제정된 헌법이 통치권자의 집권연장을 위해 수 차례에 걸처 비정상적으로 개정된 때문이라는 생각을 가지고 있다. 그리고 한국사회는에는 보수진연과 진보진영의 대립, 행정부와 의회의 대립, 가진자와 못가진자의 대립, 자유주의자와 평등주의자의 대립, 도시와 농촌의 대립, 권위주의 진영과 민주진영의 대립, 언론과 정부의 대립, 지역간의 대립, 청년층과 기성세대간의 대립등의 수많은 갈등관계가 표출됨으로서 정치적인 안정이 이룩되지 못하고 있는 실정이다.[21] 그러나 이러한 갈등구조는 오늘날 세계의 어느 국가든지 정도의 차이만 있을 뿐이지 전혀 존재하지 않는 나라가 없다. 다만 정치적인 화합과 안정을 이룩한 나라들은 정치적인 선진국이 되고, 그렇지 못한 국가들은 정치적 후진국을 면치 못하고 있다. 그러면 이러한 갈등구조가 해소되지 못하는 원인은 어디에 있는가?

그 원인과 책임의 소재는 무엇보다도 이러한 갈등구조를 해소하여 정치적인 안정을 이룩해야 할 일차적인 책임을 진 정권의 담당자와 현실정치인들이 정치적인 임무를 잘 수행하지 못하는데 있다고 보아야 한다. 특히 우리의 정치인들은 정치적인 결론을 이끌어내는 과정에서 민주적인 절차를 준수하지 않는데에 문제의 심각성이 도사리고 있다. 그러면 왜 우리의 정치인들은 민주적인 제도를 수용・활용하고 있음에도 불구하고 민주적 절차와 과정을 통할 결론의 도출에 성공하지 못하는가? 그 원인의 밝히는 일은 제도적인 민주화를 이루는 일보다 훨씬 중요하다고 생각된다.

---

21) 李南永,「韓國政治와 倫理」, 61쪽 참조.

2) 정치의식의 實相

해방이후 우리의 정치사를 살펴보면 개인의 자유와 권리 및 존엄성이 역대의 정권에 의해 크게 제한되고 침해해왔으며, 정당 및 입법부와 사법부는 정권의 시녀 노릇을 하는 들러리 정도로 전락하여 재기능을 다하지 못함으로서 국정이 비민주적이고 비정상적으로 운영되는 경우가 많았다. 그러한 비정상정인 국정운영은 무엇보다도 역대 정권의 통치권자가 정치권력을 한손에 장악함으로서 무소불위의 독재권을 행사한데 원인을 돌릴 수 있다. 그러한 과정에서 권위주의적인 정치가 행해짐으로서 정치권력이 경제·사회·문화·교육등 여타의 모든 영역을 완전히 지배하게 되었다. 그 결과 각종의 권력형 비리와 부조리가 행해지고 정상적인 정치가 행해질 수 없었으며, 한국사회는 민주주의적인 원칙이 지켜질 수 없었다. 비록 외부로부터 유입된 제도와 이념이라 할지라도 분명 한국은 민주주의를 표방하고 있고, 그 제도를 폐기해야할 어떠한 이유도 발견하지 못하는데도 불구하고 우리의 정치가 민주주의적인 이념과 어긋나는 방향으로 운영되는 원인은 어떻게 설명되어야 할 것인가? 그런데 각국이 민주제도를 운영하는데에 성공하고 실패하는 원인을 살펴보면 그 원인은 민주주의를 운영하는데 필요한 법적·제도적 장치를 마련하는데 성공하고 실패한 때문이기 보다 각국의 정치문화 특히 국민의 정치의식이 제도와 그 이념에 부응하지 못하는데에 그 원인이 있다고 보아야 할 것 같다.

그러면 한국인의 정치의식은 어떤 전통을 근간으로 형성되었을까? 그에 대해 일율적으로 대답하기가 쉽지 않겠으나 예송적인 전통이 한국인의 정치의식의 형성에 상당한 영향을 주고 있다고 생각할 수 있다.

흔히 민주정치는 대화와 타협을 통한 합리적인 결론의 도출과정이라고 설명된다. 그런데 우리의 의식 가운데는 대화와 타협을 긍정적으로 생각지 않는 측면이 존재한다. 대화와 타협을 긍정적으로 생각하기 위해서는 정치적인 경쟁의 상대를 인정하고, 정치엘리트 상호간의 대립을 허용하는 풍토가 전제되어야 한다. 그런데 우리 사회는 전통적으로 정치적인 경쟁을 바람직하지 않게 보는 문화를 소유해 왔다. 그 원인중의 일부는 예송문화에서 기인되었다고 판단해도 좋을 것이다.

예송에 관여한 당시의 지식인들은 그들의 예설을 절대적인 진리로 파악함으로서 대화와 타협의 여지를 가질 수 있는 것으로 생각하지 않았다. 그 원인은 예론의 당사자들이 당시의 복제를 결정하는 근거인 예론의 근거를 상대적인 것으로 생각하지 않은데 있다. 그들은 오직 한가지 원칙만 있을 수 있다고 생각하여 (심지어 국왕 현종의 의도를 짐작하면서도) 자신들의 예설만을 집요하게 고집하였던 것이다. 이러한 태도가 더욱 강화되어 자신과 의견을 달리하는 상대를 소인으로 생각하기도 했다. 그런 까닭에 대화와 타협을 긍정적으로 생각하지 못하고, 오히려 타협은 변절이라고 생각을 갖게 하는 편협성을 낳게 되었던 것이다. 이러한 태도는 자연히 소수자의 의견에 대해 관용성을 발휘하는 태도를 갖지 못함으로서 정치적 競爭을 수용·존중하지 못할 뿐만 아니라 소수자의 의견에 대해 관용성을 결여하는 태도를 낳게하였던 것이다. 이러한 한국인의 정치의식은 예송문화가 낳은 부정적인 요소로 지적되어도 좋을 것 같다. 이러한 예송적인 정치의식이 타파될 때 진정한 의미의 민주주의를 구현할 수 있을 것이다.

5. 맺음말

효종과 그 왕비인 인선왕후의 복제문제로 말미암아 발단된 17세기 후반의 예송은 표면적으로는 복제문제였으나, 실제로는 종법적인 질서의 준수를 두고 야기된 논쟁이었다.

예송이 발단된 원인을 살펴보면 송시열을 중심으로 하는 보편주의의 예설을 신봉하는 측과 윤휴등의 분별주의의 禮說을 신봉하는 측간의 예설적인 견해의 차이가 직접적인 원인이 되었다. 기해예송은 『經國大典』을 근거로 孝宗의 長·衆子 지위에 대한 판단을 보류하고 朞年服으로결정하고 넘어갈 수 있었다. 왜냐하면 『경국대전』은 아들에 대해서는 長·衆의 구별을 두지 않았지만 子婦에 대해서는 長子婦 朞年, 衆子婦 大功으로 분별해 놓고 있었으므로 1674년 仁宣王后의 상에서는 가부간 효종의 종통적 지위를 판정하지 않을 수 없게 되었던 것이다. 그 결과 갑인예송을 기해예송에서 해결하지 않고 넘어갔던 효종의 종통상의 문제가 재론되어 효종의 왕위계승에 대한 정당성이 문제되는 상황으로 전개되었고, 그 결과 복제문제는 급기야 충역의 시비로까지 비화되어 갔다. 사실 예송의 직접적인 원인은 효종이 적손인 소현세자의 아들을 제쳐놓고 차자로서 왕위를 계승한 비정상적인 대통계승으로 말미암아 일어났다.

송시열 일파에서는 次子라고 하는 명호와 왕실의 종통은 별개의 것으로 인식하여 효종을 출생순서에 따라 衆子나 庶子로 불러 해로울 것이 없다고 보았다. 그러나 尹鑴·許穆 등은 왕실전례의 특수성을 강조하여 효종을 적장자로 불러야 할 것이라고 주장하였다. 쌍방은 모두 『의례』의 가공언의 주소를 근거로 인용하고 있었다. 허목과 윤휴를 중심으로 하는 남인계열의 예학은 고례의 전통 즉 예의 원리와 행용에서 신분의 존비와 지위의 고하를 분별 강조한 왕조례의 전통을 유지하고 있었다.반면에 송시열을 중심으로 하는 서인 예학은 『가례』의 보편주의적 경향에 큰 영향을 받아 예에서 신분의 구별을 그다지 중요하게 여기지 않았고 이 때문에 帝王禮의 특수성에 대해서도 심각하게 유의하지 않았던 것으로 보인다. 제왕례의 특수성과 고유성에 대한 예학파 간의 이러한 기본적 입장 차이 때문에 효종의 종통적 지위에 따른 복제의 결정에 있어 그 견해가 다를 수밖에 없었고, 이것이 예송으로 발전하게 되었다.

제1차 예송은 당초 윤휴가 기년제의 문제점을 지적하고 다음 해 허목이 이를 재론하여 송시열·송준길등과 논변을 반복할 때까지만 하더라도 그것을 예학의 학술론쟁적 성격이 짙었다. 예송이 정치문제화 된 것은 복제에 결부되어 있었던 종통문제의 발로 때문이었는데, 그것이 윤선도의 과격한 상소에 의해 폭발됨으로써 문제가 크게 증폭되었다. 윤선도에 의한 복제예론의 정치무기화는 서인들을 크게 자극하여 예송에 관련된 남인들의 축출과 폐고를 야기하였다.

제2차 예송의 주제와 논리는 본질적으로 제1차 예송 때와 같은 것이엇지만, 그 논쟁은 종래까지 알려졌던 바와 달리 서인과 남인의 대결로 진행된 것이 아니었다. 이 논쟁은 송시열을 중심으로한 신료집단과 청풍김씨 일파를 중심으로한 왕실과 대결이었다. 이렇게 남.서인 예학의 대가들은 제2차 예송에서는 일언반구도 의견을 말한 것이 없었다.

그러므로 제2차 예송은 사실상 당파와는 무관하게 진행되었다고 할 수 있다. 비록 갑인예송은 대구 지방의 유생인 도신징의 상소가 기폭재가 되었다. 그러나 그는 당시의 서인의 예론에 반대하던 남인들과 하 등의 정치적인 연대를 형성하고 있지 않았다. 따라서 제2차 예송을 단순히 제 1차 예송의 반복으로 생각하여 이를 서인 대 남인 당파 대결의 연장으로 파악하는 시각은 잘못된 것이라 할 수 있다. 갑인예송에서 서인의 대공설을 타파한 주역은 바로 현종 자신과 서인 댕색이었던 외척 김석위였다. 그러나 예송에서의 패배로 서인들이 점차 물러나게 된 빈자리에 남인들이 보충됨으로서 숙종 초의 정국 개편이 이루어지게 되었다.

그런데 문제는 이 예송의 과정에서 국왕현종의 결정이 반듯이 예학적인 근거를 가지고 처리되지 않았다는 점에서 우리는 한국인의 정치의식속에 '승자는 옳고 패자는 그르다.'는 강자적인 논리가 지배됨으로서 모든 정치적 판단에 건전한 상식과 합리적인 결정과정이 아닌 힘의 논리가 지배하는 정치적 관행을 낳게 된 것은 아니가?라고 생각해 볼 수 있다. 이러한 결과 정치집단들 사이에도 정당성·합리성·공정성보다 힘의 논리가 지배적으로 작용함으로서 합리적인 정책결정에 도달하지 못하는 결과를 빗게 되는 것이다. 뿐만 아니라 당시의 신료집단의 경우도 지나치게 명분적인 사고에 얽매어 예론의 적용에 신축적으로 대응하지 못하고 오직 명분만을 고집하는 결과를 빗게 되었고, 그 결과 명분을 접어두고 실리를 추구하는 행위는 무조건 白眼視되는 정치적인 관행을 낳게 된 것으로 뿐만 아니라 이러한 명분론적인 사고로 말미암아 대화와 타협을 통한 합리적인 결론의 도출과 정치적인 경쟁의 상대를 인정하고 소수의 의견을 존중하는 의사결정과정이 무시되는 정치문화를 형성하게 된 것이 아닐까? 사실 우리는 명분 그 자체를 위해 명분에 집착하는 경우들을 종종 목도한다. 그러나 명분은 실리를 위해 봉사해야 하는 것이 아닌가?

결 론

성리학의 사상적 성격은 그것이 불교의 出家的인 세계관이나 道家의 無爲自然적인 가치관을 반국가적·반문화적이라고 배격하고 儒家의 人倫主義를 표방하는 점이다. 이러한 성격을 지닌 성리학은 原始儒學이래의 현세중심의 規範主義적인 가치관에다 불교나 도가사상을 극복하기 위해 그 사상들이 내포하고 있는 형이상학적인 깊이까지를 갖추기를 추구하였다. 그렇기 때문에 성리학은 공자와 맹자 이래의 유가의 윤리가 자체적인 반성을 거쳐 우주론적인 차원으로까지 이론화되고 체계화된 사상이다. 조선시대의 성리학은 중국의 정주계통 중에서 心性論 분야에 집중적인 연구를 기울여 왔다.

이 연구는 이러한 조선시대의 전기성리학을 중심으로 그 사상적 기능을 추적하는 의미에서 서론부분에서 그 사상적 성격을 재음미해보고 1장에서 그것이 지향한 統治理念의 성격이 어떻게 전개되었는지를 살펴보았고, 2장에서는 人性論的 토대를 고찰해 보았으며, 3장에서 그 유교적인 성격의 規範的 世界觀이 어떻게 이루어져 오늘의 한국인의 의식에 어떤 영향을 미치고 있는지를 살펴보려고 했다.

이러한 목적의 연구는 조선시대 성리학에 대한 종합적인 연구와 대부분의 성리학자들의 이념을 검토해야 그 소기의 목적을 달성할 수 있을 것이다. 그러나 이 연구는 앞에서 지적된 조선성리학의 성격을 조명하기 위한 시론으로서 조선초기의 성리학을 定礎한 陽村 權近의 사상과 栗谷 李珥의 鄕民敎化책인 향약을 비롯한 사회개혁사상을 고찰해 보았으며, 퇴계의 교육사상까지도 사회사상이라는 관점에서 살펴보았다.

그러한 고찰과 함께 성리학의 이념이 정립되는 16세기의 대표적 성리학자인 退溪 李滉과 南冥 曺植 및 河西 金麟厚의 사상을 살펴보았다. 그리고 조선전기로 시대 구분할 수 없는 17세기의 사상까지를 이 연구에 포함했다. 그 이유는 사상사 혹은 철학사는 일반적인 역사와 달리 이념의 연장선상에서 조명되어야 한다고 생각했기 때문에 다소 무리가 됨을 무릅쓰고 이 연구에 포함 시켰다. 아울러 이 연구는 어떤 일관된 시각을 가지고 연구된 것이 아니고 각각의 독립된 논문으로 쓰여졌다. 그렇기 때문에 이 논문에서 통일된 관점을 찾을 수 없다. 그러나 이들 논문들은 위의 각 장에 해당되는 내용을 부분적으로나마 담고 있기 때문에 한 책에 담을 수 있다고 생각했다. 이 연구를 종합하기 위해 각 논문들의 결론을 중심으로 살펴보면 대체로 다음과 같이 요약될 수 있다.

서론에서 필자는 전통사상에 대한 연구는 언제나 시대성에 입각한 평가를 통해서 이루어져야 한다는 사실을 지적하였다. 그런 점에서 볼 때 조선조의 성리학은 분명히 오늘의 시각에서 새롭게 평가되어야 할 점이 있다. 그 점은 조선의 성리학자들이 한결같은 관심을 갖고 추구해온 인간의 선한 본성에 대한 탐구였다. 조선의 성리학자들은 확실히 '人性'의 옹호라는 관점에서 출발해서 그것이

天理인 太極 그 자체와의 합일될 수 있는 근거를 충실하게 밝히고 있다. 그 결과가 四端七情에 대한 理氣說적인 해명으로 구체화되었다. 퇴계에서 시작된 그 논의는 비록 논쟁의 실마리를 다 해결하지 못했으나 우주와 인간의 조화를 지향하는 유학 본연의 천인합일의 정신을 四端七情에 대한 理氣說的인 해석으로 성공적으로 설명할 수 있었다.

그러나 이 연구에서는 퇴계나 율곡의 사단칠정설은 취급하지 않고 그 이후 특히 16세기 이후의 사단칠정설을 포함시키고 있다. 그 이유는 조선전기의 성리학적인 관점의 연장이라고 생각해서 시대구분에 구애되지 않고 이 연구에 포함시키는 무리함을 범했다. 그러나 16세기 이후의 四端七情說은 조선전기의 논의가 지나치게 사단과 칠정의 포함관계를 두고 논의되었음을 반성하면서 經典的인 논의가 특히 칠정의 경우『中庸』과『禮記』,『大學』등에서 상이하게 언급되는 점을 들어서 절충적으로 해석하고 있음을 밝힐 수 있었다, 이 점은 조선전기 성리학의 발전이라는 맥락을 찾아낼 수 있기 때문에 이 연구에 포함시킬 수 있는 이유가 된다.

아울러 이러한 인성론적인 사상적 맥락이 남명 조식의 「학기도」에서 논의되고 있음을 밝히고, 그 의의가 세계를 체용론적인 二元論으로 파악함으로서 우주와 인간사회의 규범적 질서가 합일되어야 한다고 생각하여 이론적 탐구보다 규범적 질서를 강조하는 이념으로 정립되었음을 밝혔다. 그리고 이러한 인성론적 토대들이 비록 실천을 강조하지만, 확고한 지적인 인식이 요구된다는 점에서 성리학의 인식체계를 퇴계의 지식이론에 대한 검토를 통해서 知行竝進 이라는 성리학의 知識論을 살펴보았다.

이러한 성리학의 인성론에 대한 검토를 기반으로 조선전기 성리학의 규범적 세계관을 河西 金麟厚의 誠敬사상을 통해서 고찰해 보았다. 하서의 성경사상은 유학이 지향하는 개인의 자기완성인 修己治人의 이론으로서 완성된 자기를 바탕으로 이상사회를 이룩하려는 성리학적인 規範論의 전형이 됨을 밝혔다. 이러한 하서의 수양론과 함께 사계 金長生의 禮思想을 고찰해봄으로서 성리학적인 외적 규범론도 아울러 살펴보았고, 시각을 17세기의 禮訟論爭에로까지 확대해서 예송의 전말과 그 발생의 정치·사회사적 배경까지를 밝혀보려고 했다. 조선조의 규범의식인 예학사상과 예송관이 현대의 한국인의 현실관 특히 정치의식에 어떠한 영향을 미치고 있는지를 살펴보려고 했다. 그러나 이 연구들은 많은 미진함을 드러내고 있음을 自認하지 않을 수 없다. 이러한 미진함은 앞으로 계속될 필자의 한국사상사에 대한 연구와 집필의 과제로 남기려 한다. 끝으로 한국사상사를 연구하는 同學諸賢들의 아낌없는 비판을 부탁한다.

참고문헌

1. 원 전

權 近,『入學圖說』
權尙夏,『寒水齋集』(景仁文化社).
奇大升,『高峰全集』(성균관대학교 대동문화연구원, 1979).
奇正鎭,『蘆沙先生全集』(보경문화사, 1983).
金元行,『渼湖集』(韓國歷代文集叢書 169～171, 景仁文化社).
金麟厚,『河西集』
金長生,『沙溪先生全集』(아세아문화사, 1982).
金昌協,『農巖集』(연세대학교 소장본).
金昌翕,『三淵集』(韓國歷代文集叢書 253～257, 景仁文化社).
裵善源 編,『四七辨輯證』
裵宗鎬 編,『韓國儒學資料集成』(연세대학교 출판부, 1980).
徐敬德,『花潭先生集(花潭及門諸賢集 內)』, (여강출판사, 1985).
成 渾,『聽松牛溪集』(아세아문화사, 1979).
宋時烈,『宋子大全』(보경문화사, 1980).
宋翼弼,『龜峯集』.
吳熙常,『老州集』(韓國歷代文集叢書 190～193, 景仁文化社).
柳健休,『東儒四書解集評』(여강출판사, 1987).
李 柬,『巍巖遺稿』(李龍承 발행, 1977).
李象靖,『大山集』.

李　珥,『栗谷全書』(成均館大學校 대동문화연구원, 1986).
李　縡,『陶庵集』(韓國歷代文集叢書 260～266, 景仁文化社).
李　滉,『退溪全書』(성균관대학교 대동문화연구원, 1958).
李敏輔,『常窩集』(경인문화사).
李彦迪,『晦齋全書』(성균관대학교 대동문화연구원, 1981).
李玄逸,『葛菴全集』(여강출판사, 1986).
任聖周,『鹿門集』(경문사, 1980).
任靖周,『雲湖集』(서울대학교 奎章閣 소장본).
趙光祖,『靜庵集』.
蔡之洪,『性理管窺』(동문사, 1974).
韓元震,『南塘集』(아성문화사, 1976).
韓元震,『朱子言論同異考』.
許　穆,『眉叟記言』.
洪直弼,『梅山集』(여강출판사, 1986).
高攀龍,『高子遺書』(文淵閣四庫全書, 第1292冊, 臺灣大學 소장본.
『管子』.
羅欽順,『困知記』(閻韜點校, 北京: 中華書局, 1990).
閔百火右 編,『心經集解 [眞德秀, 心經 (程敏政, 心經附註)]』.
四書章句集註大全(經書):『論語·孟子·中庸·大學』(성균관대학교 대동문화연구원, 1965).
『四書或問』(保景文化社, 1990).
『尙書註疏及補正』(臺灣: 世界書局, 1973).
徐世昌 撰,『淸儒學案』(海王邨古籍叢刊, 中國書店).
邵康節,『皇極經世書』, 宋 邵雍 撰.
『宋書(二十五史)』(保景文化社 影印本).
『荀子』
『十三經註疏』(淸 阮元 校刻, 臺灣: 藝文印書館, 1981).
黎靖德 編,『朱子語類』(臺灣: 中華書局, 1983).
『禮記註疏及補正』(臺灣: 世界書局, 1973).

『禮記集說』
王守仁,『王陽明全集』(上海: 古籍出版社, 1992).
李翺,『復性書』.
張載,『張載集』(北京: 中華書局, 1978).
鄭曄,『近思錄釋義(朱熹, 呂祖謙, 近思錄)』(연세대학교 소장본).
程顥・程頤,『二程全書』(九州大學中國哲學研究所編, 中文出版社, 1979).
周惇頤,『周子全書』(董榕輯, 臺北: 廣學社印書館, 1975).
『朱文公先生感興詩』1卷, 宋 蔡模 編注.
『周易』(保景文化社, 1990).
朱熹, 呂祖謙,『近思錄』.
朱熹,『朱子大全』.
眞德秀,『大學衍義』, 연세대학교 소장본.
陳叔諒 李心莊 編,『重編 宋元學案』(全四冊. 臺灣: 正中書局印行).
胡廣 編,『性理大全』(保景文化社, 1984).
黃宗羲,『明儒學案(黃宗羲 全集 第 7～8冊)』, (臺灣: 里仁書局).

2. 국외간행 단행본

中國哲學史方法論討論集, 1980,『中國社會科學院哲學研究所』, 中國社會科學出版社.
葛榮晉, 1987,『中國哲學範疇史』, 黑龍江人民出版社.
姜國柱, 1982,『張載的哲學思想』, 遼寧: 人民出版社.
姜國柱, 1989,『中國認識論史』, 河南: 人民出版社, 1989
高橋進, 1986,『李退溪と敬の哲學』(안병주 외 역, 서울: 신구출판사).
羅　光, 1984,『中國哲學思想史』(宋代篇), 臺灣: 學生書局.
勞思光, 1981,『中國哲學史』, 臺灣: 三民書局.
唐君毅, 1986,『中國哲學原論』(原導篇), 臺灣: 學生書局.
唐君毅, 1984,『中國哲學原論』(原性篇), 臺灣: 學生書局.

杜維明, 1989,『人性與自我修養』, 北京: 和平出版社.
牟宗三, 1984,『心體與性體』, 臺灣: 正中書局.
牟宗三, 1990,『認識心之批判』, 臺灣: 學生書局.
牟宗三, 1974,『智的直覺與中國哲學』, 臺灣: 商務印書館局.
蒙培元, 1984,『理學的演變－從朱熹到王夫之戴震－』, 福建: 人民出版社.
蒙培元, 1989,『理學範疇體系』, 北京: 人民出版社.
蒙培元,『中國心性論』(李尚鮮 譯, 서울: 法仁文化社, 1996).
蒙培元, 1990,『理學範疇系統』, 北京: 人民出版社.
蒙培元, 1985, 理學的演變, 福建: 福建人民出版社.
潘富恩・徐余慶, 1988,『程顥程頤理學思想研究』, 上海: 復旦大學出版社.
范壽康, 1976,『朱子及其哲學』, 臺灣: 開明書店.
徐復觀, 1969,『中國人性論史』, 臺灣: 商務印書館.
徐遠和, 1987,『洛學原流』, 山東: 齊魯書社, 1987.
小野澤精一・福永光司・山井湧 編, 1987,『氣の思想』(全敬進 譯, 圓光大學校出版局).
孫叔平, 1980,『中國哲學史稿』, 上海.
市川安司, 1964,『程伊川哲學研究』, 東京: 東京大學出版部.
市川安司, 1985,『朱子哲學論考』, 東京: 汲古書院.
沈善洪·王鳳賢, 1985,『中國倫理學說史』, 浙江人民出版社.
楊天石, 1982,『朱熹及其哲學』, 北京: 中華書局.
오하마 아키라,『범주로 보는 주자학』(이형성 譯, 예문서원, 1997).
友支龍太郎, 1979,『朱子の思想形成』, 東京: 春秋社.
劉述先, 1982,『朱子哲學的展開與完成』, 臺灣: 學生書局.
李保林・楊翰卿・孫玉杰 主編, 1996,『中國宋學與東方文明』, 河南大學出版社.
李志林, 1990,『氣論與傳統思維方式』, 上海: 海隅文庫.
任繼愈, 1974,『中國哲學史簡編』, 北京: 人民出版社..
張岱年, 1989,『眞與善的探索』, 齊魯書社.
張立文 主編, 1990,『氣』, 北京: 人民大學出版社.

張立文 主編, 1989,『道』, 北京: 人民大學出版社.

張立文, 1986,『朱熹思想硏究』上・下, 臺灣: 谷風出版社.

張立文, 1986,『宋明理學硏究』, 北京: 人民大學出版社.

張立文, 1997,『李退溪思想硏究』, 北京: 東方出版社.

張立文, 1981,『朱熹思想硏究』, 北京: 社會科學出版社.

張永儁, 1988,『二程學管窺』, 臺北: 東大圖書.

錢 穆, 1977,『宋明理學概述』, 臺灣: 學生書局.

錢 穆, 1970,『朱子新學案』, 臺灣: 三民書局.

朱紅星·李洪淳·朱七星 著, 朝1989,『鮮哲學思想史』, 延邊: 人民出版社.

陳 來, 1988,『朱熹哲學硏究』, 北京: 中國社會科學出版社.

陳 來, 1991,『宋明理學』, 遼寧: 遼寧教育出版社.

陳 來, 1987,『朱熹哲學硏究』, 北京: 中國社會科學出版社.

陳榮捷, 1981,『朱子新探索』, 臺灣: 學生書局.

陳榮捷, 1982,『朱學論集』, 臺灣: 學生書局.

陳俊民, 1990,『張載哲學與關學學派』, 臺灣: 學生書局.

蔡方鹿, 1997, 宋明理學心性論, 四天: 巴蜀書社.

蔡仁厚, 1989,『宋明理學』, 臺灣: 學生書局.

馮耀明, 1989,『中國哲學的方法論問題』, 臺北: 允晨文化實業.

馮友蘭, 1935,『中國哲學史』, 商港: 商務印書館.

馮友蘭, 1989,『中國哲學史新編』, 北京: 人民出版社.

黃公偉, 1971,『宋明淸理學體系論史』, 臺灣: 輔仁大學.

黃公偉, 1971,『宋明淸理學體系論史』, 臺灣: 幼獅文化事業公司.

侯外廬 外 主編,『宋明理學史』.

侯外廬 外 主編,『中國思想通史』.

黑田源次,『氣の硏究』(全敬進 譯, 圓光大學校出版局, 1987).

A. C. Graham, Two chinese philosophers, Open Court Publishing Company, 1992.

Alan K. L. Chan, Two visions of the way, State University of New York Press,

1991.

Bornet, Paul; Novissima Sinica, in: Monumenta Serica XV(1956), S.328-343.

Choi, Min Hong, A Modern History of Korean Philosophy, Seoul, Seong Moon Sa, 1978

Cook, Daniel J. and Rosemont, H. Jr.; The pre-established Harmony between Leibniz and Chinese Thought, in: Journal of the History of Ideas 42(1981), S.253-267.

Cook, Daniel J.; Metaphysics, Politics and Ecumenism: Leibniz' Discourse on the Natural Theology of the Chinese, in: Studia Leibnitiana, Suppl. 19(1977), S.158-164.

Copleston, F., A History of Philosophy(I), Westerminster, Maryland, 1960.

Copleston, Frederick S. J., A History of Philosophy, vol. 4, (Westminster: The Newman Press, 1961)

Cummins, J.S.; Two Missionary Methods in China: Mendicants and Jesuits, in: Archivo Ibero-Americano 38(1978), S.33-108.

David L. Hall and Roger T.Ames, Anticipating china, State University of New York Press, 1995.

Demiéville, P; The first philosophic contacts between Europe and China, in: Diogenes 58(1967), S.75-103.

Deuchler, Martina, The Confucian Transformation of Korea, Cambridge, Harvard Univ. Pr., 1992.

Edward Y. J. Chung, The Korean Neo-Confucianism of Yi Toegye and Yi Yulgok : A Reappraisal of the 'Four-Seven Thesis' and Its Practical Implications for Self-Cultivation, Univ of New York Pr.,1995

Flewelling, Raph Tyler; China and the European Enlightenment, in: The Personalist 17(1936), S.9-26.

Grimm, Tilemann; China und das Chinabild von Leibniz, in: Studia Leibnitiana, Sonderheft 1(1969), S.38-61.

Hilckman, Anton; Leibniz und China, in : Saeculum 18(1967), S. 317-321.

Lach, Donald F.; Asia in the making of Europe I-II, 5 Bd., Chicago 1970.

Lach, Donald F.; China and the Era of the Enlightenment, in: Journal of Modern History 14(1942), S.209-223.

Lach, Donald F.; China in Western Thought and Culture, in: Dictionary of the History of Ideas I, hrsg. v. Philip P. Wiener, New York 1973, S.353-373.

Lach, Donald F.; Contribution of China to German Civilisation(1648-1740), Chicago 1944(Diss.)

Lach, Donald F.; Leibniz and China, in: Journal of the History of Ideas 6(1945), S.436-455.

Lach, Donald F.; The Preface to Leibniz' Novissima Sinica (Commentary, Translation, Text), Hawaii 1957.

Leibniz, G.W.; Discourse on the natural theology of the Chinese trans. by H. Rosemont Jr. and Daniel J. Cook, Hawaii 1977.

Lundbaek, Knud; The first Translation from a Confucian Classic in the West, in: China Mission Studies(1550-1800) Bulletin 1(1979), S.2-11.

Lundbaek, Knud; The image of Neo-confucianism in Confucius Sinarum Philosophus, in: Journal of the History of Ideas 44(1983), S.19-30.

Mackie, John l., Ethics:Inventing Right and Wrong, 진교훈 역, 서광사, 1990.

Maggs, B.E.; The Jesuits in China, in: Eighteenth-Century Studies 8(1974/75), S.137-152.

Mark Setton, Chong Yagyong: Korea's Challenge to Orthodox Neo-Confucianism, Univ of New York Pr., 1997

Marx, K., Selected Writings in Sociology and Social Philosophy, trans. by T.B.Bottomore, London 1964.

Maverick, L.A.; China: A Model for Europe, San Antonio 1946.

Maverick, L.A.; Chinese Influences upon the Physiocrates, in: Economic History 13(1938), S.54-67.

Michael C. Kalton 외, The Four-Seven Debate : An Annotated Translayion of the Most Famous Controversy in Korean Neo-Confucian Thought, Univ. of NewYork Pr. Albany, 1994

Mungello, David E.; Curious Land: Jesuit Accommodation and the Origins of Sinology, Stuttgart 1985.

Mungello, David E.; Leibniz and Confucianism: The Search for Accord, Hawaii 1977.

Mungello, David E.; Leibniz' Interpretation of Neo-confucianism, in: Philos. E. W. 21(1971), S. 3-22.

Mungello, David E.; Malebranche and chinese philosophy, in: Journal of the History of Ideas 41(1980), S.551-578.

Mungello, David E.; Some recent Studies on the Confluence of Chinese and Western intellectual History, in: Journal of the History of Ideas 40(1979), S.649-661.

Munro, Donald J., Images of Human Nature, Princeton Univ. pr., 1988.

Needham, Joseph; Science and Civilisation in China, Vol. 2, Cambridge 1954.

Palais, James B., Confucian Statecraft and Korean Institutions : Yu Hyongwon and the Late Choson Dynasty, University of Washington Press, 1996

Palais, James B., Politics and Policy in Traditional Korea, Cambridge, Harvard Univ. Pr., 1975.

Peter H. Lee, Source Book of Korean Civilization, Vol 1-2, Columbia Univ. Pr. N.Y.,1993

Ro Young Chan, The Neo-Confucianism of Yi Yulgok, Albany: State Univ. of New York Pr. 1989

Rowbotham, Arnold H.; Missionary and Mandarin in China: The Jesuits at the Court of China, Berkeley 1942.

Rowbotham, Arnold H.; The Impact of Confucianism on Seventeenth Century Europe, in: Journal of Asian Studies 4(1944/45), S.224-242.

Setton, Mark, Chong Yagyong-Korea's Challenge to Orthodox Neo-Confucianism, Albany, NewYork Pr. 1997

Siemens Aktiengesellschaft(hrsg); Herrn von Leibniz' Rechnung mit Null und Eins, Berlin 1966.

Theodore de Bary, Wm. and JaHyun Kim Haboush, ed. The Rise of Neo-Confucianism in Korea, Columbia Univ. Pr., 1985.

Whitehead, A.N., Process and Reality - An Essay in Cosmology, 오영환 역, 민음사, 1992.

Wing-tsit Chan, ed. Chu Hsi and Neo-Confucianism, Hawaii Univ. Pr.,1986.

3. 학술지에 게재된 논문류

권오봉, 1990, 「퇴계의 가학과 사상형성」『퇴계학보』, 제68집.

금장태, 1992, 「17세기 조선조 예학파의 예설과 그 사회의식」『종교학연구』 제11집, 서울대학교.

______, 1990, 「경재잠도와 퇴계의 居敬수양론」『퇴계학보』 제68집.

______, 1990, 「영남성리학의 전통과 쟁점」『민족문화논총』 제11집, 영남대학교.

______, 1977, 「정도전의 벽불사상과 그 논리적 성격」『불교문학논총(동교 민태식박사고희기념논총)』.

______, 1981, 「조선조 太學生의 이념과 활동 – 중종조 성균관 유생을 중심으로 –」『유정동화갑기념논집』.

______, 1990, 「퇴계의 天개념과 天人관계론」『석당논총』 제16집, 동아대학교 석당전통문화연구원.

______, 1993, 「한국유학사 연구의 현황과 방향」, 『종교학연구』 제12집, 서울대학교.

김 현, 1993, 「임성주의 인물성론」『유교사상연구』 제6집, 유교학회.

김강태, 1995, 「다산 정약용의 인성론에 나타난 도덕적 실천의 의미」『동양고전연구』 제4집, 동양고전학회.

김경탁, 1963, 「이조실학파의 성리학설」『고려대 인문논집』 제7집.

김교빈, 1987, 「율곡철학에서의 필연성과 가변성에 대한 연구」『유교사상연구』 2.

김기현, 1996, 「四端七情論辨 발생의 원인에 관한 연구」『동양철학』 제7집, 한국동양철학회.

______, 1984, 「퇴계와 율곡의 인심도심설 비교연구」『철학연구』 9, 고려대학교.

김문준, 1992, 「우암 춘추대의 정신의 이념과 실천」『동양철학연구』 제13집, 동양철학연구회.

김상곤, 1996, 「인물성동이론과 호락논쟁」『유교사상연구』 제8집.

김시표, 1990, 「퇴계의 심성론에 관한 연구」『동양철학 』제1집, 한국동양철학회.

김영식, 1994, 「이황의 이기론과 신유학 전통상에서의 그 위치」『퇴계학보』 제81집.

김영호, 1989, 이퇴계의 학문방법에 있어서 사유와 경험의 상호성에 관한 연구, 동양철학연구 10.

김용걸, 1995, 「조선조 철학사상의 학파적 성격」『성신한문학』 제2집.

김용헌, 1992, 「사단칠정에 대한 고봉 기대승의 입장」『중천김충렬선생화갑기념논문집(자연과 인간 그리고 사회)』.

김유혁, 1989, 「퇴계의 실행론과 탐구방법 소고」『퇴계학연구』 제3집, 단국대학교.

김인규, 1995, 「조선후기 화이론의 변용과 그 의의－북학파를 중심으로－」『동양고전연구』 제5집, 동양고전학회.

김준석, 1990, 「17세기 정통 주자학파의 정치사회론－송시열의 세도정치론과 賦稅제도 교정책－」『동방학지』 67, 연세대학교.

______, 1990, 「한원진의 주자학인식과 호락논쟁」『이재룡박사환력기념 한국사학논총』, 한울.

김창원, 1959, 「서화담의 유물론적 철학사상연구」『철학론문집』, 1집.

김충렬, 1970, 「삼국시대의 예속과 유교사상」『대동문화연구』.

김태영, 1992, 「퇴계의 聖學十圖에 나타난 도덕적 인간관」『퇴계학보』

제75 · 76합집.

김형찬, 1996, 「性의 구조와 理-氣의 不離-不雜性에 관한 연구 – 이간과 한원진의 인물성논쟁을 중심으로 – 」『동양철학』 제7집, 한국동양철학회.

김형효, 1984, 「도학자로서의 율곡과 철학자로서의 율곡」『정문연 제3회 국제학술회의 논문집』.

______, 1978, 「정암사상의 철학적 연구」『한국학보』 10.

김홍경, 1992, 「卞季良의 경세사상 연구」『유교사상연구』 4·5합본.

남명진, 1994, 「우암의 지식론에 관한 고찰」『송자학논총』 제1집, 충남대학교 송자학연구소.

杜維明, 1984, 「이율곡의 聖學」『정문연 제3회 국제학술회의 논문집』.

______, 1978, 「이퇴계의 심성론」『퇴계학국제학술논문집』.

류인희, 1994, 「퇴계철학의 근대적 의미와 동아세아의 미래사회」『동방학지』 제84집, 연세대학교.

리기용, 1996, 「율곡에 있어서 知覺과 心性情意의 문제」『동양고전연구』 제7집, 동양고전학회.

______, 1995, 「율곡의 更張論 연구 – 理認識과 矯氣質을 중심으로 – 」『동양고전연구』 제5집, 동양고전학회.

______, 1996, 「율곡의 학문관 연구」『동양고전연구』 제6집, 동양고전학회.

蒙培元, 1995, 「퇴계의 心의 경지설과 그 현대적 의의」『퇴계학보』 제87·88집, 퇴계학연구원.

박병연, 1990, 「조선조 유교 통치이념과 정책결정 엘리트에 관한 소고」『정신문화연구』 39.

박양자, 1991, 「퇴계의 天命圖說後敍에 관하여 – 특히 태극도와의 비교를 중심으로」『퇴계학보』 제70집.

박종홍, 1963, 「한국에 있어서의 근대적인 사유의 추이」『대동문화연구』 제1집.

박충석, 1979, 「조선조후기에 있어서의 정치사상의 전개 – 특히 근세

실학파의 사유 방법을 중심으로－」『현상과 인식』 3권 1호, 한국인문사회과학원.
박홍식, 1993,「퇴계철학에 나타난 자아발견의 문제」『동양철학연구』 제14집, 동양철학연구회.
배상현, 1991,「沙溪 김장생의 예학사상고」『사계사상연구』 1.
______, 1995,「퇴계 이황선생의 禮學사상」『퇴계학보』 제85집.
______, 1995,「한강 정구와 그의 예학사상」『유학연구』 제3집, 충남대 유학연구소.
裵宗鎬, 1978,「韓南塘과 李巍巖의 人物性同異論의 批判」『延世論叢』 4輯, 延世大學校出版部.
______, 1970,「奇蘆沙와 任鹿門의 철학비교」『연세논총』 7.
______, 1977,「기호학파의 심성론(II)」『인문과학』 37집, 연세대인문과학연구소.
______, 1976,「기호학파의 심성론」『인문과학』 35집, 연세대인문과학연구소.
______, 1988,「우계와 율곡의 철학출발점의 차이」『율곡학』 1, 율곡사상연구원.
______, 1977,「율곡 성리학의 현대적 의의」『인문과학』 38, 연세대인문과학연구소.
______, 1978,「율곡의 이기관」『한국사상의 본질과 율곡학』 율곡사상연구원.
______, 1986,「율곡의 이기지묘」『율곡강당』 제3회 강좌, 율곡사상연구원.
______, 1981,「율곡의 이통기국설」『동방학지』 제27집, 연세대학교.
______, 1975,「韓南塘과 李巍巖의 인물성동이론의 비판」『연세논총』 12.
서용화, 1991,「퇴계의 인간관 연구」『퇴계학보』 제70집.
서원화, 1996,「남명과 대학」『남명학연구논총』 제4집, 남명학연구원.
성교진, 1995,「우계 성혼의 理氣人道論」『현대사상연구』 제6집, 효성

여대.

성교진, 1990,「정암 조광조의 성학사상 연구」『차산안진오박사회갑기념논문집 동양학논총.

손승철, 1994,「조선후기 脫中華적 交隣體制의 독립성과 허구성」『국사관논총』 제57집.

손흥철, 1998,「鹿門 任聖周의 氣一分殊論」『韓國思想史學』 第10輯, 瑞文文化社.

_____, 1999,「鹿門 任聖周의 理氣論」『韓國思想과 文化』 第4輯, 修德文化社.

송석구, 1992,「율곡성학의 이기론」『율곡학 5.

송영배, 2000,「세계화 시대의 유교적 윤리관의 의미」『철학』 26집.

신귀현, 1992,「이퇴계의 자연철학」『퇴계학보』 제75·76합집.

신귀현, 1994,「이퇴계의 전습록변과 육왕학에 관한 비판」『퇴계학연구』 제8집, 단국대학교.

안병걸, 1991,「白湖 尹鑴의 실천적 중용관(II)」『퇴계학』 3, 안동대.

안병주, 1992,「유교의 자연관과 인간관－조선조 유교정치에서의 산림의 존재와 관련하여－」『퇴계학보』 제75·76합집.

안병주, 1987,「퇴계의 학문관－心經後論을 중심으로－」『퇴계학연구 1, 단국대학교.

안재순, 1984,「이성호의 사단칠정론－사칠신편을 중심으로－」『동양철학연구』 5.

양승무, 1995,「주자학과 퇴계학의 同異」『퇴계학보』 제87·88집, 퇴계학연구원.

오종일, 1994,「性師心弟說의 성리학사적 의의」『간재사상연구논총』 제1집, 간재사상연구회.

友枝龍太郎, 1981,「이퇴계의 나정암·왕양명 비판」『퇴계학보』 32.

_________, 1980,「한국에 있어서 주자학의 수용과정」『대동문화연구원 동양문화국제학술회의논문집』.

劉明鐘, 1985,「愚潭 丁時翰의 理主氣輔說과 人物性同異論辨」『韓國

思想大系 Ⅳ』.

______, 1991, 「조선시대의 성리학파」『석산한종만박사화갑기념 한국사상사』.

유명종, 1987, 「퇴계 이황선생의 변증논리」『퇴계학보』 53.

______, 1995, 「퇴계의 分開說과 剔拔說」『퇴계학보』 제87·88집, 퇴계학연구원.

______, 1990, 「퇴계의 횡설과 수설」『퇴계학보』 제68집.

유봉학, 1982, 「北學思想의 形成과 그 性格」『韓國史論』 8, 서울大學校 國史學科.

유초하, 1993, 「성리학적 심성론의 분석을 위한 도구적 기초」『태동고전연구』 제10집.

______, 1995, 「성리학적 인물성동이론에 대한 정약용의 비판」『태동고전연구』 제12집, 한림대 태동고전연구소.

尹絲淳, 1982, 「人性 物性의 同異論爭에 대한 硏究」『哲學』, 第18輯, 韓國哲學會編.

______, 1975, 「율곡사상의 실학적 성격」(상, 하) 『한국사상』 11, 13집.

______, 1992, 「정제두(하곡) 양명학의 연구」『한국학연구』 제4집, 고려대학교.

______, 1986, 「조선말기 유학에 관한 연구－성리학과 실학의 구분점을 중심으로－」『한국유학사상론』, 열음사.

______, 1990, 「조선조 이기론의 발달」『석당논총』 제16집, 동아대학교 석당전통문화연구원.

______, 1992, 「퇴계에서의 자연과 인간」『퇴계학보』 제75, 76합집.

______, 1991, 「퇴계에서의 종교적 경향」『퇴계학보』 제72집.

______, 1995, 「퇴계의 자연관이 지닌 생태학적 함의」『퇴계학보』 제87·88집, 퇴계학연구원.

______, 1992, 「한국성리학과 천명사상」『유교사상연구』 제4, 5합집.

______, 1993, 「한국유학에 대한 철학적 이해의 문제」『철학』 제39집.

윤용남, 1990, 「퇴계·율곡과 경세치용학파의 사유체계」『정신문화연구』 40.

이광호, 1992, 「퇴계철학에 있어서 道의 인식과실천」『퇴계학보 제73집.

이기동, 1994, 「남명의 철학사상」『남명학연구』 제4집, 경상대학교 남명학연구소.

______, 1992, 「한국 성리학에 있어서의 理氣論의 수용과 전개」『유승국고희기념논집』.

이동희, 1995, 「조선전기 주자학의 성격」『유학연구』 제3집, 충남대 유학연구소.

이문주, 1994, 「艮齋의 禮說」『간재사상연구논총』 제1집, 간재사상연구회.

이범직, 1992, 「율곡의 사상과 예학」『동양철학연구』 제13집, 동양철학연구회.

이봉규, 1992, 「조선 성리학 전통에서 본 송시열의 성리학사상」『한국문화』 제13집, 서울대학교.

이상곤, 1991, 「남당에 있어서 心性의 문제」『동양철학』 제2집, 한국동양철학회.

______, 1987, 「蘆沙 기정진의 理一分殊觀」『원불교사상』 10·11.

李相殷, 1960, 「朴文鎬의 考亭人物性考」『高麗大學校 開校 55周年紀念論文集』.

李愛熙, 1979, 「南塘 韓元震의 心性觀에 대한 硏究」, 高麗大學校碩士論文.

______, 1990, 「朝鮮後期의 人性과 物性에 관한 論爭의 硏究」, 高麗大學校 博士論文.

李楠永, 1982, 「湖洛論爭의 哲學史的 意義」『東洋文化國際學術會議論文集』, 成均館大學敎大同文化硏究院.

李相益, 1986, 『湖洛論爭의 根本問題 硏究』, 成均館大 碩士學位論文.

李永春, 1990, 「巍巖李柬의 哲學思想 硏究 — 人物性具同論과 未發心性本善論을 中心으로」, 建國大學校 博士學位論文.

梁在悅, 1986, 「韓南塘의 人物性不同論에 관한 考察－性槪念을 中心으로－」『韓國哲學思想論究 1』.

이상필, 1993, 「16세기 유학사상의 전개와 남명의 학문」『남명학연구 제3집, 경상대 남명학연구소.

이성원, 1995, 「主理－主氣논쟁의 정치사회적 성격」『성신한문학』 5.

이완재, 1991, 「無極太極論辨에 대하여」, 대동문화연구원 제20회 동양학학술회의논문.

이천승, 1996, 「호락논변에 있어서 未發의 의미－남당 한원진을 중심으로－」『한국철학논집』 제5집, 한국철학사연구회.

이태진, 1981, 「15·6세기 신유학 정착의 사회경제적 배경」『규장각』 5, 서울대학교.

이해영, 1993, 「이황 理發說의 의미론적 고찰」『퇴계학보 제80집.

이희덕, 1986, 「한국고대의 자연관과 유교의 정치사상」『동방학지』 50.

張立文, 1988, 「주자와 退·栗의 道心人心說 비교」『퇴계학보』 60.

장세호, 1992, 「김장생의 理氣心性說」『철학논총』 제8집, 영남철학회.

정대환, 1995, 「心問天答에 나타난 삼봉의 천인관」『유학연구』 제3집, 충남대 유학연구소.

정병련, 1995, 「노사의 理一分殊와 인물성동이론」『동양철학』 제6집, 한국동양철학회.

정옥자, 1990, 「17세기 전반 禮書의 성립과정－김장생을 중심으로－」『한국문화』 제11집, 서울대학교.

정인재, 1980, 「任鹿門의 氣學」『한국사상』 17.

정진석, 1959, 「서경덕(徐敬德)의 철학사상」『력사과학』 2월호, 평양, 사회과학원 역사연구소

趙東一, 1990, 「조선후기 人性論과 문학사상」『韓國文化 11』, 서울대학교 韓國文化硏究所」, 12.

조준하(외), 1993, 「전통예학의 본질과 현대적 가치에 대한 연구」『동양철학연구』 제14집, 동양철학연구회.

朱七星, 1992, 「조선 봉건사회 말기 실학사상의 집대성자 다산 정약용」

『다산학보』 13.
지두환, 1994, 「조선후기 예송논쟁의 성격과 의미」 『동양학』 제24집, 단국대 동양학연구소.
최영진, 1980, 「奇蘆沙의 理一分殊說에 관한 고찰」 『동양철학연구 1.
최영찬, 1993, 「남당 한원진의 유학사상과 근대정신」 『유학연구』 제1집, 충남대학교.
최완수, 1980, 「추사서파고(秋史書派考)」 『간송문화』 19.
허남진, 1991, 「조선시기의 성리학연구」 『국사관논총』 제26집.
황의동, 1995, 「기호유학에 있어서 理氣論의 특성과 전개」 『국사관논총』 제65집.
______, 1983, 「理通氣局의 人性理論的 考察」 『東方思想論考;道園 柳承國 博士華甲紀念論文集』, 鐘路書籍.
______, 1988, 「율곡 인성론의 理氣之妙的 구조」 『유교사상연구』 3.
______, 1992, 「율곡의 격물치지론」 『정신문화연구 제46호, 정신문화연구원.
황준연, 1988, 「율곡철학에 있어서 太極의 문제와 四七論의 理氣論적 해석」 『율곡학』 1.
______, 1992, 「한국성리학에 있어서 人心道心說에 대한 연구」 『철학』 38.

찾아보기

【ㄱ】

【ㄴ】

【ㄷ】

【ㅁ】

【ㅇ】

【ㅈ】

【ㅊ】

【ㅌ】

【ㅍ】

【ㅎ】

이 애 희(李愛熙)

1951년 경남 출생
고려대학교 철학과 졸업(철학박사)
고려대학교 · 강원대학교 강사
현재 강원대학교 윤리교육학과 교수
한국동양철학회, 한국동양철학연구회,
한국공자학회, 동서철학회 부회장

논 문

「朱熹的人物性論」, 「朝鮮後期 禮訟의 性格과 한국의 현대정치」, 「傳統思想을 보는 南 · 北韓의 視覺」 등 다수

저 서

『孔子사상의 발견』, 『四端七情論』, 『人性物性論』, 『조선유학의 학파들』, 『자료와 해설 한국의 철학사상』, 『조선유학의 개념들』(이상 공저)
『유인석의 20세기 문명충돌 이야기』(공역)

朝鮮前期 性理學 研究

2002년 5월 25일 초판인쇄
2002년 6월 5일 초판발행

저 자 : 李 愛 熙
회 장 : 韓 相 夏
발 행 인 : 韓 政 熙
발 행 처 : 景仁文化社
편 집 : 申 鶴 泰
서울특별시 麻浦區 麻浦洞 324 - 3
電話 : 718 - 4831~2, 팩스 : 703 - 9711
E-mail : kyunginp@chollian.net
登錄番號 : 제10 - 18號(1973. 11. 8)

ISBN : 89-499-0151-X 93910 정가 : 18,000원